中国模式的经济学探究

The Chinese Model of Economics to Explore

何一平 等著

人民出版社

组稿编辑:张振明
责任编辑:刘彦青
封面设计:王欢欢

图书在版编目(CIP)数据

中国模式的经济学探究/何一平等 著. —北京:
　人民出版社,2016.8
ISBN 978－7－01－016310－9

Ⅰ.①中…　Ⅱ.①何…　Ⅲ.①中国经济-经济发展-研究
Ⅳ.①F124

中国版本图书馆 CIP 数据核字(2016)第 128577 号

中国模式的经济学探究

ZHONGGUO MOSHI DE JINGJIXUE TANJIU

何一平　等著

人民出版社 出版发行
(100706　北京市东城区隆福寺街 99 号)

环球东方(北京)印务有限公司印刷　新华书店经销

2016 年 8 月第 1 版　2016 年 8 月北京第 1 次印刷
开本:880 毫米×1230 毫米 1/32　印张:11.25
字数:252 千字

ISBN 978－7－01－016310－9　定价:25.00 元

邮购地址 100706　北京市东城区隆福寺街 99 号
人民东方图书销售中心　电话 (010)65250042　65289539

目　　录

　　　　　10 年学习,10 年辩论,10 年研究。有所继承,
有所批判,有所建立,我们努力运用主流经济学的语
言为中国模式寻找经济学基础……

　　　　　中国改革开放 30 余年取得举世瞩目的成绩,库
珀的"北京共识"也许并没有取得共识,但中国的高
增长、低通胀和高就业率及软着陆的模式引起经济
学界的高度关注。作为自由主义经济观点的"华盛
顿共识"只是给实行此共识的国家带来麻烦,中国
类"华盛顿共识"的行动也给中国的市场经济带来
危机……

　　　　　1988 年下半年,中国经济出现了第一次危机,

正是这场危机,使中国走向了市场经济宏观调控之路。中国1988年的第一次宏观调控与1933年美国罗斯福新政有异曲同工之妙,但中国的宏观调控之所以成为中国模式的重要因素,是因为中国从理论的角度解决了"主义"之争,认为社会主义也可以有市场经济。罗斯福新政之所以现在还是毁誉参半,是因为西方主流经济学还没有解决"主义"之争,没有人敢于宣称资本主义市场经济也需要宏观调控……

我们认为微观放开宏观调控是中国市场经济的基本特征,并将此基本特征定义为中国模式。如果不强调宏观调控的程度和手段,宏观调控也是所有市场经济的基本特征,因此,中国模式具有普世的价值……

纯粹理论的假定条件只要满足完备性、独立性和相容性,假定条件的"假定"性已决定了这些条件不可能被批判或证伪。但是,如果要扩展理论的普适性,就必须改变理论假定条件的约束域;如果要将纯粹的理论应用于实践,理论的假定条件就必须接受现实的检验。理论的普适性和现实性研究必然改变甚至批判理论的假定条件。科学方法论并不要求理论的假设条件与现实问题的所有特征都一致,但要求与现实问题的主要特征一致。原创理论之所以受到尊重,就是原创理论具有抓住研究对象主要特征的学术思想。由满足现实性和内在一致性的假设条件演绎出来的理论结论是在该假设条件下正确的结论,这样的结论无须实证。弗里德曼以经济学问题太复杂为理由,认为找不到与现实完全一致的假定条件,进而认为理论的假定条件可与现实无关的观点和理论结论必须接受实证的观点都是错误的观点。本书不仅认为可以找到与现实主要特征一致的理论假设条件,还认为可以为经济学建立公理体系,其中,供求公理就是公理体系中的一个公理,理性人假设是另一个公理……

伟大的经济学家亚当·斯密发现了市场经济的理性机制,甚至部分发现了理性对市场管理的无形之手的机制,但没有认识到无形之手可能失灵。无形之手管理市场的机制是市场各方基于理性的竞争,市场竞争是对纯粹理性的约束。无形之手有效管理市场的标志是商品价格富有弹性,当市场出现恶性通货膨胀和通货紧缩时,市场的商品价格失去弹性,无形之手已经失灵,恶性通胀和通缩市场需要政府的宏观调控……

下,对正常商品需求定律给出了伪证,并证伪了普适的需求定律……

吉芬商品的定义是价量正相关,吉芬商品存在的必要条件是企业分批向市场推出产品,吉芬商品存在的充分条件是商品供求关系长期失衡,任意商品在供求关系的长期失衡下都有可能成为吉芬商品。消费者行为理论研究的其他条件不变下的吉芬商品只是吉芬商品的特例,马歇尔解释吉芬当年观察到的土豆价量齐涨的原因只是供求关系失衡的原因之一。希克斯分解下的收入效应为负,收入效应绝对值大于替代效应的吉芬商品判据不可观察,不可用于实证。用此判据实证将证伪所有可能存在的吉芬商品……

新古典厂商理论模仿消费者行为理论,试图用边际产量递减规律和等产量线证明普适的向右上倾斜的供给曲线。但边际产量递减规律充其量是管理不善时可能出现的现象,而不是普遍成立的规律;单件产品成本最小化和总利润最大化是在边际产量递减条件下的两个互相矛盾的目标;机会成本和经济利润是两个多余的概念;企业系统利润最大化是经济学家在边际产量递减条件下,不考虑机会成本的臆断;新古典厂商理论没有也不可能证明普适的向右上倾斜的供给曲线。供给曲线向右上倾斜不是市场经济的必然现象，而是市场经济的或然现象……

由于想买能买的需求定义无法观察，我们否定消费者行为理论和西方主流经济学文献关于需求的定义，并将需求定义为某时间区间的成交量。由于商品的总供给与总需求无法观察，我们否定马歇尔关于总供给与总需求决定商品价格的均衡价格理论，并用当期的供求关系确定动态均衡价格。其实，关于产品的供求公理就是动态均衡价格理论……

经济和经济学的根本问题是供求关系问题，经济学不研究资源的绝对稀缺性，只研究资源的相对稀缺性，而资源的相对稀缺性不过是供求关系的同义表述。当供求关系均衡时，市场既不需要无形之手的管理，也不需要政府有形之手调控，更不需要微观或宏观的经济学理论去规范或指导。当供求关系失衡时，市场需要无形之手和有形之手的调控。调控的对象是失衡的供求关系，调控的目的是使失衡的供求关系重新恢复均衡。政府的宏观调控在调控对象和调控目的上与无形之手对市场的调控没有本

质的差别,当且仅当企业微观调控和行业中观调控
失灵使商品价格失去弹性时,政府有形之手才开始
调控失衡的宏观供求关系,当且仅当商品价格恢复
弹性,无形之手开始有效管理市场时,政府的有形之
手将逐步退出对市场的宏观调控……

　　弗里德曼的货币理论是供给货币恒等于需求货
币的理论,该理论无法研究多发货币导致的通货膨
胀问题。导致通货膨胀的根本原因是一篮子商品在
加权意义下的供不应求,政府多发货币只是产品供
不应求的需方原因之一,不能将所有的通货膨胀之
因都归因于货币。货币的本质是信用,只要市场还
接受货币的储备信用,只要市场还接受货币的交易
信用,市场的通货膨胀就与货币发行量没有必然的
联系。本章对各种可能导致通货膨胀的原因提出了
应对之策。其实,通货膨胀与五大供求关系是否平
衡都有关系,即使不仔细分析弗里德曼的货币理论,
仅从供求公理出发就明了:产生通货膨胀的原因不
仅仅是多发货币,原材料、劳动力和产品本身的供不
应求,都有可能引发通货膨胀……

　　凯恩斯理论本质上是通货紧缩理论,凯恩斯理
论认为通货紧缩不过是周期性经济规律的一个不可

逾越的阶段,该理论并不支持政府对市场的宏观调控。支持政府宏观调控的理论不是凯恩斯理论,而是凯恩斯主义。我们认为解决通货紧缩的方法不仅仅限于凯恩斯主义提出的方法,刺激经济增长才是解决通货紧缩的根本方法。索罗经济增长理论和熊彼特创新理论虽然都涉及经济增长问题,但他们的理论仅关注市场供给,而忽略了市场需求,从而是错误的理论。从供求关系的均衡和非均衡角度出发,历史上几乎所有的经济学派都为经济增长提供了有效的对策。其实,从供求公理出发就可以证明,仅仅用利息这样一个变量,不可能解释所有经济现象,也不可能全面分析通货紧缩问题……

绪　　论

10 年学习, 10 年辩论, 10 年研究。有所继承, 有所批判, 有所建立, 我们努力运用主流经济学的语言为中国模式寻找经济学基础……

一、中国模式的定义

中国改革开放以来, 实行微观放开宏观调控的中国特色的市场经济, 取得了举世瞩目的成绩。30 多年以来的高增长、低通胀、高就业和软着陆的中国经济现象, 引起广泛的关注和研究。迄今为止, 没有一个主流经济学理论或模型可以完美的解释中国经济 30 多年以来取得的成就。我们认为, 不论中国的市场经济还存在多少问题, 不论中国的改革开放之路今后是否顺利, 甚至不排斥今后中国经济可能面临困难和波动, 都无法用对未来正确或错误的预测否认中国改革开放 30 多年所取得的成就, 都要思考怎样从经济学角度解释和认识这一伟大的历史事件。

不少学者试图研究中国的经济问题, 但怎样定义中国模式是一个困难的问题。他们采取的方法是试图界定中国经济的方方面面, 如中国的人口红利和独有的政治体制等等, 这样的做法表面上很全面，但没有抓住中国经济问题的主要特征。我们认为中国模式的最好定义就是中国政府倡导的微观放开和宏观调控。微观放开是所有实行市场经济的主体都必须坚持的原则。中国实行市场经济时特别强调微观放开，是因为中国在改革开放前实行的是计划经济，微观放开就是要放开计划经济对市场的禁锢。宏观调控是指市场经济出现重大偏差时，政府出手干预市场经济。尽管除凯恩斯主义外的几乎所有西方主流经济学都反对政府对市场的干预，认为市场的无形之手可以比政府有形之手更有效地管好市场，但各国政府都不同程度的干预市场。中国模式宏观调控之所以具有中国特色，是因为有过计划经济经历的中国政府对政府干预的优缺点更有体会，对市场的干预更广泛，更强有力，更富有手段，也更有弹性。

　　研究任何问题都应抓住问题的主要或本质特征。本书将中国模式定义为微观放开宏观调控，就是试图抓住中国经济问题的主要特征。从经济体制分类分析，经济只有三种模式，即计划经济、市场经济和两种经济体制的混合模式。中国微观放开宏观调控的模式无疑是一种混合模式。从市场要素分析，参与市场的要素只有企业、消费者和政府。在市场经济中，政府是重要的投资者和消费者，是市场经济中不可或缺的要素，不研究政府对市场的影响，也不可能真正分析和解决经济问题。定义和研究中国模式，实质是研究市场经济中的政府要素。从比较分析角度出发，世界各主要国家都实行市场经济，微观放开是所有市场经济的共同特征。观察世界各主要国家的政府行为，政府对市场经济都有不同程度的干预，宏观调控也是所有市场经济的共同特征。本书与西方主流经济学的主要分歧是，西方主流经济学几乎都强调无形之手无所不能的作用,都强调有形之手干预市场的负面作用,本书试图用西方主流经济学的语言阐述中国模式的正确性和普适性,阐述宏观调控的必然性、可能性和广泛性。

二、经济学公理

经济问题涉及到人,经济问题的各种变量也不可人为控制,西方主流经济学家认为经济问题远比自然科学问题复杂。坚持用数学工具处理经济学模型的西方主流经济学家认为经济学不可能找到普适的经济学公理。持这种观点的代表人物是诺贝尔经济学奖获得者弗里德曼。他认为,不仅找不到与现实完全一致的公理,甚至认为越是普遍的理论模型,理论的假设条件与现实越不一致,并由此提出他的方法论:理论的假设条件可以与现实不一致,但要求理论的结论与现实一致。其实,弗里德曼方法论构成悖论:既然理论的结论与现实一致,就不可能找不到与现实一致的理论假设条件,比如,将理论的结论作为理论的假定条件,该假定条件就与现实一致。一般而言,要求理论假设条件与现实条件一致,并不要求问题的所有特征都与理论假设条件一致,只是要求所研究问题的主要特征与理论假设条件一致。首先抓住所研究问题主要特征的理论就是原创性理论。原创性理论之所以备受尊敬,就是它能在复杂的关系中抓住所研究问题的主要特征。牛顿忽略车辆、行星和动物的个性特征,仅仅抓住这些对象的质量特征,就构造了牛顿的理论体系。亚当·斯密忽略人的种族、肤色、信仰和性别的个性特征,仅仅抓住人是理性的这一主要特征,就创立了经济学。如果理论的假设条件可以与现实不一致,则原创理论和原创思想就不值得尊重。考虑所研究问题次要特征的理论是深化研究的理论,深化研究的理论比原创理论复杂,但更加接近实际。如果理论的假设条件可以与现实不一致,深化研究理论就成了多余的理论。正是在理论假设条件可以与现实不一致的方法论影响下,经济学家可以建立起自己的理论假设体系,这些理论假设体系不仅可以与现实不一致,而且相互之间也可以不兼容。由于各种经济学理论的假设条件都或多或少地抓住了所研究问题的部分主要或次要特征,当现实问题与这些理论假设条件一致或巧合时,这些理论也能解释一些现实问题,于是这些理论就成了互相独立,甚至相互矛盾但被西方主流经济学家认可的"正确"的理论。这样的理论体系就像中国古代寓言瞎子摸象:摸到耳朵的瞎子称大象是扇子,摸到腿的瞎子称大象是柱子,摸到尾巴的称大象是鞭子。尽管关于大象是扇子、柱子或鞭子的模型都部分解释了大象的特征,但忽略了大象是动物的主要特征。本书第四章分析和批判了弗里德曼的方法论。

　　本书不仅认为可以找到与现实一致的理论假设,而且认为可以建立经济学的公理体系。经济学公理体系的第一公理就是亚当·斯密提出的理性人公理。所谓理性人公理是指市场参与者都是自私的公理。经济学的奠基者亚当·斯密认为,正是出于理性而不是公心,企业家向社会提供社会需要的产品或服务,并从中获取自己的利益。正是人的理性极大地调动每一个人的积极性,成为发展市场经济的原动力,使市场经济比计划经济更有活力。也正是人的理性,无须政府干预,就可以建立市场秩序。

　　颇具讽刺意味的是,不少信奉亚当·斯密经济学理论的西方经济学家质疑理性人假设,他们认为不是所有的人在任何条件下都自私;由于信息不对称,理性人的决策有也可能对理性人不利。为了避免歧义,我们就理性人给出自己的定义:不论信息是否对称,如果一个人在自己所了解的信息范围内总是做出自认为对自己最有利的选择或行动,则此人是理性人。由此,理性人公理表述为:在狭义的商品交换领域或广义的市场经济领域,市场参与者都是理性人。

尽管我们承认西方主流经济学关于理性人的假设,但在对理性人的理解上仍与西方主流经济学存在不同看法:

1. 必然性与或然性

西方主流经济学认为理性人的选择是必然性选择:当产品涨价时,消费者应减少产品的消费;产品降价时,消费者会增加消费量,并由此形成价格和需求量负相关的需求定律。我们认为,当产品涨价时,消费者确实可能减少该产品的需求量;当产品的支出与消费者可支配收入相比可忽略不计时,消费者可能保持产品需求量不变。如果预期该产品价格还会持续上涨,出于刚性消费或投资的需要,消费者甚至会增加该产品的需求量。不论产品涨价还是降价,不同理性人可能有不同的理性选择,同一理性人在不同时间节点也可能有不同的理性选择。虽然理性人是公理,但理性人的选择是或然选择。在理性人的选择或行为是必然性或或然性的判断上我们与西方主流经济学看法不同。

2. 理性与无形之手

西方主流经济学几乎将理性等同于无形之手,认为不受外部力量干预的理性市场就是无形之手管理的市场。我们认为,理性是无形之手存在的必要条件,基于理性的市场竞争才是市场的无形之手。市场的竞争不仅仅是企业与消费者之间关于供求量和价格的博弈,更重要的竞争是企业与企业之间关于同类产品性能价格比的竞争。由于产品价格与需求量的竞争没有改变产品的性能,这样的竞争与产品的升级换代无关。企业与企业之间关于同类产品的性能价格比竞争才会使产品更新换代,从而更有力的促进技术创新。无形之手有效管理市场的特征是:商品价格可以波动,但价格总体稳定,而且产品的性能价格比不断上升。市场一旦出现恶性通货膨胀和恶性通货紧缩,表明市场关于价格的竞争已经失灵,无形之手已经失灵。正是由于理性的竞争是无形之手有效管理市场之手段,竞争将使胜者受益,败者受损,并会打破任何市场均衡。在市场竞争的意义下,任何均衡都不可能是最优的均衡。无人受损只有人受益的帕累托最优标准,也不可能是市场竞争的最优标准。

3. 理性与效率

理性的市场充满活力,基于理性的竞争市场有效率,但当理性的市场失去竞争时无效率。比如,当市场从无形之手失灵的恶性通货膨胀,硬着陆走向同样是无形之手失灵的衰退或萧条时,股市崩盘,银行倒闭,企业设备闲置,工人大量失业,政府税收锐减,这样的市场依然还是理性市场,但这样的市场没有效率。西方主流经济学并不重视市场活力和市场有效率的质的差别,认为只要是理性的市场就会有效率,反对政府对市场的干预,不接受政府对市场的宏观调控。令人欣慰的是,尽管强调宏观调控的中国模式并没有被西方主流经济学家普遍接受,但中国经济在宏观调控下长期高度增长的结果却被普遍接受,并把这一结果称为市场经济的胜利。

经济学公理体系的另一条公理是供求关系公理。经济学的问题并不复杂,就是供给与需求的问题。但供给与需求问题并不是简单的产品或货币供求关系,而是以产品的价格变化表征的产品供求关系、以原材料价格变化表征的原材料供求关系、以工资变化表征的劳动力市场的供求关系、以利息变化表征的货币供求关系和以汇率变化表征的进出口市场的供求关系。这五种供求关系之间既有相关性、又有独立性,其中,最重要的供求关系是产品的供求关系。当产品供不应求时,往往会引发原材料、劳动力和货币市场供不应求。当产品供过于求时,往往会引发其他供求关系供过于求。由于其他供求关系仅与产品的成本有关,当产品供求关系稳定时,即使其他供求关系失衡,社会不会也无必要关注这些失衡的供求关系。关心这些失衡的供求关系的,是关心产品成本的企业家。虽然产品的供求关系最重要,但不可替代其他供求关系。任何试图用一种或少于五种供求关系描述所有经济现象的理论和模型都不可能全面准确地描述经济问题。在此,我们提出我们所理解的供求公理,供求公理是指:表征参数上升的必要条件是参数所对应的供求关系供不应求;表征参数下降的必要条件是参数所表征的供求关系供过于求;表征参数基本稳定的必要条件是参数所对应的供求关系基本稳定。

理性公理和与五大供求关系有关的供求公理不复杂,其实,公理是不证自明的道理,只要是公理都很简单。公理虽然简单,但无法为五大供求关系建模。在公理体系中,公理是最高原理,它不可能被其他理论证明,也不可能用一系列假设条件为公理建模。我们只能从公理出发去证明其他命题,但不可能从其他命题出发证明公理。我们要做的工作,就是要运用这些公理,分析和解决经济和经济学中的问题。我们认为,有了理性公理和供求公理,就可以在扬弃西方主流经济学基础上,分析中国经济问题,为中国模式或宏观调控奠定经济学基础。

三、公理体系下的经济学问题

在经济学公理体系下,不论是批判西方主流经济学的观点,还是解释复杂的经济问题,或是解决困扰西方主流经济学的悖论和解释中国模式,都会变得简单明晰。

1. 供求公理与西方经济学

市场经济供求公理是关于产品、原材料、货币和进出口等要素有关的公理,不可能用其中的某一要素的供求关系准确的描述市场经济的所有问题。西方微观经济学的错误就是试图用产品的供求关系描述市场经济。西方微观经济学将复杂的供给关系简化成一条向右上倾斜的供给曲线,将复杂的需求关系简化成一条向右下倾斜的需求曲线,将复杂的产品供求关系描述成在价格负弹性作用下围绕均衡点上下波动的供求关系。在此优雅但不接地气的模型下,产品价格可以波动,但不会极大偏离供求均衡点,市场不会有恶性通胀和通缩,也与货币、汇率和利息无关,政府不应调控市场,经济学家也不用研究经济学,任何外部力量都不应干预市场,一切都在无形之手的掌控之中。这样的微观经济学无法为宏观经济学提供微观基础,也无法为宏观调控或中国模式奠定经济学基础。

西方宏观经济学观察到通货膨胀和紧缩现象,并发现价格负弹性的微观经济学模型无法解释这些现象,但他们几乎不考虑产品的供求关系,希望仅用货币的供求关系解释所有的经济现象,这种理论也不可能是完全正确的理论。

比如凯恩斯理论将利息作为外生变量，弗里德曼将供和求的货币数量作为外生变量，于是，一旦多发货币造成通胀时，货币主义就会大喊大叫，凯恩斯理论就会受到批判；一旦市场出现硬着陆或软着陆，凯恩斯理论就振振有词，而弗里德曼货币主义就会担心多发货币会造成新一轮通货膨胀。本书将凯恩斯理论和弗里德曼理论与凯恩斯主义和弗里德曼主义分别开来，本书第十三章和第十四章，深入批判了凯恩斯和弗里德曼的理论，但对经济不景气时政府应拉动需求的凯恩斯主义和多发货币会造成通货膨胀的弗里德曼货币主义持有条件的支持态度。

2. 吉芬商品理论

童年的英国经济学家罗伯特·吉芬爵士观察到连续的自然灾害使爱尔兰土豆价量齐涨。爱尔兰土豆价量齐涨现象违反了西方微观经济学中的价量负相关的需求定律。马歇尔将吉芬观察到的违反需求定律的商品称为吉芬商品，并用消费者的刚性消费和收入约束解释了吉芬童年观察到的现象。遗憾的是，马歇尔没有意识到吉芬商品现象是供不应求或供过于求条件下普遍存在的现象，没有将土豆价量齐涨的原因上升至供求失衡的普遍原因，从而失去了研究吉芬商品的理论高度。

产生吉芬商品的根本原因是供求关系失衡。不论是供不应求的失衡还是供过于求的失衡，都可能产生吉芬商品。几年的自然灾害使土豆减产是土豆供不应求的供方原因，受可支配收入和生存的限制，消费者不得不用土豆取代牛肉是土豆供不应求的需方原因。当产品供不应求时，理性的企业家提高产品的价格和供应量，就会产生供不应求时价量正相关的吉芬商品；当产品供过于求时,理性的企业家不得不降价和减量,就会产生供过于求时价量正相关的吉芬商品。本书第九章发展了吉芬商品理论,认为正是吉芬商品的存在,使需求定律失去普适性;正是吉芬商品的存在,可以解释市场为什么会出现恶性通货膨胀和恶性通货紧缩,从而为宏观经济学奠定微观经济学基础。正是吉芬商品理论的发展,否定了产品价格与产品需求量总是负相关的结论,否定了自由主义市场理论关于市场总可以自我调控的结论,为宏观调控或中国模式奠定了经济学基础。

3. *产品的价格理论*

公理体系下的产品的价格理论就是产品的供求公理:当产品供不应求时,产品的价格可能上涨;当产品供过于求时,产品的价格可能下跌;当产品供求关系稳定时,产品价格稳定。我们的价格理论与马歇尔的价格理论的主要区别是:(1)我们认为提高产品供给时,可能因为产品仍然供不应求导致产品持续涨价,从而形成吉芬商品;可能因为供求已达到均衡,价格不再上升,也可能因为新增供给导致供过于求,产品将降价。马歇尔的价格理论认为,当供给增加时,产品的价格一定下行。我们的价格理论是或然性价格理论,马歇尔的价格理论是必然性价格理论。(2)马歇尔的价格理论与总供给和总需求有关,我们的价格理论与总供给和总需求无关,仅与当期的供给和需求相关,并由此定义最小当期:最小当期是产品的生产时间和销售时间之和。当产品的生产时间与销售时间相等时,产品的价格稳定;当产品的生产时间大于销售时间时,产品供不应求,产品的价格可能上涨;当产品的生产时间小于销售时间时,产品供过于求,产品的价格可能下跌。我们否认远离当期的历史供给和远离当期的未来需求会影响当期的产品价格,从而否定由总供给与总需求的均衡决定产品价格的价格理论。(3)马歇尔的价格理论虽然允许产品的价格波动,但任何波动都会被价格弹性拉回由总供给和总需求曲线交点决定的均衡点,该理论认为产品的价格总是富有弹性。本价格理论不仅是产品价格富有弹性的价格理论,也是产品价格失去弹性的价格理论,并能解释产品价格恶性波动的通货膨胀、通货紧缩现象和吉芬商品现象。

4. 通货膨胀理论

在经济学公理体系下,通货膨胀理论只不过是加权意义下一篮子产品供不应求时可能出现的现象。一旦出现通货膨胀,一篮子产品中的多数产品就是吉芬商品,产品的供求公理或吉芬商品理论都能解释通货膨胀现象。

引发通货膨胀的原因可能是产品本身的供不应求,可能是自然灾害导致的原材料供不应求,可能是人工供不应求,也可能是货币供过于求。弗里德曼的通货膨胀理论是供给货币大于需求货币导致通货膨胀的理论,该理论也许能解释货币供过于求的通货膨胀现象,但解释不了其他供求关系供不应求导致的通货膨胀现象。其实,虽然费雪公式确定了一定条件下生产产品所需的货币,由于不论是企业、消费者或政府对货币的需求无上限,根本不可能定义包括消费和投资的需求货币,也就无从判断供给货币是否大于需求货币。

我们认为,虽然不可能从货币供给大于货币需求的角度分析多发货币导致的通货膨胀问题,但可以从货币信用角度分析比问题。货币的本质是信用,只要市场没有出现货币挤兑,只要市场还接受货币的交易,货币的储备和交易信用就没有受到挑战。当市场依然信任货币时,市场出现的通货膨胀就与多发货币无关。其实,就像企业家和消费者理性渴望货币,但仍会受到依法获得货币的第一理性约束,渴望货币的理性的政府也会受到确保执政地位的第一理性约束。一般情况下,政府不会多发货币而影响自己的执政地位。第十三章批判了费里德曼的货币理论,分析了产生通货膨胀的各种原因,并提出了相应的应对之策。

5. 供给曲线与吉芬商品曲线

西方主流经济学家认为,存在一条向右上倾斜的供应曲线,并试图用厂商理论证明这条曲线。从供给公理和理性公理出发,很容易证明不存在普适的向右上倾斜的供给曲线。如果不受需求方和竞争企业的约束,理性的企业当然希望以更高的价格销售更多的产品,甚至希望以无穷高的价格供给无穷多的产品,在没有约束的前提下,理性和贪婪是同义词,但这样的供给曲线没有实际意义,也无法确定曲线的斜率。当市场产品供不应求时,理性的企业可能会逐步提高产品的供给和价格。如果市场允许企业逐步提高产品的供给和价格,我们不仅可以观察到一条向右上倾斜的供给曲线,同时也就观察到一条向右上倾斜的吉芬商品需求曲线。由于产品的供给价就是产品的需求价,产品的供给量就是产品的需求量,当我们在市场上观察到一条向右下倾斜的产品需求曲线时,实际上也观察到一条向右下倾斜的供给曲线。市场上的供给需求曲线不是马歇尔供给需求理论所描述的博弈曲线,而是两条趋势相同的曲线。

四、宏观调控

当微观产品供不应求或供过于求时,企业会以提高产品供给和产品价格的方式或降价减量的方式实施对供求失衡的微观调控。当行业出现供求失衡时,行业也会以调整行业价量的方式实行中观调控。微观或中观调控如成功,产品或行业会在新的介量水平上达到平衡;如果产品的微观和中观调控失败,就会出现恶性通货膨胀或通货紧缩。恶性通货膨胀或紧缩的出现,不仅表明微观和中观调控失败,也表明企业与消费者、企业与企业之间失去竞争,无形之手对市场的管理已经失灵。面对已经失灵的市场有两个选择,一个选择是让理性任性的宣泄,使恶性通胀市场的泡沫破灭而走向硬着陆的恶性通缩;另一个选择是让政府实行宏观调控,让市场软着陆。其实,不论是企业的微观调控和行业的中观调控,还是政府的宏观调控,都是调节失衡的供求关系,并使之达到新的均衡,都是为了让价格恢复弹性,都是为让无形之手恢复管理市场的能力。调控是市场经济的主旋律,是在供求失衡条件下必然会发生的行为。

　　西方经济学认为市场存在周期性经济波动,即市场会从繁荣走向衰退,从衰退走向萧条,从萧条走向复苏。如果市场经济真有此周期性规律,市场从建立到毁灭总是周而复始,这样的经济无法谈效率,也无法谈最优。从产品的供求公理出发,可以发现市场走向衰退乃至萧条的原因:一个企业推出一个产品,如果永远不再提高该产品的性能,这样的产品总有一天在市场上会饱和。如果这件产品是易耗性产品,市场饱和的产品不会再增长,但也不会衰退,粮食是此类产品的典型代表。如果这件产品是非易耗品,市场饱和产品不仅不会再增长,而是会迅速走向衰减。如果市场中一篮子产品在加权意义下都是市场饱和的产品,市场经济就会走向衰退或恶性通货紧缩。市场经济出现衰退或通货紧缩,并不是所谓周期性经济规律,而是由于产品普遍缺乏被市场接受的创新。一个产品不创新,迟早要被市场淘汰;一个行业不创新,迟早会成为夕阳行业;一个国家不创新,迟早要走入中等收入陷阱,全世界没有革命性的创新,市场经济就缺乏活力。由于创新需要时间,这就使市场具备了从繁荣走向萧条的时间特征。由于创新没有确定的周期,市场也就没有确定的危机周期。西方经济学所谓周期性危机理论,只不过是形而上地将过去与创新相关的市场波动的历史事件进行描述,但根本说不清市场为什么具有周期性。不难看出,解决周期性经济危机的唯一良方就是在宏观、中观和微观层面的技术创新或技术革命。

政府最重要的市场宏观调控就是对创新的支持。最近,中国政府提出供给侧改革,其核心内容是去掉过剩的产能和产品,并支持市场创新。前者,是对已饱和的市场出现问题的宏观调控,后者是应对饱和市场的宏观调控的根本良方。有人认为,中国的供给侧改革源于 20 世纪 70 年代产生的供给学派。供给学派认为只要加强供给,需求会自动适应供给的变化。供给侧改革中的去产能和去库存,就表明需求不会自动适应供给;供给侧改革中的创新也表明,并不是任何供给都能被市场接受,只有创新的产品才有可能被市场接受,中国的供给侧改革不仅不是源于供给学派,而是与供给学派背道而驰。

政府实施反经济波动的投资和消费行为是政府宏观调控的主要手段之一。政府在通货膨胀期减少投资和消费力度,在通货紧缩期加大投资和消费力度,让政府少花钱多办事符合理性人公理。在物价上涨期减少政府的投资与消费和在物价下跌期增加政府投资与消费的行为,有助于已失去价格弹性的市场部分恢复价格弹性,从而帮助无形之手恢复管理市场的能力。本书反对凯恩斯试图仅用利息一个外生变量就描述所有供求关系的理论,但支持凯恩斯提出在有效需求不足时政府加大市场投资和消费的措施,同时认为政府加大投资力度不是解决经济不景气的唯一手段,其中,刺激消费和增加出口同样是解决经济不景气的需求侧手段,而技术创新则是解决不景气的供给侧手段,而且是更重要的手段。

　　宽松或紧缩的货币政策也是政府应对供求失衡市场经济的宏观调控手段,但从供求公理出发分析,目前世界各国普遍采用的货币政策乏善可陈。在经济下行期,消费者不愿意消费,投资者不敢投资,市场对货币的需求减弱,货币供应本来就宽松。由于货币供过于求,利息也会一路下行。在市场不景气的市场实行宽松的货币政策和向下的利息政策不会有效地提振市场信心。世界上不少国家实行零利息或负利息,并没有使 GDP 迅速增长。在通货膨胀期实行紧缩的货币政策,必然会减少生产环节的货币支持,由此会产生供给减少导致物价更加上涨和失业增加的滞胀现象。尽管在担心失业或政府对物价调控的双重影响下,紧缩的货币政策能使物价下行,但物价下行的原因一定是市场需求比市场供给下行得更快,从而将繁荣的市场拉向衰退或萧条。我们的建议是,对通货膨胀市场实行靶向性货币政策:对生产领域实行更加宽松的货币政策,从而增加供给和就业,必要时对消费实行紧缩的货币政策,并保持市场繁荣。西方主流经济学中有一条菲利普斯曲线,该曲线认为失业率和通货膨胀率负相关,宏观调控不可能同时降低物价和减少失业率,也不可能出现物价上涨和失业率上升的滞胀现象。其实,菲利普斯曲线很大程度是一条错误的曲线:当真实 GDP 增长率大于需求增长率时,市场物价会下降,市场失业率也会随之下降;当真实 GDP 不增长但名义 GDP 增长时,物价会上升,但失业率不会下降;当真实 GDP 减少但名义 GDP 增长时,就会出现滞胀现象;当且仅当真实 GDP 和名义 GDP 都增长,且名义GDP 增长率大于真实 GDP 增长率时,才是菲利普斯曲线所描述的现象。

五、研究方法

理性公理和供求公理并不复杂,但不可能对这些公理建模。适应这两个公理的研究方法应是统计方法。物理学早就知道,少数粒子的行为服从必然性规律,大数粒子的行为服从统计规律。经济学不仅仅是研究大数的行为,而且是涉及到人的大数行为,研究大数经济行为的方法也只能是统计方法。用统计方法研究宏观经济,不需要说不清是否真正代表市场产品的一篮子产品,也不需要谁也说不清与通货膨胀与紧缩有什么关系的 CPI,只要每个企业统计产品供求关系变化,并按企业生产不同产品的权重统计企业的微观供求关系,行业根据各企业的权重统计行业的中观供求关系变化,国家再按行业的权重统计全国的宏观供求关系变化,就可以判断产品物价的未来走向。这种统计对历史的表述极为严谨,对未来动态的预期极为简单。某种意义上,用统计方法研究经济学问题是向亚当·斯密描述性经济学的一种回归。但这种回归不是简单地回到亚当·斯密时代,而是用现代方法在更高层次上的回归。如此大规模的动态数据统计使经济学研究有了大数据的时代特征;由于我们不仅统计供给量和消费量,而且统计供给量和消费量的变化量,这种统计又具有新古典经济学的边际思想。尽管产品的供给增长率和消费增长率都是动态变化,最新的统计数据会自动反映这种变化。因此,用统计方法研究供求关系时已考虑了时间的因素。

可能不少学者难以接受我们对西方主流经济学的必然性和均衡性的批判和扬弃,认为均衡方法和必然性理论毕竟也能解释一些经济现象,不应对西方主流经济学持基本否定态度。可能有不少学者认为经济问题没有正确或错误的理论,不同的观点和学派可以并行不悖,本书关于公理体系的经济学理论也许正确,但其他的理论也不一定错误。其实,科学研究应信奉奥卡姆剃刀原则:当两个理论都能解释同一现象时,应用冰冷而锋利的剃刀将两个理论中相对复杂的理论剃掉。

大道至简,大道至美,我们秉承这一原则!

第一章　"北京共识"与"华盛顿共识"

　　中国改革开放 30 余年取得举世瞩目的成绩,库珀的"北京共识"也许并没有取得共识,但中国的高增长、低通胀和高就业率及软着陆的模式引起经济学界的高度关注。作为自由主义经济观点的"华盛顿共识"只是给实行此共识的国家带来麻烦,中国类"华盛顿共识"的行动也给中国的市场经济带来危机⋯⋯

一、中国改革开放的伟大成就

　　1978 年改革开放以来,中国取得了举世瞩目的成就。1979年,中国的 GDP 仅为 2612.6 亿美元,人均 GDP 仅 267.85 美元,贫困率与马维拉不相上下;2005 年,中国的 GDP 总量首次超过法国,2006 年超过英国,2007 年超过德国,2010 年超过日本,按 GDP 总量计算,中国已成为世界第二大经济体。2012 年,中国 GDP 达8.25 万亿美元,扣除物价上涨因素,改革开放 33 年来中国的 GDP实际增长 25.5 倍,年均增长率达 10.3%。

　　从短期角度观察,中国或许也存在西方国家的失业问题,但从30 多年的长期角度观察,中国不仅不存在西方国家的失业问题,而是使中国人民几乎充分就业。1979 年,中国的城镇人口仅 1.85

亿;2012 年,中国的城镇人口为 7.12 亿,实际就业人数达 7.67 亿,农村的青壮年劳动者几乎都在城镇工作。据统计,2012 年全年农民工总量达到 2.63 亿人。如此大规模劳动大军进城,早期被中国政府称之为盲流,现在被西方主流经济学称之为人口红利。由于劳动力紧缺和政府的调控,近几年来人工成本已大幅度攀升,这被认为是中国的人口红利已接近耗尽,而中国人口红利接近耗尽被认为是中国不可持续发展的重要理由。换一个角度分析,如果中国的人口红利真的已接近耗尽,这表明 30 多年的改革开放,中国不仅不存在长期的失业问题,而且为庞大的农村劳动人群提供了接近充分的就业机会。30 多年来,每年的平均就业增长率达 2.64%,相当于每年平均新增就业岗位 1082 万个。

30 多年来,中国的复合 CPI 为 5.5%,特别是从 1997 年到 2012 年间,中国的 CPI 复合增长率仅为 1.9%,这表明中国的通货膨胀总体可控。我们之所以刻意强调中国改革开放后 16 年的低 CPI 复合增长率,是为了回避中国在 1992 年至 1994 年遭遇的高通胀期。这样做的目的不是为了美化中国的经济奇迹,而是因为正是 1988 年和 1993 年前后的恶性通胀,才使中国政府在市场改革的同时加强了宏观调控,使中国的市场化改革具有了中国特色。宏观调控的结果是中国再也没有出现恶性的通货膨胀和通货紧缩,并为市场经济创造了一个全新的名词:软着陆。

改革开放 30 多年来,中国人民的生活水平不断提高,1979 年中国人均名义 GDP 仅为 416.5 元,扣除价格上涨因素,2012 年中国人均实际 GDP 达 6616 元,33 年来,中国人均 GDP 的年平均增长率达 8.87%。尽管在以强调效率优先的市场经济条件下,人均 GDP 的增长并不意味着全中国人民都享受到公平和普惠的改革

成果,甚至贫富差距还有扩大的趋势,但 3 亿人摆脱了极端贫困,
2.63 亿人离开农村加入到世界上人数最多的劳动大军,中等收入
人群超过 1 亿人,13 亿多中国人的实际收入和生活水平普遍提高
是无可争辩的事实。毋庸置疑,中国还面临许多严重挑战:遏制和
消除腐败,缩小贫富差距,建立社保体系,推动生态文明,推进法制
建设和政治改革,但中国已处于 1949 年以来最好的时候,处在近
300 年来最好的时候。如果中国政府和人民从容面对各种挑战,
就有可能在中国 960 万平方公里的大地上继续上演人类历史上最
波澜壮阔的中国奇迹大剧。

　　中国取得的伟大成就引起了全世界的普遍关注,不少学者认
为,中国 30 多年来年均 10% 的经济增长率是人类历史上最伟大的
经济革命。① 中国 30 多年来的高增长、低通胀、高就业率和普惠
人民的发展模式与西方主流经济学的结论不一致,更是使学术界
感到困惑。不少学者在深入研究中国模式问题,美国经济学家乔
舒亚·库珀·雷默(Joshua Cooper Ramo)发表的《北京共识》掀起
了研究中国模式的一个高潮。本书试图从经济学的角度,分析和
讨论中国模式问题。

二、"北京共识"

　　2004 年 5 月,美国《时代》周刊高级编辑、著名投资银行高盛
公司资深顾问乔舒亚·库珀·雷默在英国伦敦外交政策中心发表

---

　　① 参见恩里克·凡胡尔:《北京共识:发展中国家的新样板?》,西班牙皇家
埃尔卡诺研究所网站,2009 年 7 月 31 日。

了一篇调查论文,指出中国通过艰苦努力、主动创新和大胆实践(如设立经济特区),坚决捍卫国家主权和利益(如处理台湾问题),以及循序渐进(如"摸着石头过河"),积聚能量和不对称力量工具(如积累 4 万亿美元外汇储备)等方法,摸索出一个适合本国国情的发展模式,他把这一模式称为"北京共识"。乔舒亚·库珀·雷默认为,中国模式不仅关注经济发展,同样注重社会变化,也涉及政治、生活质量和全球力量平衡等诸多方面,体现了一种寻求公正与高质量增长的发展思路。建立在"北京共识"基础上的中国经验具有普世价值,可算是一些落后国家如何寻求经济增长和改善人民生活的模式。

乔舒亚·库珀·雷默基于中国发展经验的总结和概括未必准确,其提出的"北京共识"也未必能够得到人们的普遍共识,但一方面"北京共识"关注和试图总结中国改革开放取得伟大成就的经验;另一方面,"北京共识"与"华盛顿共识"对立的观点和"华盛顿共识"在拉美国家实践的失败,必将使"北京共识"成为不断被研究和关注的课题。

三、"华盛顿共识"

1989 年,拉美国家陷于债务危机。美国国际经济研究所邀请国际货币基金组织、世界银行、美洲银行和美国财政部的研究人员以及拉美国家代表在华盛顿召开了一个研讨会,该会试图为拉美国家经济改革提供方案和对策。美国国际经济研究所的约翰·威廉姆森(John Williamson)为此写下达成共识的 10 条政策,这 10 条政策被称为"华盛顿共识":(1)加强财政纪律,压缩财政赤字,降低通货膨胀率,稳定宏观经济形势;(2)把政府开支的重点转向经济效益高的领域和有利于改善收入分配的领域(如文教卫生和基础设施);(3)开展税制改革,降低边际税率,扩大税基;(4)实施利率市场化;(5)采用一种具有竞争力的汇率制度;(6)实施贸易自由化,开放市场;(7)放松对外资的限制;(8)对国有企业实施私有化;(9)放松政府的管制;(10)保护私人财产权。在约翰·威廉姆森看来,"华盛顿共识"秉承了亚当·斯密自由竞争的经济思想,与西方自由主义一脉相承。美国著名学者诺姆·乔姆斯基(Noam Chomsky)在他的《新自由主义和全球秩序》①一书中明确指出:"新自由主义的'华盛顿共识'指的是以市场经济为导向的一系列理论,他们由美国政府及其控制的国际经济组织所制定,并由它们通过各种方式实施。""华盛顿共识"成为新自由主义的政策宣言。

面对国家的财政金融危机,"华盛顿共识"主张优先稳定市场而不是优先考虑经济增长,稳定市场的方法不是加强而是废除政府管制。他们认为放开汇率和价格管制后,市价升高会刺激厂商增加产能,从而使物价回落。但拉美和东欧国家放开汇率和价格后,立即导致本国货币大幅贬值,引发恶性通胀,进一步造成银行危机、企业破产、失业大增和资金外逃。政府为稳定货币,不得不提高利率,这进一步加重了经济萧条。政府用于失业救济的开支急剧增加,导致巨额赤字。在财政危机下,政府不得不拍卖国有资产,私有化的国企不是被跨国公司廉价收购,就是集中到少数寡头

---

① 参见[美]诺姆·乔姆斯基著:《新自由主义和全球秩序》(新世纪版),徐海铭、季海宏译,江苏人民出版社2000年版。

手中。加速私有化,不仅没有创造就业,反而导致失业工人急剧增加,高级人才大量外流。由于激进性变革,民族工业没有喘息和学习的机会,贸易自由化是单方面向西方开放,西方自身的贸易壁垒并未取消。东欧国家的工业品一方面由于外汇短缺,丧失东欧国家之间传统的贸易市场,又无法进入西方市场,造成企业大面积倒闭。推进"华盛顿共识"的拉美国家20世纪90年代的GDP增长率比80年代降了一半,这些国家几乎都处于经济危机的困境之中。

四、中国渐进式改革

与"华盛顿共识"的休克疗法不同,中国的改革开放一开始就走渐进改革的道路。中华人民共和国成立之时,逃离大陆的国民党政府几乎卷走了大陆可以卷走的各种财富,这包括美金、外汇储备、古董、工厂的设备和能带走的人才等等。留给大陆的是几乎为零的工业和贫瘠的土地与资源。为了让5.4亿人活下去,中国实行严格的配给制度,同时向苏联学习,在全国实行计划经济。不可否认,在"一穷二白"的中国,实行生活物资的严格配给制度和从事生产领域的计划经济取得了显著的成就:一是保证了几亿人能解决基本的温饱问题,尽管三年自然灾害被一些人指责为天灾和人祸,甚至认为人祸大于天灾,但本质上是原本"一穷二白"且成立刚刚10年的新中国物质还相当贫乏,人口增长太快。1949年,中国大陆的人口总数约为5.4亿,1960年,中国大陆人口总数为6.6亿,高速的人口增长和贫乏的物资供应之间的矛盾在正常情况下还不十分突出,但遭遇三年自然灾害和政策错误,几亿人的基本温饱问题就会受到严重挑战。二是保障了国民生产总值的高速发展,1950 年至 1959 年,中国年GDP 增长率平均为 10.8%,这一增长率与改革开放 30 多年的发展速度相比也毫不逊色;三是在空白的基础上建立了基本完备的工业体系。

随着中国经济的发展,计划经济体制的问题逐步显现出来,主要的问题是计划经济过于关注公平而忽视了效率,中国的经济增速在放缓。在"文化大革命"的后期,中国经济濒临崩溃。

1979 年,邓小平领导中国进行改革开放,邓小平指出:"贫穷不是社会主义","社会主义也有市场经济",并提出"摸着石头过河"进行改革。邓小平倡导的改革一开始就有两个显著的特点:一是坚持决不放弃国家的控制力;一是摸着石头过河,这样的改革只能是渐进性的改革,不可能是激进的休克疗法。

中国早期市场改革的思路其实非常简单:各企业必须完成政府的指令性生产计划,以满足全国人民的基本刚性需求,指令性计划的产品价格由政府控制。政府给企业更多的生产自主权,鼓励企业提高生产率,各企业将超指令性计划生产的产品自主放进市场流通,其价格由市场决定。早期的市场价也由政府控制,但控制力减弱,称为政府指导价,从而实行一种商品两种价格的双轨制。超指令性生产的产品收益可部分用来奖励企业员工,以激励企业和员工生产的积极性。当企业以市场价格销售的商品量远大于政府指令价销售的商品量时,政府放弃对该商品价格的控制,实行市场竞争定价,从而完成从计划经济到市场经济的平稳过渡。在这种思想指导下,1979 年到 1988 年前夕,中国的改革开放取得显著的成就。

五、中国的类"华盛顿共识"行动

有意思的是,在"华盛顿共识"并没有出台的 1988 年,中国政府放弃邓小平摸着石头过河的渐进性改革的思想,按照"华盛顿共识"类似的思路进行了激进式改革。那一年,政府突然放弃对所有商品价格的控制,所有商品的价格由市场决定。这一改革被中国政府称为价格并轨或价格闯关。改革的结果是,当年中国的通货膨胀率高达 18.5%,当时的银行利率远低于通货膨胀率。消费者的反应就是到银行排队取款抢购,那年夏天中国发生了银行挤兑和抢购之风。这一激进式改革的结果和拉美国家实行"华盛顿共识"的结果如出一辙,给国家带来极大的灾难,甚至演变成1989 年的那场风波。

针对这一现象,中国的银行在 1988 年的四季度推出了保值存款,将名义利率大幅提高,对通胀所带来的损失进行补偿。表 1.1 给出了 1988 年四季度到 1989 年四季度的三年期保值存款的年利率、保值补贴率和总名义利率:

表 1.1:三年期存款补贴利率表

季　　度	年利率(%)	补贴率(%)	总名义利率(%)
1988.4	9.71	7.28	16.99
1989.1	13.14	12.71	25.85
1989.2	13.14	12.59	25.73
1989.3	13.14	13.64	26.78
1989.4	12.14	8.36	21.50

以今天的视野来看待 1988 年中国的那场经济危机,有令人啼笑皆非的感触:当年造成物价飞涨的冰箱、彩电和螺纹钢,今天已成为过剩经济的代表产品。值得庆幸的是,对计划经济极为熟悉的中国政府,并没有在"华盛顿共识"的道路上走得太远,而是立即实行了严格的宏观调控,从而为"北京共识"或中国模式拉开了序幕。"华盛顿共识"已寿终正寝,"北京共识"方兴未艾。

第二章　中国的第一次宏观调控

1988 年下半年,中国经济出现了第一次危机,正是这场危机,使中国走向了市场经济宏观调控之路。中国 1988 年的第一次宏观调控与 1933 年美国罗斯福新政有异曲同工之妙,但中国的宏观调控之所以成为中国模式的重要因素,是因为中国从理论的角度解决了"主义"之争,认为社会主义也可以有市场经济。罗斯福新政之所以现在还是毁誉参半,是因为西方主流经济学还没有解决"主义"之争,没有人敢于宣称资本主义市场经济也需要宏观调控……

一、第一次宏观调控①

1978 年改革开放以来,由于引进了市场经济,中国经济一路向好。至 1988 年,平均 GDP 增长率为 10.1%,尤其是农业,基本解决了全国的吃饭问题。改革开放 10 年来,粮食总产量增加 6196 万吨,增幅为 18.7%;棉花总产量增加 199 万吨,增长 90%;

---

① 本节内容取材于凌志军:《沉浮——中国经济改革备忘录(1989 — 1997)》,人民日报出版社 2011 年版,但使用素材的角度和观点不同,凌志军从历史角度描述这段历史,我们从中国模式的形成过程使用这些素材。

畜牧总产量增长106%;油料总产量增长105%。全国的农业产品不再需要配额,整个市场一派繁荣,人们对改革开放的前景持普遍乐观的态度。农业产品取消配额,似乎意味着商品价格的双轨制可以取消,商品价格可以由市场定价。具有讽刺意味的是,农产品不再需要配额的成就其实是市场渐进性改革的成就,根本不是政府主导的行动,而价格并轨或价格闯关并不是市场倒逼政府的行为,而是政府的主动行为。从严格的意义上分析,"华盛顿共识"表面上是自由市场的"共识",但本质上是政府行为的"共识",用政府的"共识"行为来主导市场经济改造,本身就是自由市场理论的悖论。

到了1988年下半年,中国激进式改革的恶果开始凸显:经济形势急转直下,全国物价飞涨。1988年全年通胀率超过18%,经济形势极为严峻。西方实行了200多年的市场经济,还在感叹市场是一只无形之手,中国政府更感觉市场经济难以捉摸,本来大有从计划走向市场的宏愿,结果被市场经济戏弄了一番。

1989年1月1日,《人民日报》发表的《元旦献词》宣称"我们遇到了前所未有的严重问题",同一天,中共中央总书记在人民大会堂发表新年致辞,描述中国局面时用词非常低落:"艰难而复杂";"困难和问题";"缺点失误和挫折",称任务"非常艰巨",前途"不可能一帆风顺"。同年,中国总理在《政府工作报告》认为,政府对改革开放的艰巨性和复杂性认识不足,在指导中国经济上出现失误,放权搞活未能强化国家的宏观调控,价格改革未能考虑社会的承受能力。正是在这一报告中,中国第一次提出对经济的宏观调控。

1989年,党的十三届五中全会通过了《中共中央关于进一步

治理整顿和深化改革的决定》(以下简称《决定》),《决定》指出:
"从一九八四年下半年开始,我国就出现了经济过热、货币发行过
多、国民收入超额分配等现象,但党中央、国务院未能及时采取果
断措施加以解决;一九八七年虽然提出了财政信贷双紧方针,但又
没有坚决加以贯彻,以致问题越积越多。这些年来,对农村形势的
估计一度过于乐观,对加工业的盲目发展纠正不利;在改革统得过
多、管得过死的经济体制过程中,忽视了必要的适当集中;在强调
微观搞活的同时,忽视了综合平衡和加强宏观调控。"

　　《决定》将治理整顿目标定为:降低通货膨胀率,扭转货币超
经济发行的状况;实现财政收支平衡,消灭财政赤字;提高经济效
益,保持适度的增长率;改善产业结构不合理的状况;建立宏观调
控体系。改革的重点是:财政体制改革,要有助于适当提高中央财
政的集中程度;金融体制改革,必须有利于加强集中统一管理;外
贸体制改革实行适当集中;物资管理体制改革,要适当提高重要物
资国家统一分配的比重;价格改革,要适当集中物价管理权限;计
划体制改革,要适当增加指令计划的范围和比重,强化指令性计划
的严肃性。从上述治理整顿的目标和重点不难看出,所谓宏观调
控就是加强政府有形之手对市场的管理力度。

　　宏观调控的效果立即显现。1989 年,固定资产投资下降
11%,职工工资负增长 9.1%,货币发行量下降 70%,通胀率在
1989 年 3 月已达 27.9%,以后逐月下降,全年通胀率为 17.8%。
至 1990 年 4 月,通胀率已低于 10%,更为客观的论据是,1990 年 8
月 25 日,人民银行宣布降息 1.08%,当月的物价上涨水平
为 3.2%。

　　出人意料的是,中国的宏观调控虽然控制了通货膨胀,但换来

的是通货紧缩。市场不能预知的事,政府已洞察先机,其实早在
1990 年年初,政府已放松贷款,1990 年前 7 个月,放贷总额达
13151 亿元,比 1988 年的放贷数还要大。政府明确指出,目前促
进生产的突破口是进一步启动市场。当时中国社会讽刺中国经济
一管就死,一放就乱。经济紧缩的调控和经济宽松的调控之间的
转换仅相差七个月,经济政策两重天,而这种调控的相互转换持续
两年之久。以国民生产总值为例:1988 年增长 11.2%,1989 年增
长 4%,1990 年增长 4.4%,1991 年增长 7%,1992 年增长 12.8%。
直到 1992 年,中国政府才宣布这轮宏观调控结束。

　　中国不仅在第一次宏观调控时将微观放开和宏观调控交替进
行,而且在 30 多年实行的改革开放中,微观放开和宏观调控也总
是交替进行,这使得中国的市场经济具有了中国特色,而宏观调控
的结果是"软着陆"。30 多年以来,不论是中国还是世界局部或整
体出现或大或小的问题时,中国或者没有受到冲击,或者率先走出
困境,从而使得中国模式充满了神奇的色彩,中国经济软着陆也成
为主流经济学家普遍接受和企盼的事实。

二、中国的宏观调控与罗斯福新政①

　　中国 1989 年强有力的宏观调控可能被主流经济学家视为异
端行为,其实早在 1933 年,罗斯福就任美国总统后就采用过政府
强有力干预经济的行为。罗斯福的这一行为被经济学界称为罗斯
福新政,其核心是三个"R":即救济(Relief)、改革(Reform)和复兴

---

　　①　罗斯福新政的历史资料主要来源于"百度百科"。

（Recovery）。罗斯福新政和中国第一次宏观调控的共同之处在于，都是用政府直接或间接方法干预市场经济。不同之处是中国政府的宏观调控是为了遏制恶性通货膨胀，而罗斯福新政是为了缓解大萧条所带来的经济危机与社会矛盾。

在 1929 年 10 月 24 日之前，美国经济一片歌舞升平。在 1929 年夏季的三个月中，美国通用汽车股票由每股 268 美元上升到 391 美元，美国钢铁公司的股票从每股 165 美元上升至 258 美元。9 月份，美国财政部长还信誓旦旦地向公众保证：这一繁荣的景象还将继续下去。但在 1929 年 10 月 24 日，美国的金融界崩溃了，股票一夜之间由顶峰跌到深渊，使 5000 多亿美元的资产化为乌有。股票价格下跌之快，连股票行情自动显示器都跟不上趟。这一天是星期四，被美国称为"黑色星期四"。股票市场的大崩溃导致美国持续四年的经济大萧条。以往蒸蒸日上的美国社会逐步被存货如山、工人失业、商店关门的凄凉景象所代替。86000 家企业破产，5500 家银行倒闭，GNP 由危机爆发时的 1044 亿美元急降至 742 亿美元。失业人数由不足 150 万猛升至 1700 万以上，超过整个劳动大军的 1/4。农产品价值降到最低点，企业将牛奶倒入大海，把粮食、棉花当众焚毁的现象屡见不鲜。千百万美国人多年的辛苦积蓄付诸东流，整个经济水平倒退至 1913 年。

面对经济危机，当时的美国总统胡佛采取了一些应对措施，但这些措施并没奏效。这场经济危机导致焦头烂额的胡佛总统下台，罗斯福取代了胡佛当选为美国第 32 任总统。为了解决大萧条问题，罗斯福只有实行改革：抛弃全凭市场机制那只看不见的手自我调整的政策，大力加强国家对社会经济生活的干预。

在金融领域,罗斯福就职总统第三天就下令所有银行停业整顿,授权联邦银行增发钞票以解决紧张的货币头寸。1933 年 3 月 9 日,国会通过了《紧急银行法令》;3 月 10 日,宣布停止黄金出口;4 月 5 日,宣布禁止私人储存黄金和黄金证券,美钞停止兑换黄金;4 月 19 日,宣布放弃金本位;6 月 5 号,公私债务废除用黄金支付。在 1933 年 3 月 9 日至 6 月 16 日三个月左右时间内,财政部制定了 15 项重要立法,其中与金融有关的法律占 1/3,这些立法有力支持了有支付能力的大银行,淘汰了无偿还能力的不健全银行。1934 年 1 月,宣布发行以国家有价证券担保的 30 亿美元纸币,并使美元贬值 40.94%。这些措施对稳定局势,收拾残局,提高美国商品对外竞争力,疏导经济生活的流通环境,恢复人们对银行的信心,使国家金融秩序恢复正常起了极大的作用。在罗斯福就职总统时,全国几乎无一家银行营业,支票在华盛顿已无法兑现。1933 年 3 月 13 日至 15 日,已有 14771 家银行领到执照重新开业,公众舆论评论,罗斯福的行动犹如"黑沉沉的天空出现的一道闪电"。

在农业和工业领域,罗斯福力促国会在 1933 年 5 月通过《农业调整法》,成立农业调整署,政府用行政手段调整农业生产,规定国家向减耕减产的农民提供补贴,并提高农产品价格,减少农产品过剩,保证农民利益,对农业复苏起到积极作用。同年 6 月,美国国会通过《国家产业复兴法》,该法以恢复工业生产为目标,定出各企业生产的规模、价格和销售范围,将生产的各个环节置于国家监督之下,以减少盲目生产,为企业复兴创造良好条件。罗斯福新政的成效很大程度上取决于中小企业的发展,为推行新法规,政府给接受法规的中小企业颁发"蓝鹰奖章",奖章上刻着"我们尽我们的责任",以资表彰他们为美国社会稳定、经济复苏和增加就业起到的积极作用。

罗斯福新政的另一项重要内容是救济工作,1933年5月,国会通过《联邦紧急救济法》,成立联邦紧急救济署,将各种救济款物迅速拨往各州。第二年又把单纯救济改为"以工代赈",给失业者提供从事公共事业的机会,维护了失业者的自力更生精神和自尊心。新政期间,全国设有名目繁多的工赈机关,其中最著名的是国会拨款50亿美元兴办的工程兴办署和专门针对青年人的全国青年总署,二者总计雇佣人员达2300万,占全国劳动力50%以上。到二战前夕,联邦政府支出的种种工程费用及直接救济费用达180亿美元,并借此修筑了近1000座飞机场,12000多个运动场,800多座校舍与医院,在全国范围内兴建了包括校舍、桥梁、堤坝、下水道等18万个小型工程项目,先后吸纳了400万工作,是迄今为止美国政府执行的最宏大、最成功的救济计划。

罗斯福新政作为挽救1929—1933年美国经济大灾难的救急方,无疑取得空前的成功。新政几乎涉及美国社会经济生活的方方面面,其中多数措施是为了摆脱危机,最大限度减轻危机的后果。有一些措施是针对美国长远发展的远景规划,它的直接效果是避免了美国经济大崩溃,有助于美国走出危机。从1935年开始,美国所有经济指标几乎都稳步回升。国民生产总值从1933年的742亿美元增至1939年2049亿美元,失业人数从1700万下降至800万,使危机中的美国避免出现激烈的社会动荡,为后来美国参加反法西斯战争创造了有利的环境和条件,并在一定程度上决定了二战以后美国社会经济的发展方向。第二次世界大战爆发后,罗斯福新政基本结束,但罗斯福新政时期产生的一些制度或机构如社会安全保障基金、美国证券交易委员会、美国联邦存款保险公司、美国联邦住院管理局和田纳西河管理局等迄今仍产生着影响。

取得极大成功的罗斯福新政受到自由主义市场理论家的批评。路德维希·冯·米塞斯(Ludwig E. von Mises)认为罗斯福新政实际上实行的是社团主义,与资本主义完全不相容。在资本主义的自由市场里,国家只能扮演守夜人的角色,好几个罗斯福新政的政策被美国最高法院判定违宪。这些批评并不是讨论罗斯福新政是否对19世纪30年代美国经济大萧条起了正面或负面的作用,而是用"主义"之争来否定罗斯福新政。

罗斯福新政的主义之争和中国的改革开放的主义之争具有异曲同工之妙。中国改革开放之父邓小平对中国改革开放是姓"社"还是姓"资"争论的回应是:社会主义也有市场经济。罗斯福对所谓新社团主义的批评的回应是:运用现实的推理和实事求是的传统法则一起渡过难关。罗斯福和邓小平对主义之争的回答本质上如出一辙。正像中国已基本结束对改革开放姓"社"姓"资"的大讨论一样,近年来,在政治和社会学的出版作品中,对社团主义已逐步减少其负面的涵义。在一些学者著作中,社团主义指的是一种社会机制,由工会、企业家和政府进行三方协商,以更公平的方式划分经济生产的利润给社会各成员,并且在经济衰退期或通货膨胀期施加工资限制。

对罗斯福新政的另一类批评是出于事实分析:政府为了救济穷人,加大了对企业的征税,从而导致企业投资的资本减少。1929年美国最高税率是24%,1935年则提高到79%。当企业收入的

3/4被政府收走时,整个社会的投资率走低。事实上,1938年出现
一次经济缓慢恢复中的回冷,史称"罗斯福萧条",可说是投资对
1935—1937年税收的回答。以此类推,新政中的贸易保护主义、
价格管制和银行拆分政策都遭到质疑。质疑者认为,大萧条原本
是经济周期中的一个波谷,它可以通过市场的调节能力自我修复,
大萧条之所以10多年阴魂不散,恰恰是因为政府在帮倒忙。我们
认为这些质疑有欠公允:在罗斯福新政之前几乎所有的银行都已
关门,根本没有任何可能的企业投资。正是罗斯福新政才使多
数商业银行重新开门,才有1931年至1937年美国经济的复苏。
罗斯福新政在平衡政府、企业和穷人之间利益时是否做得完美
当然可以分析甚至批判,但一个显然的事实是,二战后罗斯福新
政的很多成果得以保存,这说明罗斯福新政至少有不少合理成
分。问题不在于判断罗斯福新政是对还是错,而在于判断它的
哪些政策有效,哪些政策无效。一种观点认为,使美国经济复苏
的并不是罗斯福新政,而是发生在1939年至1945年的第二次
世界大战,这场战争几乎将所有大国的经济、工业和科学技术应
用于战争之上,同时也将民用与军用的资源合并统筹规划。但
是如果设想世界大战发生在1932年,美国所有银行都已关闭,
美国有什么能力成为二战同盟国的主要领导者。退一步分析,
如果确定是因为第二次世界大战使美国经济复苏并高速发展,
至少战争不是自由市场的本身因素,而是自由市场之外的因素。
罗斯福新政的具体政策是否完全正确并不重要,重要的是罗斯
福新政或第二次世界大战这些非自由市场的因素可以使自由市
场更快地复苏和发展则是不争的事实,本书就是要为这些不争
的事实奠定坚实的经济学理论基础。

三、中国市场经济的"主义"之争[①]

就像罗斯福新政受到西方主流经济学的批评或攻击一样，中国的改革开放也经历了长达 10 多年的姓"社"还是姓"资"的讨论或争论。深圳、珠海、汕头、厦门四大经济特区建立之初，一些反对走市场经济道路的人抓住特区的一些问题大做文章，称特区是国际资产阶级的飞地，"辛辛苦苦几十年，一夜回到解放前"。有人从理论上提出质疑：早在 1952 年，国家就基本处理了外资企业，为什么现在却要为外资提供地盘？1956 年已经完成了对资本主义工商业的改造，为什么现在还要引进外资？

中国改革开放姓"社"还是姓"资"的最早争论发生在 1978 年，针对开始起步的农业改革，争论的焦点是农村包产到户姓"社"还是姓"资"。反对包产到户的观点是，包产到户是分而不是包，是分田单干，不仅退到了资本主义，而且退到了封建主义，倒退了几千年。9 月 14 日至 22 日，中共召开各省市自治区第一书记座谈会，会议对包产到户进行专题讨论，座谈会上争议激烈。贵州省委书记池必卿强调要在全省推行包产到户。黑龙江省委第一书记杨易辰当即表态"我们不能搞那个东西"。池必卿针锋相对："你走你的阳关道，我走我的独木桥"。直到 1978 年的 10 月，中央的一级报刊才开始发表文章公开宣传包产到户。10 月，《红旗》杂志第 20 期发表了余国辉的文章《怎样看包产到户》，11 月，《人

---

① 本节的素材同样取自于凌志军：《沉浮——中国经济改革备忘录(1987—1997)》，人民日报出版社 2011 年版。

民日报》发表了吴象的文章《阳光道与独木桥——试谈包产到户的由来、利弊、性质和前景》，正式回应了贵州省委书记池必卿关于农业改革阳光道和独木桥的论述。到年底统计，全国实行包产到组和包产到户的生产队从年初的 1.1% 上升到 14.9%。1980 年是中等年景，没实行包产到户的人民公社，农业产量保持稳定；实行包产到组的地方增产 10%—20%，实行包产到户的地方增产 30%—50%。到 1981 年 6 月，全国实行包产到户的比例已超过 86%。

20 世纪 80 年代中期，发轫于安徽农村的承包思想进了城，各地厂矿开始实行承包经营。辽宁本溪蔬菜公司职工关广梅从 1985 年开始，连续租赁了几家副食品商店，两年间创利一百多万元，职工收入成倍增长，但有人认为她走的不是社会主义道路。1987 年 6 月 12 日起，《经济日报》以《租赁企业究竟姓"社"还是姓"资"》为题，开展了长达 40 多天的大讨论。在这场大讨论中，来自本溪本地和北京、四川、湖北及全国许多政府机关领导、与关广梅遭遇相似的企业家、理论研究者和普通读者从不同角度发表了意见，使这场大讨论成为全国性的、立体的、跨时空的，微观解析和宏观审视相结合的气势磅礴的连续大讨论，可以说这是一次为中国经济改革思想解放破题的新闻策划。关键时刻，邓小平一锤定音。他提出的"三个有利于"的判断标准震动全国，这"三个有利于"标准是：是否有利于发展社会主义社会的生产力，是否有利于增强社会主义国家的综合国力，是否有利于提高人民的生活水平。"三个有利于"的标准冲破禁锢人们多年的理论禁区，解决了困惑中国改革难题。

尽管 1978 年农村的包产到户和城市的承包和雇工现象引起

的争议得以解决,但长期以来,由于受"左"的思想影响,人们习惯于将计划经济与市场经济作为社会主义和资本主义的本质差别,这种思想模式如同精神枷锁,使人们不敢越雷池半步。挣脱"姓资姓社"的思想羁绊,就成为第二次思想解放的内在要求。特别是从外部世界来看,20世纪90年代初,东欧剧变,苏联解体,使不少人质疑中国的市场改革是不是社会主义。1991年2月15日至4月22日,皇甫平在《解放日报》上连续发表了《做改革开放的带头羊》《改革开放要有新思路》《扩大开放的意识要更强一些》和《改革开放需要大批德才兼备的干部》四篇评论文章,这四篇文章居然在中国理论界引起一片批判声。

1991年4月20日,《当代思潮》发表题为《改革开放可以不问姓"社"姓"资"吗》的文章,该文声称,不问姓"社"姓"资"就会把改革开放引向资本主义化的邪路,从而断送社会主义事业。此后,大量的批判文章相继出现在报刊、杂志上。12月10日,《当代思潮》又发表题为《关于社会主义改革的七个问题》的文章,该文是批判皇甫平系列文章的代表作。面对这些责难,中国的改革开放放慢了步伐。又是在关键时刻,邓小平1992年1月至2月视察南方,并发表了南方谈话,成为当代思想解放的又一里程碑。小平在南方谈话中明确指出,计划多一点还是市场多一点,不是社会主义和资本主义的本质区别,计划经济不等于社会主义;市场经济不等于资本主义,社会主义也有市场经济,计划和市场都是经济手段。实干兴邦,空谈误国,发展才是硬道理。1992年10月,中国共产党十四次代表大会正式确立了市场经济体制改革的目标,由此结束了"姓资姓社"的争论。特别是1993年召开的中国共产党十四届三中全会通过了《中共中央关于建立社会主义市场经济体制若干问题的决定》,改革将按着社会主义市场经济体制的目标和思路深入开展。

中国的宏观调控也许借鉴了罗斯福新政,但罗斯福新政之所以称为罗斯福新政而没有成为美国模式,中国模式之所以叫做中国模式而不是什么罗斯福新政,其重要差别是,中国将微观放开和宏观调控都看成是经济运行的手段,从理论上将市场经济与宏观调控和社会主义与资本主义的界限划分清楚。不把市场经济与资本主义划等号,不把宏观调控与社会主义划等号。在标榜民主、自由的西方,迄今还将罗斯福新政类的宏观调控划入理论研究和经济实践的禁区。实际上,西方各国政府在市场经济的运行中都有不同程度和不同手段的经济干预,但都羞于承认市场经济需要宏观调控。西方主流经济学家更把市场自由当作原教旨主义信仰。在这种宗教性的思想影响下,政府调控充其量是权宜之计,而中国模式就成为了不可解释的奇迹。中国有幸有一个邓小平,他敢于打破禁区,宣称社会主义也有市场经济。

第三章　中国模式的困惑和定义

　　我们认为微观放开宏观调控是中国市场经济的基本特征,并将此基本特征定义为中国模式。如果不强调宏观调控的程度和手段,宏观调控也是所有市场经济的基本特征,因此,中国模式具有普世的价值……

一、中国模式的困惑

　　中国模式令人着迷,也令人困惑。中国模式的第一个困惑是"北京共识"并没有共识,"北京共识"和中国模式的关系是库珀试图用"北京共识"解释中国模式。其实什么是中国模式,全世界并没有达成共识,中国政府也没有公开承认有中国模式,当然也就没有所谓"北京共识"。我们认为库珀的"北京共识"是与"华盛顿共识"对立的一个"共识",是对中国模式的个人解释。"北京共识"的最大作用是让全世界关注中国经济和中国经济成功的模式,"北京共识"并没有给出中国模式的严谨定义。

　　中国模式的第二个困惑是,与"华盛顿共识"不同,所谓中国模式并不是预先提出的行动指南和政治纲领,①而是一种对中国社会发展的后发理论和归纳概括。邓小平关于"摸着石头过河"的论述,阐明了中国经济改革实际上是一个学习西方市场经济理论,并结合中国的具体国情而不断探索或试错的过程,这就使得中国模式成为一个难以全面界定的概念。一方面,严格地讲,"摸着石头过河"并不是中国执政党的新提法或新思维,中国共产党秉承的最高哲学理念是"实事求是","摸着石头过河"不过是"实事求是"在探索市场经济理论和实践中的形象表述。这一哲学理念的宗旨是虚心学习人类社会一切先进的东西,但不迷信权威,不迷信在一定条件下才成立的理论结论,反对教条主义、本本主义和经验主义,一切从实际出发,从中国的具体国情出发,走具有中国特色的道路。另一方面,西方主流经济学的一些模式,包括"华盛顿共识",表面上似乎都有明确的定义和界定,似乎比中国模式更严谨、更容易把握。但是这些所谓逻辑界定清晰的模式充其量也只是在自己的理论假定条件下成立的模式,并不是对西方真实市场经济模式的严谨界定,这表现在:(1)不少理论模式在该理论的假定条件下结论也是错误的,但这些错误的模式不少是西方经济学的主流模式;(2)每个理论模式都有假定条件,但西方经济学在使用这些理论模式时,根本不考虑理论成立的假定条件,而将理论结论放之四海,从而将一门科学的模式变成宗教信仰;(3)西方经济学流派众多,流派之间甚至尖锐对立,理论之间不存在兼容和包容的关系。这表明西方没有一个主流经济学模式成功地对西方市场经济进行了严谨而全面的界定,由此不难理解中国模式界定的

---

① 参见王辉耀主编:《中国模式:海外看中国崛起》,凤凰出版社 2010 年版。

困难。

　　中国模式的第三个困惑是中国模式的成功常常与西方主流经济学理论相悖。中国经济发展举世瞩目,但很少有人能说得清楚这些背后的原因。这个国家让很多自由市场专家的预测屡屡落空。一些人认为,中国的经济成就根本就是一个假象。虽然中国经济看上去很强大,有活力,但中国经济增长统计数据不真实。中国市场是一个巨大的投资泡沫,一旦泡沫破灭,中国就会走向崩溃,从而形成"中国崩溃论"。我们认为,不论中国的市场经济还存在多少问题,也不论中国的改革开放之路今后是否顺利,甚至也不排斥今后中国可能崩溃,都无法用对未来的正确或错误的预测去否认中国改革开放 30 多年所取得的成就,都要思考怎样从经济学角度解释和认识这一伟大成就。另一些人认为,中国是一个特例,通常的经济规则在中国根本不适用,中国的非常规发展模式与其独特的政治模式紧密联系。我们认为中国改革开放的成就之所以被称为奇迹包含了两层含义:一是业绩优秀,一是从理论角度无法给出一个圆满的解释。所谓特例是西方经济学中经常出现的概念,这个概念也有两层含义:一层含义是理论的特例本质上是理论的反例,从逻辑学分析,如果一个理论出现了反例,该理论就被证伪;另一层含义是这样的例子很少,除掉这些少数的例子,该理论依然正确。西方主流经济学家对此的辩解是由于经济学研究的对象比自然科学研究的对象复杂,一个理论出现特例并不奇怪,经济学家依然可用有特例或反例的理论解释指导和预测经济现象。不幸的是,30 多年以来中国改革开放所取得的伟大成就,绝对不是一个可以忽略的理论特例,经济学必须勇于面对中国模式的挑战。

二、中国模式的定义

中国模式的界定是一件困难的工作,因为这涉及政治、经济和社会的各种因素。比如,有的学者认为中国模式与中国的人口红利有关,有的学者认为中国的发展道路不可以作为其他国家的一种选择。就连对中国模式推崇有加的《北京共识》,也认为中国模式仅对发展中国家具有一定的普世价值。毫无疑问,这些中国"特殊"论的观点有一定的道理。其实,不仅中国不同于其他国家,英国和美国、日本和德国,或者全世界所有国家之间,都会有自己独特的优势和劣势。如美国幅员辽阔,但人口不多;澳大利亚和加拿大资源丰富,西方发达国家经过几百年的发展,资本雄厚、人才济济、管理规范等等。如果我们仅仅看到这些国家的差异,而找不到这些国家发展中带有普世价值的精神财富,则研究任何国家的发展问题都不会对他国带来借鉴的意义。

值得庆幸的是,全世界几乎所有的政治学家和经济学家都承认中国经济的特色是中国一方面实施市场经济,一方面政府对经济进行适度的控制。自由经济加政府控制是对中国模式的普遍概括。① 新加坡国立大学东亚研究所所长郑永年在 2009 年 5 月 21 日《人民日报》发表评论称,中国的混合型经济模式在政府角色与市场之间取得平衡。库珀在《北京共识》中也强调政府对市场的控制。政府对市场控制的这一特征与"华盛顿共识"形成鲜明的

---

① 参见里宇·霍恩:《中英可持续发展对话的国家协调员》,"中外对话"网站,2008 年 7 月 28 日。

对照,也与自由主义市场理论的结论相悖。我们认为正是这一显著的特征构成了可以定义中国模式的基础。尽管中国政府并没有给出中国模式的定义,甚至在公开层面上从没有承认中国模式,但中国政府微观放开、宏观调控的市场政策,其实就是中国模式的最佳定义。

　　从经济分类分析,经济只有三种模式,即计划经济、市场经济和两种经济的混合模式。尽管计划经济和市场经济的混合模式可能有各种各样的方式和形态,但从分类角度,除此之外,不会再存在其他的模式。不论中国政府在实施混合模式中有多少优势或劣势,有多少成功和失败,有多少成绩或问题,微观放开和宏观调控无疑是一种混合模式。首创此模式的是美国罗斯福新政,但中国政府在 30 余年的改革开放中将此种模式演绎为人类经济史上的一场波澜壮阔的经济革命。

　　从市场参与要素分析,市场的要素只有三个,即企业、消费者和政府,企业和消费者是毫无争议的市场主体。政府是否是市场的主体本身也没有任何争议,如发行货币、调节税收,实行宽松或紧缩的货币政策等等。在市场经济的环境中,政府也不是一个另类的角色,它既是市场经济的最大消费者,又是市场经济中不可忽视的,也可能是最大的投资者。中国有句成语叫"富可敌国",该成语是形容一个人非常富有,他的财富几乎可以与国家相当。这一成语也从侧面形容国家财力不可小觑。自由主义市场经济理论和中国模式的差别在于,前者要求尽可能限制政府在市场经济的作用,认为这些作用低效、无效或有害市场经济,而中国模式认为在宏观经济出现问题时政府要干涉市场并予以强有力的调控。换言之,两者差别只是调控的程度不同,调控的手段不完全相同。正是这两个不同,中国模式才有了鲜明的特色,除了这两个不同,也不可能定义中国模式。我们的结论是:表面上中国模式的定义可能相当复杂,难以把握和界定,但比较西方国家的市场经济,中国的唯一特色就是在必要时加强政府对市场的调控力度。不论是从经济分类或者是市场的参与要素,还是从中国和西方国家市场的比较研究,将市场微观放开和宏观调控定义为中国模式,都是高度概括的准确定义。

三、定义的本质特征

此前,已有不少学者试图定义中国模式,但这些定义没有得到普遍承认,有些定义甚至受到广泛批评。这些定义的共同点是,试图全面、准确地概括中国改革开放 30 余年所取得成就和问题。这些定义的共同缺陷是分不清所研究问题的主次,用中国的俗话来形容就是胡子眉毛一把抓。试图用一个定义全面、准确把握中国问题的方方面面的雄心可嘉,但这样的做法犯了学术研究的大忌。学术研究要求研究对象的定义极为清晰,边际极为明确,中国古人云:名不正则言不顺,定义即为正名。正名的要求是抓住所研究对象的本质特征,而忽略研究对象的次要特征。当我们将研究对象主要特征和次要特征混为一谈时,表面上非常全面的定义将使学术研究陷入困境。伟大的物理学家牛顿完全忽视吉芬商品与非吉芬商品的差别,完全忽视企业家与消费者的差别,完全忽视男人与女人的差别,完全忽视太阳与月亮的差别,他仅仅抓住这些物体的共同特征质量,就用牛顿三大定律揭示了远低于光速的宏观运动的普遍规律。伟大的经济学家亚当·斯密忽略人的种族、肤色、宗教信仰和文化的诸多差异,仅仅抽象出理性这一共性,就成为现代经济学的奠基人。

　　本书试图研究中国模式,当然要试图抓住中国模式的主要特征。我们对中国模式的定义忽略中国与美国的不同政治体制,忽略中国和欧洲的人口红利差异。中国模式既有别于传统的计划经济模式也有别于传统的市场经济,其主要特征是混合经济模式。混合经济有别于纯粹的市场经济的主要特征是宏观层面政府对市场的调控,混合经济有别于纯粹的计划经济的主要特征是微观放开,因此本书将微观放开和宏观调控定义为中国模式就是试图抓住中国模式的主要特征。我们当然可以研究中国人口红利和政治体制对混合经济模式的影响,但这是中国混合经济的次级特征,这些特征更具有中国特色或中国的特殊性,特殊性的规律往往不具备普适性。我们不能过于关注一些经济现象的特殊性而将这些经济现象归于经济学的特例,从而忽视这些经济现象背后蕴藏的普世规律,特别是忽视可能会对主流经济学带来冲击的普世规律。

　　我们不仅在概念的定义上要抓住研究对象的主要特征,在研究对象上也要抓住对象的主要关系。我们认为市场经济表面上非常复杂,但主要关系并不复杂,市场经济的主要关系就是供给与需求的关系。如果细分市场经济的供求关系,可以分为以商品或产品价格变化表征的商品或产品本身的供求关系;以工资变化表征的劳动力市场的供求关系;以利息变化表征的货币供求关系;以价格变化表征的产品原材料的供求关系和以汇率变化表征的进出口供求关系。其中,产品或商品的供求关系是基本的供求关系,其他的供求关系或者与产品的成本有关,或者成为影响产品或商品供求关系的因素。抓住了产品的供求关系就抓了市场经济的主要特征或主要关系。

当确定了市场经济的主要关系是供求关系后,我们将供求关系提高至公理的高度:表征五大供求关系的变量(如价格、工资、利息等等)上升的必要条件是该变量表征的供求关系供不应求;表征五大供求关系的变量下降的必要条件是该变量表征的供求关系供过于求;表征五大供求关系的变量稳定的必要条件是该变量表征的供求关系供求平衡。有了供求公理,很容易从公理出发,批判西方主流微观和宏观经济学。西方微观经济学试图用需求定律取代产品的供求公理,其实,公理是一个理论体系的最高原理,虽然公理并不复杂,但不可能用其他的假设推导出此公理,也不可能为公理建模。西方微观经济学用需求定律取代产品供求公理的错误是,西方微观经济学仅仅考虑产品的供求关系,不需要考虑劳动力、原材料、货币和进出口的供求关系。在西方微观经济学里,根本没有货币的地位,也否定市场有远偏离供求均衡点的恶性通货膨胀和通货紧缩现象,从而无法为西方宏观经济学奠定微观经济学基础。因此,试图用需求定律取代产品供求公理,并忽视其他供求公理的微观经济学不可能真正揭示市场经济的基本规律。以凯恩斯理论和弗里德曼货币主义为代表的西方宏观经济学注意到市场有远远偏离产品供求均衡的恶性通货膨胀和恶性通货紧缩,但他们都忽视了产品的供求关系是市场主要供求关系的事实,试图仅仅用货币供求关系就描述所有宏观经济学现象。其实,通货膨胀不仅仅是多发货币造成的,由战争和自然灾害造成的原材料短缺同样会产生通货膨胀。通货紧缩时,政府拉动需求是应对市场有效需求不足的有力措施之一,刺激消费和加大出口同样是解决有效需求不足的有效措施,而创新拉动需求是更为重要的措施。仅仅关注利息或货币数量的宏观经济学理论同样不可能揭示市场经济的基本规律。

第四章　科学方法论与弗里德曼方法论

　　纯粹理论的假定条件只要满足完备性、独立性和相容性，假定条件的"假定"性已决定了这些条件不可能被批判或证伪。但是，如果要扩展理论的普适性，就必须改变理论假定条件的约束域；如果要将纯粹的理论应用于实践，理论的假定条件就必须接受现实的检验。理论的普适性和现实性研究必然改变甚至批判理论的假定条件。科学方法论并不要求理论的假设条件与现实问题的所有特征都一致，但要求与现实问题的主要特征一致。原创理论之所以受到尊重，就是原创理论具有抓住研究对象主要特征的学术思想。由满足现实性和内在一致性的假设条件演绎出来的理论结论是在该假设条件下正确的结论，这样的结论无须实证。弗里德曼以经济学问题太复杂为理由，认为找不到与现实完全一致的假定条件，进而认为理论的假定条件可与现实无关的观点和理论结论必须接受实证的观点都是错误的观点。本书不仅认为可以找到与现实主要特征一致的理论假设条件，还认为可以为经济学建立公理体系，其中，供求公理就是公理体系中的一个公理，理性人假设是另一个公理……

　　西方主流经济学理论很难解释中国改革开放 30 余年取得的

成就,中国崩溃论、中国危机论和唱空中国的声音与中国 30 余年的发展相伴而行。中国模式一直得不到理论解释的直接原因是西方经济学坚持了错误的方法论。

　　本书不是研究科学方法论的专著,不会用大量的篇幅去研究方法论中的证伪主义、实证主义或逻辑实证主义,更不会深入地讨论方法论与哲学、数学、语言或认识论之间的关系。但是,由于弗里德曼错误的方法论在西方主流经济学中占有支配地位,如果坚持弗里德曼的方法论,在实证研究中发现理论的假设条件与现实不一致,可以用理论的假设条件不要求具有现实性予以诡辩;如果实证研究中发现理论结论与现实不符,可以用经济现象复杂,允许出现反例,并把反例当成特例予以诡辩;只要一个理论结论与某些现实结论一致,一个有条件成立的理论就可以不加证明的变为无条件成立的理论,一个局部真理就会变成普适真理,这样的理论就变成了既不可证明,也不可证伪的理论。为了为中国模式奠定经济学基础,为了为宏观经济学奠定微观基础,我们不得不批判弗里德曼的方法论,我们不得不讨论方法论问题。

一、弗里德曼方法论

　　西方主流经济学方法论的始作俑者是著名经济学家米尔顿·弗里德曼(Milton Friedman),他是美国经济学家,以研究宏观经济、微观经济、经济史、统计学及主张自由放任资本主义而闻名。为表彰他在消费分析、货币供应理论及历史和稳定政策复杂性等范畴的研究贡献,1976 年授予其诺贝尔经济学奖。弗里德曼在美国芝加哥大学担任了 30 年的经济学教授,并把芝加哥大学经济系塑造成紧密而完整的经济学派,被经济学界称之为芝加哥学派。在弗里德曼领导下,该学派有多名成员获诺贝尔经济学奖。

弗里德曼在 1953 年出版了《实证经济学论文集》,他在论文集中写了一篇导言性质的论文,论文的题目是《实证经济学方法论》。这篇论文的核心观点是①:(1)由于经济现象涉及到人,也无法在实验室条件下重复观察,经济学现象远比自然科学复杂,很难像自然科学一样得到与经济学现象一致的公理体系或理论假定条件,因此,不能强求经济学理论的假定条件与现实一致。注意到越是一般性的经济理论涉及的经济现象越复杂,理论假定与现实现象的一致性也就越差,因此,理论假定的现实性与理论的有效性无关。(2)检验理论唯一相关的标准是理论预测与实际经验是否相符。(3)实证经济学的终极目的是发展一种理论,它能对尚未观察的现象做出富有意义的预测。弗里德曼的方法论引起经济学界长时间辩论,弗里德曼对辩论保持了沉默。

弗里德曼的方法论否认理论假定的现实性,强调检验理论唯一相关的标准是理论结论与实际结果是否相符,但这一检验理论是否正确的方法论必然面临一个悖论:如果接受理论的结论与现实一致是检验理论正确与否的标准,就必定认为理论模型所得结论与现实完全一致。既然如此众多的理论结论都与现实完全一致,就不能认为经济现象太复杂,以致找不到有现实性的理论假设条件。一个最简单的方法是将理论结论直接作为理论假设条件,该理论假设条件就成为与现实完全一致的公理。如果接受理论的结论与现实不一致的结论,弗里德曼关于检验理论唯一相关的标

① 参见李和平:《弗里德曼论点及其争论研究》,中国经济出版社 2005 年版。

准是理论预测与实际经验是否相符的标准就成为伪标准。其实,弗里德曼方法论允许理论的结论与现实结论不一致,允许的理由和理论假定与现实不一致的理由完全相同:由于经济现象的复杂性,理论的结论不可能完全与现实一致。与理论结论不一致的经济现象不是该理论的反例,而是该理论的特例。就像理论的假设条件不会受到现实挑战一样,理论的结论也不会受到现实特例的挑战。

由于理论的假设条件和理论的结论都不具有现实性,都不接受现实的挑战,如果坚持弗里德曼方法论,对理论假设条件与现实是否一致的挑战或批判就变得毫无意义。于是西方各主流经济学流派的理论假定可以互不兼容,甚至可以尖锐对立。互相矛盾的经济学理论体系兼容并蓄,并行不悖,结论混乱。表面上,西方经济学枝繁叶茂,实际上更像一场没有主旋律的音乐会。演奏家们各拿各的号,各吹各的调,舞台上热闹非凡,台下观众看的却是一场闹剧。马歇尔和萨缪尔森试图将这些各奏各调的乐章调和在一起,但这些乐章本质上不可调和。最典型的不可调和的例子是西方微观经济学与西方宏观经济学。在西方微观经济学中,政府完全是一个多余的角色;在西方宏观经济学中,政府是一个不可或缺的角色。正是西方宏观经济学和西方微观经济学对政府的定位不具有理论的兼容性,宏观经济学不可能在现有微观经济学框架下建立微观基础;微观经济学也不可能将微观经济学加总的结论完美地去解释宏观经济现象。

弗里德曼方法论的另一个观点是,经济学的终极目的是发展一种理论,它能对尚未观察的现象作出富有意义的预测。其实理论能指导现实,理论能预测未来是所有理论工作者从事理论研究的目的。理论研究从简入繁、因循渐进,在这一过程中逐步向理论的理想王国迈进,理论研究的每一个过程都是迈向终极目的的坚实步伐。人类对客观事物的认识,有一个不断深化的过程,人生有涯,知识无限,一个学科也很难设定所谓终极目的,有的是对真理的永恒追求。但是,在弗里德曼的方法论的阴影下,我们无法对经济现象进行实质性因果研究,同时为诡辩留下了无限空间。于是,在理论假设条件不容讨论和批判的氛围中,一个有条件全称判断就可以变为无条件全称判断。仅在比较静态条件下成立的正常商品的需求曲线,就可不加证明的演变成对全体商品都成立的无条件全称判断。与正常商品毫无关系的非正常商品的需求曲线就可演变成正常商品需求曲线的特例。在此方法论下,当然可以忽略中国模式或吉芬商品对西方主流经济学的挑战,也可以忽略西方宏观经济学对西方微观经济学的挑战。各理论的倡导者都不愿意改变自己理论的假设条件,都不愿意分析自己理论假设条件的局限性,甚至都拒绝对理论假设条件进行分析和批判,长达30多年的中国模式就成了无法研究而游离于西方主流经济学模式之外的奇迹。如果按照弗里德曼方法论,弗里德曼的终极目的不仅遥不可及,而且是南辕北辙,背道而驰。

　　根据弗里德曼的方法论,西方主流经济学甚至发展了一套完整的理论研究范式:(1)根据研究对象的需要,提出一系列假设条件。由于假设条件不必接受现实的检验,也不会受到其他学者的批判,理论研究者完全可以随心所欲地提出自己的理论假设,并形成自己的流派。(2)尽管理论假设条件可以随心所欲,但假设条件的表述方式不能随心所欲,而应采用复杂的数学方式表述。用数学方式表述的假设条件越复杂,越让人看不懂,这样的理论就越具有学术的价值。(3)为研究对象构造函数,没有函数就无法应用数学工具。经济学研究的函数无法定量,也无须定量,这些函数只需直接或间接定性,如函数是单调函数,函数的导函数也是单调函数等等。也有西方经济学家试图为经济学函数定量,具体做法是在函数中有一些尚未定量的常数,再用一些实证数据求解常数,但这样求解的方法只有在所确定的函数确实是完全表征现实的函数时才有意义,否则就会出现不同的实证数据会得到不同的常数的荒谬结论。由于与函数有关的常数的确定就是来源于实证,如果用实证确定的常数是正确的常数,就没有必要再对函数进行实证;如果用实证确定的常数是错误的常数,对一个错误的函数进行实证已没有意义,因此,对用实证确定函数常数的函数再实证是多此一举。(4)研究的方法是寻求某种均衡:或者是由两条单调性质完全相反的函数曲线交点决定的均衡,如马歇尔的供给需求理论;或者是关于有条件下的函数最大值均衡,如消费者行为理论中的在可支配收入约束下的效用函数最大化均衡,或者是函数的导函数值等于1的均衡,如新古典厂商理论中的投入产出增量的均衡等等。(5)均衡理论是静态理论。由于研究均衡问题的函数不是定量而是定性的函数,均衡理论得到的均衡条件也只有定性的意义。(6)任何经济学理论得到的结论还必须接受实证的检验。所谓实证是指从市场中找到一组数据,并用统计的方法分析这组数据,由此得出一些统计性的规律。所谓实证检验是指理论得出的结论应与实证的统计性规律一致。

　　如果坚持弗里德曼的方法论,我们可以简单地为任一现实现象构造各种理论模型,而每一种模型都能接受弗里德曼方法论的检验:首先为某一现实现象找一个原因,并不要求这个原因是否是现实现象出现的真实原因,甚至不必考虑此原因是否荒谬,它可以来自现实,也可以来自空想或超自然力,唯一的要求是能建立自圆其说的因果关系。其次,把这一原因作为理论的假设条件,并用数学语言描述这一假设条件,再用尽可能复杂的形式演绎出与现实现象一致的结论。最后,由实证检验理论的结论。由于这一现实现象本身就来自现实,用实证来证明这一真实的现象并不困难,因此,此模型的结论也与实证结果一致,于是一个颇为优秀的理论模型就已诞生。遗憾的是,这种优秀的理论模型除了容易被主流经济学杂志接受外,根本没有任何实际的学术价值。比如,人体结构非常精美是一个不争的事实。如果假定造物主万能、仁慈并想造人,根据弗里德曼方法论,这一假设条件无须接受也不可能接受现实的检验,由此假设条件出发就可符合逻辑的演绎出人体结构非常精美的结论,该结论也必然与实证结果一致,于是一个宗教的结论就变成了弗里德曼方法论下的科学的结论。

二、弗里德曼方法论批判

我们认为,由弗里德曼倡导的,并被西方主流经济学家践行的方法论分不清纯粹理论和应用理论假设条件的差别;分不清因果关系中一因对一果,多因对一果和一因对多果的复杂关系;分不清什么是反例什么是特例和什么是小概率的反例;分不清必然理论和或然理论,分不清复杂现象的本质特征和非本质特征。

1. 纯粹理论与应用理论的假设条件

一个不与现实发生关系的理论是一个纯粹的理论,这样的理论是一个逻辑命题,它的理论假设当然与现实无关。由于纯粹理论的假定条件本身就含有"假定"的含义,我们无法也无须对假定条件的真伪做任何判断,这样的假定条件无法质疑。一个纯粹的理论的假设条件不应受到批判,也不应改变条件去讨论理论的正确性,这一观点与西方主流经济学的观点完全一致。尽管一个纯粹的理论假设不会受到现实质疑,但假设条件之间还是要受到独立性、相容性和完备性的所谓内在一致性的约束。① 独立性是指各假设条件之间不存在因果关系,一个条件不能被其他条件从逻辑上演绎出来,如果假定条件出现非独立问题,这说明有多余的条件。相容性是指假定条件之间不能出现矛盾。完备性是指这些条件一个不能少,少了一个条件就得不出理论的结论。用通俗的语言描述假定条件的内在一致性就是:假定条件一个不能多,一个不能少,相互不矛盾。

当一个在假定条件下成立的理论用于经济现象分析时,该理论就不再是一个纯粹的理论,而是成为应用理论。从实践角度分析,如果将纯粹的理论用于实践时,必须研究理论的假定条件是否与现实条件一致,否则,理论和现实就没有相关性。从纯理论角度分析,理论的假设条件既是理论的前提条件,又是理论成立的定义域。如果要放宽理论的假设条件而扩展理论的普适性,也必须改变理论的假设条件。因此,如果研究理论的普适性与现实性,必须将理论的假设条件作为研究对象,改变甚至批判假设条件。如果实际问题不能满足理论的假定条件,我们面临两个选择:要么放弃

---

① Koopmans, T., 1956, "Three Essays on the State of Economic Science", New York: McGraw-Hill. Koopmans, T., 1979, "Economics among the Science", American Economic Review 69:1-13.

用与现实不一致的理论去分析和指导现实问题;要么修改理论假定条件,使理论假定条件与现实一致。应用理论的假设条件必须接受实践的检验,实践是检验真理的唯一标准。

2. 研究对象的本质特征与非本质特征

弗里德曼认为经济学理论假设条件不需具有现实性的理由是经济现象很复杂,不可能像物理学那样可控制变量,可重复观察,因此也不能要求经济学理论的假设条件与自然科学的假设条件那样与现实完全一致。弗里德曼既不了解近代物理,也不了解复杂的现实问题与理论假设条件之间的关系。以牛顿力学为代表的经典物理学试验确实具有可控制变量和可重复观察的特点,但近代物理学研究的对象已不具有可控制变量和可重复观察的特点。物理学中的宇宙大爆炸现象显然不可以在控制条件下重复观察,而超四维的平行世界理论研究的对象,根本不可能观察,更不可能重复可控制观察,物理学家只能依靠逻辑的力量进行理论分析,并将理论分析与现实蛛丝马迹的联系中寻求对理论的支持。经济学现象虽然复杂,至少可观察。虽然不能人为控制各经济现象,但在历史的长河中,许多经济现象还会以惊人的相似度重复出现。更重要的是,如果说从复杂的经济学现象抽象出与现实相符的假定条件是一件困难的工作,但从假定条件推出结论的因果关系比物理学或数学的因果关系要简单得多。一个没有受过专门训练的读者不可能理解近代物理或近代数学,但一个没有受过专门训练的读者完全可以议论一下经济问题,就是因为经济学的因果关系本身并不复杂。以研究对象的复杂性作为理论不严谨的理由无疑不成立。

毋庸置疑,现实现象确实比较复杂,一个应用理论的假定条件不可能界定现实世界的方方面面,但应用理论必须要对现实问题的主要特征进行概括和抽象。一般而言,最早抓住现实主要特征的理论称为原创性理论。原创理论的假定条件和逻辑分析都比较简单,它的重要性在于要抓住现实问题的主要特征予以抽象的伟大思想,从而使原创性理论在理论研究中具有极高的地位。如果理论假设真的与现实无关,原创性理论就变得无足轻重。

我们坚持原创性理论的假定条件要抓住研究问题的主要特征,并不是说一些相对次要的特征可以忽略,而是要在后续的研究中逐步考虑研究对象的次要的特征,这种研究称为深化研究。深化研究的理论具有下述特征:(1)研究的逻辑或数理分析比原创理论复杂;(2)结论更接近现实;(3)去掉次要特征的约束后,深化研究理论的结论应与不考虑次要特征的理论结论一致,即要求深化研究的理论成果包容原创性理论。如果应用理论的假定条件可以与现实无关,则深化研究就成为一件毫无意义的工作。

当经济现象和现有理论不一致时,绝不维护理论的"正确性",而是承认与理论结论相悖的经济现象,修改或重构理论去解释和预测这些与旧有理论不一致的经济学现象。新旧理论之间要寻求兼容性。如果新旧理论能统一或兼容,我们称老理论是新理论的特例,而不是将与老理论相悖的经济学现象视为老理论的特例。如果新理论无法与老理论兼容或统一,为尊重事实不惜重构新理论体系。

3. 理论与实证

西方主流经济学论文的标准范式是理论模型加数据实证,实证的对象是理论的结论,实证的目的是分析理论结论能否得到市场数据的支持。西方主流经济学的这一论文范式既受弗里德曼方法论中关于实证经济学的终极目的是发展一种理论,它能对尚未观察的现象作出富有意义的预测的观点有关,也与物理学中当实验证实理论预测时,实验结果会强有力的支持理论正确性的观点有关。但物理学的这一观点与主流经济学用实证支持理论的观点有质的差别:

(1)在物理学中实验对象应完全满足理论的假设条件,而经济学中的实证数据从不要求完全满足理论的假设条件。

(2)物理学的实验不仅要求与理论定性一致,而且要求在实验允许误差范围内定量一致。如果理论结果与实验在定量上不一致,就认为在理论或实验中有不应忽视但被忽视的因素,实验就定量地证伪了理论。经济学的实证是定性上的实证,而且允许存在测量误差之外的系统数据误差。

(3)尽管物理学认为理论预言的结论被实验证实是对理论强有力的支持,但从不认为是对理论的某种意义上的证明。只要在其他实验中发现与理论结果哪怕是定量不一致的结论,就认为理论被证伪。经济学中的所谓实证是人为地选择一些支持理论结论的数据,而过滤掉不支持理论结论的数据。即使人为选择的一些支持理论结论的数据,也会出现均方根误差,这些数据也不可能与理论结论定量一致。

4.反例和特例

西方主流经济学以经济问题太复杂为理由,允许理论存在反例,并将反例作为理论特例束之高阁。中国30多年的改革开放取得的伟大成就和形成的模式无疑是对源自西方主流经济学理论的"华盛顿共识"的挑战,但这场人类历史上最波澜壮阔的经济革命是西方主流经济学无法忽视的反例。另一个被西方主流经济学提到但被忽略的经济学反例是吉芬在 1845 年至 1849 年观察到价量齐涨的吉芬商品。西方主流经济学家认为吉芬商品是高度发达社会经济中非常罕见的劣等品,甚至是劣等品中的劣等品。吉芬商品只是需求定律的一个例外,它无法挑战需求定律的权威。我们认为这两个反例具有内在联系:如果没有吉芬商品,中国模式就成为一种错误的模式;如果中国模式不可忽视,吉芬商品也就不可能仅作为需求定律的特例。

在逻辑学中,反例和特例是两个完全不同的概念,特例与分类有关,无分类无特例。比如,将商品分成吉芬商品和非吉芬商品,吉芬商品就是商品的特例。理论的假设条件既是理论成立的前提条件,也可以看成是一个分类条件:满足理论条件的对象算一类,不满足理论条件的对象算另一类,因此,演绎性理论可自然形成分类,也可自然形成特例。归纳法分完全归纳法与不完全归纳法,完全归纳法所得结论是针对全体对象,完全归纳法不形成分类,从而无特例。不完全归纳法本身就需要对研究对象进行分类,因此,与分类有关的不完全归纳法有特例。

反例与判断有关,无判断无反例。当一个例子与判断的假设条件一致但结论不一致时,该例就成为反例。不犯逻辑错误的演绎性理论的判断没有反例,由完全归纳法得出的判断同样没有反例。只要将不完全归纳法的判断不加证明地变成完全归纳法判断时才有可能出现反例。否定理论的反例不需要多,一个反例就足够。比如,天下乌鸦一般黑就是一个判断,否定这个判断仅需找到一只非黑乌鸦,不能用出现反例的概率反驳反例对理论的批判。不满足理论条件且与理论结论不一致的例子,既不是理论的反例,也不是理论的特例。比如,一只白天鹅不是天下乌鸦一般黑判断的反例或特例,但一只白天鹅是所有禽类都是黑色的判断反例。研究理论判断的反例必然关注反例存在的条件是否与理论前提条件一致,弗里德曼方法论否认理论条件与现实的一致性,实质上是否定了反例对理论判断的挑战,从而使经济学的理论研究失去了严谨性与批判性。由于特例与分类有关,反例与判断有关,反例和特例两个概念没有内在的必然联系。

西方主流经济学家混淆反例和特例的概念,将特例重新定义为小概率的反例,并认为理论的特例不影响理论的判断。西方主流经济学家认为经济现象比较复杂,只要理论判断与现实不一致是小概率事件,理论的判断也可以与现实不一致。在理论假设条件与理论结论都可以与现实不一致的庇护下,任何经济学理论都不可能真正接受实践的检验,任何经济学理论都不可能受到严肃的学术批判。

我们举消费者行为理论的例子来说明西方主流经济学家分不清什么是理论的反例,什么是理论的特例:消费者行为理论仅在其他商品价格不变和可支配收入不变的假设条件下,证明了正常商品的需求曲线向右下倾斜,并没有证明所有的正常商品的需求曲线都向右下倾斜,更没有证明非正常商品的需求曲线向右下倾斜,而是证明了在非正常商品中存在违反需求定律的吉芬商品。由于吉芬商品虽然也是商品,但不是正常商品,吉芬商品不是正常商品需求曲线的反例或所谓特例,更不是其他商品价格不变和可支配收入不变条件下正常商品需求曲线的反例或特例。注意到消费者行为理论是与时间无关的比较静态理论,而吉芬商品的形成与时间有关,因此,吉芬商品也不是比较静态需求定律的反例或特例。只有当将其他条件不变时正常商品的需求定律不加证明的变成动态市场普遍规律时,吉芬商品才是普适的需求定律的反例。

为了说明吉芬商品特例的概念是一个极不严肃的概念,我们以同样的逻辑演绎一个故事:一个学者考察了某动物园,作出了今天动物园里的天鹅都是白天鹅的学术判断。另一个学者对此判断提出异议:去年长达一年时间里,该动物园有一只黑乌鸦。第一个学者回应异议:各种禽类飞来飞去,动物园内禽的种类变化非常复杂,无法人为控制,这只黑乌鸦只是我结论的特例。于是,两学者达成一致意见。相信所有的读者都会认为将乌鸦当成是白天鹅的反例或特例很荒唐,其实西方主流经济学家将吉芬商品当成消费者行为理论所证明的需求定律的反例同样荒唐:虽然乌鸦和天鹅都是禽,但由于第一个学者的判断仅对动物园里的天鹅颜色作出判断,并没有对动物园所有禽的颜色作出判断,乌鸦的颜色当然不能成为天鹅颜色的反例。非正常商品和正常商品都是商品,但消费者行为理论仅对正常商品的需求曲线作出有条件全称判断,非正常商品同样不能作为正常商品的反例。过去一年出现的现象不能作为今天一个现象的反例,吉芬童年观察到的长达四年的土豆价量齐涨现象也不能作为比较静态理论的反例或特例。

5. 必然与或然理论

西方主流经济学家将与分类有关的特例的概念赋予了小概率反例的含义,这样的做法不仅混淆了逻辑学上特例和反例概念的内涵和外延,还混淆了必然性理论和或然性理论的概念。所谓必然性理论是指有此条件必有其结论的理论。必然性理论的必然性已否定了必然性理论存在反例的可能性。演绎性理论是必然性理论,西方主流经济学的理论绝大多数是演绎性理论,这样的理论不应有反例,更不应有西方经济学家所称的特例。

或然理论是指有此条件可能有两种以上结论的理论,统计学理论属于或然性理论。可以研究或然性理论中各种理论结果出现的概率,或然性理论可以容下西方主流经济学家关于特例的概念,但不能将必然性理论和或然性理论混为一谈。西方主流经济学家将属于必然性的演绎理论和属于或然性的统计实证放在一起,并试图用统计的实证"证明"理论,显得不伦不类:如果实证样本满足理论假设条件,统计实证的或然性已证伪了必然性的演绎理论;如果实证样本不满足理论的条件,统计实证和演绎理论讨论的对象不同,这样的实证没有意义。一个在假设条件下的纯粹的理论,只要在理论结论推导过程中不犯逻辑错误和计算错误,该理论结论就是在假设条件下正确的结论,这样的结论无需也没有实证支持。数学中的定理和命题就是这样的理论结论,从来没有学者要求对数学中的定理和命题予以所谓实证。即使是试图用于分析经济学问题的应用理论,在假设条件下不犯逻辑和数学演绎错误的结论,仍然是在假设条件下正确的理论结论,该结论仍然无需实证支持。但是,假设条件本身是否与所分析经济学问题的条件一致,涉及到逻辑学中的大前提是否正确的问题,应用理论的大前提或假设条件是否正确,必须接受现实数据的检验或"实证"。一个无法通过"实证"检验的假设条件,是大前提不正确的假定条件,虽然在此假定条件下不犯数学和逻辑错误演绎的理论仍然是该假定条件下正确的理论,但该理论只是一个数学或逻辑游戏,并不具有理论的应用价值。西方主流经济学家用无法证明是否满足理论假定条件的数据去实证理论时走得太远,真理与谬误的距离有时仅有一步之遥:弗里德曼方法论否认假定条件的现实性,本质上是否定逻辑学上三段论要求的大前提正确性。理论的大前提或假定条件不能随心所欲,大前提正确的判断标准只能来自现实数据的"实证"。

6. 多因与一果

弗里德曼方法论以市场经济太复杂为理由,否认理论假设条件的现实性,转而强调理论结论的现实性,为此,西方主流经济学家用从市场经济得到的数据对理论结论进行实证。遗憾的是,即使实证的结论与理论的结论完全一致,由于结论的因往往是多因,也不能认为实证支持了理论的结论。比如,粮食减产的因就是多因,干旱和水涝都会导致粮食减产。用干旱导致粮食减产的数据去实证水涝导致粮食减产的理论结论,尽管实证和理论结论一致,也不能认为实证数据支持了理论结论。同样的道理,即使实证的结论与理论的结论完全相反,也不能认为实证证伪了理论的结论。比如,当我们用一组风调雨顺年份的数据实证粮食没有减产,从而否定水涝造成粮食减产的理论结论时,这是在嘲讽我们的智力。对这样一个简单的问题,要让理论和实证统一起来并不困难,只要分析粮食减产或没有减产的数据是否来自水涝的年份即可。但就是这样一个简单的分析,其实质就是分析理论假设条件的现实性和理论的适用范围,就是在检验理论和实证数据的大前提是否一致。我们的结论是,在没有实证理论的假设条件是否与所获数据的条件一致时,用数据实证理论的结果没有意义。当实证证明理论的假设条件与现实条件一致时,没有必要用数据实证理论的结果。此时的理论结果可以指导实践,并预测未来可能发生的事件。只能被实践反复验证其结果是否正确的理论没有存在的意义,只有能够指导实践并预测实践结果的理论才有学术价值。

我们认为,经济行为是一个大数行为,大数行为不服从必然性的理论规律,而是服从统计规律。物理学家早就知道,少数几个布朗粒子的碰撞可用牛顿力学的必然性理论进行分析,但大数布朗粒子的碰撞行为不能用必然性理论进行研究。大数粒子的碰撞行为仅符合统计的或然规律,并由此诞生一门称为统计力学的物理分支。其实,不仅大数经济现象符合统计规律,个人消费行为也是或然消费行为:当商品价格下跌时,消费者可能会因降价多消费,也可能预期价格还会下跌少消费,还可能不受商品价格变化的影响而不改变消费量。不仅仅是经济问题的或然性否定由演绎法确定的因果必然性经济学模型,而且,市场经济的本质特征也从根本上否定因果必然性经济模型:如果经济学家真的能构造出能使市场最优的必然性模型,我们就可以按此模型搞计划经济。不是计划经济不能使经济更有效率,而是苏联和中国搞的计划经济没有效率。只要按经济学家构造的必然性模型实行计划经济,不仅经济有效率,而且可以达到最优,这一结论实质上是否认市场经济。

其实,经济学现象并不复杂,它不过是供给与需求的动态现象。只是西方主流经济学家试图用必然性演绎理论描述这一简单的供求或然现象时才使经济学的研究变得复杂。用统计的方法研究供给与需求的均衡与非均衡问题都非常简单:在微观经济研究中,我们仅仅需要统计产品的供给增长率和消费增长率,当供给量与需求量和供给与需求的增长率基本相等时,可以断言当下和未来一段时期,该产品供求处于均衡状态,商品价格基本稳定。如果供给增长率大于需求增长率,可以断言未来某个时期该产品将出现供过于求的非均衡现象,商品价格将呈下降趋势。如果供给增长率小于需求增长率,可以断言该产品将呈现价量齐涨的趋势。如果用统计的方法研究宏观经济,我们不再需要谁也说不清是否真正代表市场经济的一篮子商品,也不再需要谁也说不清与通货膨胀或紧缩有什么关系的 CPI。只要每个企业按产品统计供求变化关系,并按企业生产不同产品的权重统计企业的微观供求关系变化,行业根据各企业的权重统计行业中观的供求关系变化,国家再按行业的权重统计全国的宏观供求关系变化,这种统计对历史的表述极为严谨,对未来动态的预期极为科学,对失去均衡的产品、企业、行业或宏观经济的解释也极为简单,这种预报的准确性要比自然科学中的气象预报准确得多。在某种意义上,用统计的方法研究经济学问题是向亚当·斯密描述性经济学的一种回归。但这种回归不是简单地回到亚当·斯密时代,而是用现代的方法在更高层次上的回归。如此大规模的动态数据统计使经济学研究有了大数据的现代特征;由于我们不仅统计供给量和消费量,而且统计供给量和消费量的变化量,这种统计方法就带有新古典经济的边际思想。尽管产品的供给增长率和消费增长率都呈动态变化,最新的统计数据会自动反映这种变化,因此,用统计方法研究供求关系时已考虑了时间的因素。

　　我们认为不仅可以在复杂的经济学现象中抽象出与经济学现象主要特征相一致的假定条件,而且可以构造经济学公理体系。经济学公理体系中有两大公理,一个公理就是供求公理,另一个公理就是理性人公理。下一章,我们将研究由亚当·斯密提出来的理性人公理。

第五章　亚当·斯密无形之手的市场经济理论

　　伟大的经济学家亚当·斯密发现了市场经济的理性机制,甚至部分发现了理性对市场管理的无形之手的机制,但没有认识到无形之手可能失灵。无形之手管理市场的机制是市场各方基于理性的竞争,市场竞争是对纯粹理性的约束。无形之手有效管理市场的标志是商品价格富有弹性,当市场出现恶性通货膨胀和通货紧缩时,市场的商品价格失去弹性,无形之手已经失灵,恶性通胀和通缩市场需要政府的宏观调控……

　　1723年出生在苏格兰德夫郡的亚当·斯密是经济学的主要创立者。他曾在格拉斯哥大学和牛津学院求学,1750年后,亚当·斯密在格拉斯哥大学担任逻辑学和道德哲学教授。1759年,亚当·斯密出版了《道德情操论》,并获得极高的学术评价。1768年,他开始着手著述《国民财富的性质和原因的研究》,此书简称《国富论》。该著作在1776年3月一经发表立即引起大众的广泛关注,影响所及除英国本土外,欧洲和美洲大陆也为之疯狂,亚当·斯密被尊称为经济学之父和自由企业的守护神。他最杰出的贡献是发现并阐述了市场经济的理性人,并试图以理性人假定阐述市场的无形之手理论。经济学中的理性和日常生活中所说的理性不是同一概念,日常生活中所说的理性是指不因感情等因素影响人的思维和行为,而经济学中所定义的理性与自私是同义概念。

一、亚当·斯密的无形之手

大地是人类伟大的母亲,她蕴藏着人类生存和发展的全部资源。市场是人类的伟大创举,它把大地蕴藏的各种资源变成了满足人类生存和发展的商品。市场充满活力但又井然有序,它把散布全球的资源变成满足消费者需求的商品。亚当·斯密在《国富论》中系统地提出了人们行为动机的自利原则,并用这一原则解释市场的活力和秩序:任何人使用他的资本来维持劳动都只是为了获得利润,一般来说,他无意去促进公共利益,也不知道自己在多大程度上促进公共利益,他被一只看不见的手引导着,去达到一个他无意追求的目的。他追求自己利益时,常常能促进社会的利益,并比有意这样去做更加有效。在亚当·斯密的无形之手经济学理论中,根本没有政府的立足之地,他给英王的一封信里说:"国王陛下,你只要每天关注一下有没有人违反规则和偷盗就行了,至于经济,你不要去管它,他会自然好起来,一只无形之手会牵着人类的利己本能,使经济趋向于最佳化"。根据亚当·斯密的观点,理性既是市场发展的原动力,又是维护市场秩序的唯一力量。

在《国富论》中,亚当·斯密试图探讨市场无形之手的秘密,但他仅发现了部分秘密,这个秘密就是理性。亚当·斯密认为在市场经济中所有的人都是理性或是自私的,理性的企业家试图以更高的价格卖出更多的产品。如果在任意时间和任意条件下,企业家的这种企图都能得以实现,市场经济就会呈现物价不断上涨的混乱局面。抑制这种混乱局面的是理性的消费者:商品价格上涨,消费者的消费量会随之下降。企业家可以在单件商品上获得比没有涨价前更高的利润。但由于销售量下降,企业的总利润反而可能下降。同样的道理,当商品价格下调导致销售量增加时,企业家也会适当上调价格。企业家调整价格的目的就是在单件产品利润和产品总利润中选择对企业利润最大化的均衡。

表面上,企业家和消费者在价格博弈上处于公平对等的地位,实际上,企业是一个组织,企业有价的决定权和调整权,个人的力量很难与组织抗衡,单个消费者消费时和企业在价格博弈上处于完全不平等的弱势地位。消费者对商品价格只有接受或不接受两种选择,单个消费者无法和企业讨价还价。但是,如果多数消费者在市场无形之手的组织下形成统一的认识和行为,没有组织的消费群体的力量会比有组织的企业强大得多。"水能载舟,亦能覆舟",虽然讲的是民众和政权的关系,但这一比喻同样适用消费群体和企业的关系。

根据亚当·斯密的理论,可以得到两个重要的经济学结论:

1. 市场就像是一只看不见的手,商品价格可以调节市场。经济学将这只看不见的市场自动调节之手称为"无形之手",同时,将政府调节市场的手段称为"有形之手"。如果市场这只无形之手真有亚当·斯密描述得如此完美,市场无需政府干预,政府的"有形之手"是多余之手。

2. 在市场竞争条件下,企业无法随意让商品涨价。在商品价格不变的条件下,企业家为了获取更高的单件产品利润只有降低产品的成本,这必然推动科技创新和管理创新。创新导致的结果是用更少的资源生产同样或更高品质的产品,这就是经济学家常说的资源在市场竞争条件下得到优化配置,或者称竞争机制下的无形之手比政府的有形之手更有效率。

无条件坚持这个结论的经济学派被称为自由主义经济学派,也被称为市场原教旨主义者。原教旨主义是一个宗教概念,也称基本教义派或根本主义,是指某些宗教群众试图回归其原始信仰的运动。市场的原教旨主义是指要回到亚当·斯密的初始结论,坚信市场万能,否定政府对市场的正面作用。这些学者把科学的经济学理论演变成宗教信仰,如果市场原教旨主义是科学的经济学理论,中国模式就没有任何经济学和社会学意义。

二、理性人的定义和理性人公理

在西方主流经济学家中,不乏对亚当·斯密理论的质疑者。不少学者质疑亚当·斯密的理性人假设,认为理性人假设过于苛刻。质疑的观点有:(1)并非任何人在任何时候都理性。当他人在生活和工作中遇到困难时,不少人会在自己能力范围内伸出援助之手;当他人生命受到威胁时,还有不少人会冒着生命危险救助他人,有人甚至为此牺牲了自己无价的生命;很多在市场经济中利己的企业家也热心于慈善事业,比如,世界首富比尔·盖茨就将自己的几乎全部财产捐给了慈善基金。(2)由于信息不对称,一个理性人的理性行为可能会得到对自己不利的结果。

我们认为在市场经济领域,亚当·斯密的理性人假设毋庸置疑:对理性人假定的第一条质疑是误读亚当·斯密。亚当·斯密坚持市场经济的理性人假定时,从来没有说过在市场经济领域之外每个人都是理性人。一个有利的证据是撰写《国富论》的亚当·斯密，还写下了宏著《道德情操论》。但是，在市场经济领域，企业家不会因为良好的道德而主动降低商品价格，消费者也不会因为良好的道德主动支付比商品定价更高的货款。从道德层面分析，理性的企业家和热心公益事业的社会人的道德标准完全不同：作为企业家，他的职业道德就是在法律允许的范围内为股东赢得更大的利益，为社会创造更多的财富和就业机会，一个不将股东利益最大化的企业家是不具有职业道德的企业家；作为慈善家，他可以把属于自己的部分或全部财富用来帮助他人或社会。如果慈善家没有财富，一个充满道德标准的慈善家充其量是一个空想的慈善家。正是由于企业家和热爱公益事业的社会人的生存环境不同，道德标准不同，两者完全可以统一起来。

　　对理性人假定的第二条质疑本身就是一个悖论：质疑理性选择导致不理性结果，前提是承认选择是理性的，也意味着承认理性人假定。在承认理性人假定的前提下再质疑理性人假定在逻辑上站不住脚。亚当·斯密的理性人假定与第二条质疑的前提完全相同，第二条质疑不是质疑理性人假定，而是质疑在一定条件下，理性人选择的结果。其实，理性人的理性选择并不意味着是对自己最有利的选择，博弈论中的囚徒困境就是一个典型的案例。理性人并不是万能的和无所不知的上帝，西方主流经济学也从来没有将理性人假定和个人效用最大化完全等同起来，效用最大化是理性人在特定条件下追求的结果。我们否定第二条质疑，但支持在一定条件下理性人的选择可能会导致市场出现错误的结论。正是由于理性人的理性选择结果远非完美，市场的无形之手就有可能失灵，无形之手失灵之时则是有形之手出手之机。

　　为了理清对理性人假定的误解,我们将理性人严格定义如下:在市场经济中,不论一个人所获得的信息是否全面和正确,也不论他选择的结果最终对他是有利还是有害,只要他在自己所了解的信息范围内,总是试图作出对自己最有利的选择,则此人是理性人。

　　理性人、自私的人或经济人是同一概念,在市场经济条件下,理性人假定可以视为公理,该公理适用的范围只限于广义的市场经济领域或狭义的商品交换领域。在其他领域,人是否自私不是经济学研究的问题。牵强地将理性人公理扩展到一切领域,甚至试图扩展至助人为乐的慈善事业,这无疑是经济帝国主义的观点。经济帝国主义是指经济学将其研究领域扩展到传统的非经济学关注的领域,比如,贝克尔使用经济学的分析方法对人类生育行为和家庭进行研究等等。我们不否定理性人假定可以用在一些非市场经济领域,而是否定理性人公理适用一切非市场经济领域。为此我们提出理性人公理:在市场经济领域,所有参与市场经济的人都是理性人。

三、亚当·斯密无形之手的缺陷

　　考察理性人假定下无形之手怎样管理市场,可以揭示无形之手的秘密,也能发现无形之手的缺陷。它的秘密是,企业家是理性的,消费者也是理性的,两者的理性在本质上会发生冲突。两种理性的冲突表现为市场竞争。如果这种冲突能在市场上得到解决,这表明无形之手在起作用。而解决矛盾的方式不可能是保证企业或消费者单方面的利己行为,而是两种利己行为的妥协和动态平衡。两种利己行为妥协的过程就是市场竞争并平衡的过程。如果市场失去竞争和动态平衡,市场只剩下主观利己,已失去客观利他,无形之手就会失灵。

在短缺经济时代,一个理性的企业家会向社会提供利润丰厚的产品,这是一个表面上纯粹利己的行为。但从社会角度分析,企业为社会提供了紧缺的商品,加大了商品的供应量,满足了市场的需求,并有可能驱使价格下降,尽管理性的企业家赚取了丰厚的利润,但这一理性行为同样有利于社会。在过剩经济时代,理性的企业家如果不断提高商品的价格,消费者会以拒绝消费的手段予以抵制,是消费者的理性行为抵制了企业家的理性行为。如果企业家完全不考虑消费者的利益,一般情况下,企业家利己的愿望也会落空。因此,在正常市场环境下,理性的企业家必须不断提高产品的性能价格比,必须考虑利他。同理,理性消费者希望获得更高性能价格比的商品,但必须留给企业适当的利润,这意味着理性的消费者也必须兼顾企业的利益。无形之手的秘密绝不是单纯利己,而是主观利己客观利他,并在两个矛盾的目标下取得平衡。这个秘密更像一个悖论:要让无形之手真正有效,理性人必须先利他。

如果企业家的理性和消费者的理性总能达到某种平衡,每一个理性人都在做主观利己客观利他的事情,这个世界就是一个和谐的世界,无形之手就足以管理市场,市场确实无需政府干涉,中国模式也变得毫无意义。遗憾的是,根据理性人公理,市场上主观利己客观利他的原则并不是每一个市场参与者主观愿意遵守的原则,而是由于利益制约不得不遵守的原则。一有机会,理性的市场参与者就有可能破坏这一原则,并使无形之手失灵。

市场参与者破坏主观利己客观利他原则的最严重事件是经济

犯罪,比如抢劫银行、诈骗、内幕交易等等。对这种严重损人利己的行为,被损方根本无法制约利己方,无形之手已经失灵。亚当·斯密认为这种严重的损人利己行为应由法律来解决,要求政府担当"守夜人",表面上,亚当·斯密已分清政府有形之手与市场无形之手的分工与职责,两只手各尽所能,各得其所。

按完全分类,有主观利己客观利他的理性行为,有主观利己客观违背法律法规严重损人的行为,就应还有客观上损人但未触犯法律法规的行为。第一类行为用无形之手来管理,第二类行为用法律之手来处理,第三类行为该由谁来约束,亚当·斯密没有分析和讨论,也许亚当·斯密认为根本不可能出现这种情况。其实,第三类行为的存在才使中国模式变得有意义。比如,在高通货膨胀期,企业家在没有提高商品性能的情况下,不断推高产品价格,企业家从物价上涨中获得了更大的利益,但损害了消费者利益;在通货紧缩期,企业在商品销售上已无利润,但消费者还希望以更低价格购买商品,这就损害了企业利益。如果这种没有违反法律的损人利己行为得不到有效制约,表明市场的制约机制或无形之手失灵,而政府"守夜人"的身份也无法改变这种状况,唯一的选择是,政府以市场的手段减弱或制止这种损人利己的趋势,有形之手必须出手。

我们认为,西方主流经济学混淆了自由市场和无形之手的概念,理性不是无形之手,而是无形之手成立的必要条件。亚当·斯密认为政府应管理基于理性的犯罪行为,就是否认理性是无形之手。市场也不是无形之手,而是被无形之手管理的对象,不能简单认为不受外部力量干预的理性市场就是无形之手管理的市场。亚当·斯密和西方主流经济学家没有区分市场和无形之手的差别,没有对无形之手给出明确的定义。其实,管理的本质是制约,基于理性的竞争是对市场纯粹理性的制约,自由市场中基于理性的竞争才是管理理性自由市场的无形之手。市场竞争不仅是企业家与消费者之间关于产品价格与需求量之间的竞争,更重要的竞争是企业与企业之间关于产品性能价格比的竞争。在市场理性竞争之下产品的价格可以波动,但不会出现恶性通货膨胀和恶性通货紧缩。无形之手有效管理市场的标志是商品价格富有弹性。一旦市场出现恶性通货膨胀和恶性通缩,表明市场已失去理性竞争,无形之手对市场的管理已经失灵。理性需要制约,失去制约的理性与贪婪同义,不受制约的贪婪市场没有秩序,也不能奢谈效率,这样的市场需要市场外部的力量予以制约,并帮助市场恢复理性的竞争,从而帮助无形之手恢复管理市场的能力。政府的有形之手正是这样的市场外部力量。亚当·斯密观察到市场无形之手和政府"守夜人"法律之手的作用时,忽略了政府市场有形之手的作用。

我们当然认为亚当·斯密是伟大的经济学家,他在复杂的经济活动中总结出来的理性原创思想无疑是人类社会的宝贵精神财富。正是这一伟大的原创思想,使亚当·斯密成为当之无愧的经济学奠基者和创始人。我们研究无形之手的缺陷和中国模式,前提是承认理性,承认亚当·斯密伟大的原创思想。可以这么说,没有亚当·斯密的理论,中国政府不可能放弃计划经济模式,也不可能有中国模式,更不会有所谓中国模式的经济学探索。我们承认亚当·斯密的原创思想,并不代表我们承认亚当·斯密的理论已完美无缺,并不代表《国富论》是不可逾越的宗教教条。人类在进步,社会在发展,思想在更新,理论在深化,这是必然规律。亚当·斯密有其历史的局限性,在他生活的那个时代是商品短缺时代,企业家向短缺经济社会提供商品的理性行为同时是利他行为,不需要专门考虑主观利己客观利他的原则,这一原则自然得以贯彻。因此,不知道过剩经济为何物的亚当·斯密没有发现无形之手的缺陷并不奇怪。今天,我们研究无形之手的缺陷,也丝毫无损亚当·斯密的光辉。

第六章　马歇尔需求定律和价格弹性

马歇尔给出了一条向右下倾斜的需求曲线,但这条需求曲线并不是亚当·斯密所描述的需求曲线;马歇尔给出了消费者关于商品保留价格与需求量曲线向右下倾斜的证明,但马歇尔并没有证明普适的需求定律。其实,不是马歇尔没有证明普适的需求定律,而是根本不存在普适的需求定律,马歇尔的需求定律与产品的供求公理不一致……

1842年出生在英国伦敦的阿尔弗雷德·马歇尔(Marshall, A.)是当代微观经济学体系的奠基人,是19世纪末20世纪初英国乃至世界最著名的经济学家。他于1890年发表的《经济学原理》被看作是与亚当·斯密《国富论》和大卫·李嘉图(Ricardo, D.)《税赋原理》齐名的划时代著作,是19世纪中叶以来西方经济学发展的一个总结,是自约翰·斯图亚特·穆勒(Mill, J.S.)后的又一次经济学综合。马歇尔在世时此书就再版38次,成为当时最有影响的专著,多年来一直被奉为英国经济学的圣经。他的理论及其追随者被称为新古典理论和新古典学派。由于马歇尔长期在剑桥大学任教,他的学生,如约翰·梅纳德·凯恩斯(Keynes, J.M.)、阿瑟·塞西尔·庇古(Pigou, A.C.)、丹尼斯·霍尔姆·罗伯逊(Robertson, D.H.)等也先后长期在剑桥大学任教,新古典学派也被称为剑桥学派,马歇尔是剑桥学派无可争辩的精神领袖。

马歇尔在他的《经济学原理》中,试图借用数学工具,定量且直观的描述亚当·斯密的无形之手理论,他将企业家理性等效成一条向右上倾斜的供给曲线,将消费者理性等效成一条向右下倾斜的需求曲线,并把这条向右下倾斜的需求曲线表达的结论称为需求定律,本章将研究马歇尔的需求定律。

一、马歇尔的需求定律

我们在第五章讨论了亚当·斯密的无形之手理论,认为无形之手起作用的前提是基于理性的竞争,起作用的特征是商品价格富有弹性。马歇尔在《经济学原理》中试图用函数的形式表述亚当·斯密观察到的商品价格与商品需求量呈反方向变化的现象,具体做法如图6.1所示,图中纵坐标代表商品价格,横坐标代表商品需求量。假定某商品的价格为10元时,某消费者的商品需求量为20个,在坐标图中,对应10元价格20个需求量的点是A点。再假定商品的价格为5元时,该消费者的需求量为100个,坐标图上相应的点是B点,将A点和B点用平滑的曲线连接起来,就得到经济学家常说的一条向右下倾斜的需求曲线。由该曲线描述的商品价格上涨会导致需求量下降,价格下跌会导致需求量上升的规律就是经济学家常说的需求定律。一条向右下倾斜的需求曲线是需求定律的几何表述。

在上述例子中,假定商品价格10元对应需求量为20个,假定价格5元的需求量为100个的数字只是为了举例,并没有任何特殊意义。我们可以不用具体数字,而用代数表征需求定律或需求

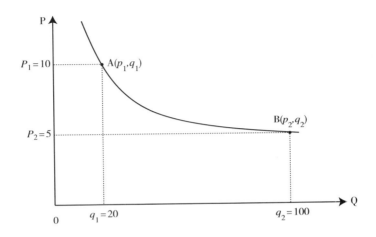

图 6.1　一条向右下倾斜的需求曲线

关系。在图 6.1 中,价格 p_1 对应需求量 q_1,价格 p_2 对应需求量 q_2,且当 $p_1 > p_2$ 时,有 $q_1 < q_2$。一个具体的数字例子和代数的一般表达形式并无本质差别,前面的数字例子通俗易懂,后面的代数表述有学究气。根据马歇尔的需求定律,可以清楚地观察到商品价格上涨时,需求量减少,价格下降时需求量增多的规律。该规律涉及到价格上涨和价格下降两种情况,注意到两种情况的共性是价格和需求量呈反向变化,我们把两种情况下价(价格)量(需求量)之间的关系统称为价(价格)量(需求量)负相关关系。

　　尽管马歇尔希望用数学直观地表述亚当·斯密的无形之手理论,但马歇尔的理论和亚当·斯密的理论有两个显著的差别:(1)亚当·斯密在时间维度上描述价量负相关关系,没有时间维度,商品的价格不会发生变化;没有时间维度,商品的需求不会与价格负相关;没有时间维度,亚当·斯密的无形之手无法发挥作用,亚当·斯密的价量负相关关系是动态关系。马歇尔需求定律描述的价量负相关关系是静态关系。根据本书第四章关于方法论的讨论,马歇尔静态需求定律不能用来讨论动态的亚当·斯密市场无形之手理论。实际上,如果真的存在一条向右下倾斜的静态需求曲线,可以不考虑企业与企业之间的竞争,可以不考虑企业家与消费者进行永无休止的博弈,也不需要一条向右上倾斜的供给曲线与静态需求曲线共同确定商品的价格,市场经济要做的工作只是一个选择:在需求曲线上任选一点,就可确定企业家想要的定价和社会的总需求量,在成本确定的前提下就可确定企业单件产品的利润和社会总需求的总利润。在真实的市场中,商品价格的确定和商品需求的形成都是一个动态过程,是企业与企业之间,企业与消费者之间不断博弈的结果,是企业家理性和消费者理性竞争导致的动态均衡的结果,这就从根本上否定了存在一条静态需求曲线的可能性。(2)在马歇尔的需求定律中,价格和需求量呈现严格一一对应的负相关关系,但在亚当·斯密的理论体系中,并没有要求价格和需求量呈现严格一一对应负相关关系。实际上,企业家不仅要追求单件商品的利润,也要追求商品总需求的总利润。商品总利润等于单件商品的利润乘以商品的总需求量,用公式可表述为:

$$商品总利润 = 单件商品利润 \times 总需求 \quad (6.1)$$

上式表明:存在着商品价格上升且需求量下降,但由于价格上升导致单件商品利润增加,使商品总利润并不下降的可能性。当单件商品利润增加,并且总利润并不下降,甚至总利润还有所提升的情况下,理性的企业家不会主动降低商品价格。只有当商品的价格上升不足以抵消需求量的减少对商品总利润的负面影响时,理性的企业家才可能降低商品的价格。商品的需求量和商品的价格并不服从严格——对应的负相关关系。

没有人真正清楚商品社会的总需求量,企业家关心的是当期销售量和未来的销售预期。商品价格上升可能会导致当期销售量减少,但只要商品当期的总利润不减少,理性的企业家不仅不会主动降价,甚至有理性再涨价的冲动。市场无形之手起作用的必要条件是商品价格上涨导致商品当期总利润增加的正面因素小于需求量或当期销售量减少对商品当期总利润减少的负面因素,这意味着即使商品价格发生变化时会引起商品需求量的反弹,只要这反弹的力度不大,无形之手就会失灵。因此,研究需求定律要引入价格弹性的概念。

二、需求的价格弹性

为了描述需求曲线上某一点关于价格变化导致需求量变化的激烈度,借用物理学弹簧关于作用力反弹的概念,经济学家引入了价格弹性的概念。所谓价格弹性是指商品价格发生变化时,价格变化的激烈度导致需求量变化的激烈度。如果价格变化并不激烈,但需求量变化相当激烈,就称商品在此价格区间的价格弹性大;如果价格变化的激烈度很大,但需求量变化程度不大,则称商品在此价格区间的弹性很小。

需求曲线上各点的弹性不相等,讨论需求曲线的价格弹性没有意义,价格弹性是指需求曲线上某一点的弹性。在某点上,仅仅讨论该点所对应的价格 p_0 无法描述该点价格变化的激烈度,比如,该点所对应的价格 p_0 是 5 元或 50 元,我们得不到任何关于该点价格变化激烈度的信息。同时,如果仅仅讨论价格变化量 $\triangle p$ 也同样得不到该点价格变化激烈度的完整信息。比如,价格分别涨 5 元和 10 元,我们只能判断价格上涨 10 元的绝对上涨值大于价格上涨 5 元的绝对上涨值,但无法判断价格上涨 10 元与上涨 5 元的价格变化激烈度。可以举一个绝对上涨值大但价格变化激烈度反而低的例子:商品的价格为 50 元时涨价 10 元,价格变化率为 20%,价格上涨 5 元前商品的价格为 5 元时再涨价 5 元,价格变化率为 100%。尽管价格变化量 5 元小于价格变化量 10 元,但由于商品未涨价前的价格不同,价格变化量为 5 元的价格变化激烈度反而要大于价格变化量为 10 元的价格变化激烈度。因此,描述价格变化激烈度的量不是涨价的绝对幅度 $\triangle p$,也不是未涨价前的价格量 p_0,而是两者的比值,比值变化越大,商品在价格上变化的激烈度越大,反之,则越小,即

$$价格变化的激烈度 = \frac{价格的变化量}{价格} \times 100\% \qquad (6.2)$$

同理,描述需求量变化激烈程度的量不是价格未上涨之前的需求量,也不是商品价格上涨对应的商品需求量的绝对减少量 $\triangle q$,而是两者的比值,即

$$需求量变化的激烈度 = \frac{需求的变化量}{需求量} \times 100\% \qquad (6.3)$$

注意到价格弹性定义为商品价格变化导致商品需求量变化的激烈度,由式(6.2)和式(6.3),可以将需求价格弹性 ε 定义为需求量变化的激烈度除以价格变化的激烈度,即

$$\varepsilon = \frac{需求量变化激烈度}{价格变化激烈度}$$

用符号表示,弹性定义为:

$$\varepsilon = \frac{\triangle q/q_0}{\triangle p/p_0} = \frac{\triangle q}{\triangle p} \cdot \frac{p_0}{q_0} \tag{6.4}$$

式中,p_0 和 $\triangle p$ 分别表示价格和价格变化量,q_0 和 $\triangle q$ 分别表示需求量与需求变化量。式(6.4)即是主流经济学教材或文献中需求价格弹性的标准定义或公式。

我们只是试图用清晰且简洁的逻辑说明为什么式(6.4)表征的就是需求价格弹性,并不认同主流经济学对式(6.4)的理解:主流经济学家认为,当弹性 ε 的绝对值等于 1 时,商品具有单位价格弹性需求;当弹性 ε 的绝对值小于 1 时,商品无弹性需求或弱弹性需求;当弹性 ε 的绝对值大于 1 时,商品具有弹性需求。我们认为,不论弹性 ε 的绝对值是大于 1,等于 1 或小于 1,只要 ε 为负值,就表明该商品有价格弹性,而 ε 绝对值的大小只反映了弹性的强弱,它所对应的需求曲线都向右下倾斜,将 $|\varepsilon| = 1$ 作为价格弹性的分水岭没有实质的经济学意义。

西方主流经济学家之所以在 $|\varepsilon| = 1$ 处讨论价格弹性,是他们根本没有意识到需求曲线还有可能向右上倾斜。如果需求曲线向右下倾斜,当商品价格上涨,$\triangle p$ 为正时,需求量应下降,需求量的增量 $\triangle q$ 为负;当商品价格下降,价格增量 $\triangle p$ 为负,此时需求量上升,$\triangle q$ 为正,因此,在需求曲线向右下倾斜的前提下,ε 恒为负值。由于没有任何理论证明需求曲线总是无条件向右下倾斜,这意味着 ε 并非无条件为负。本书将依 ε 的性质将商品分为三类:一类是传统经济学理论中恒负的商品,此类商品的需求曲线向右下倾斜,我们称此类商品是价格弹性为负的商品;一类是 ε 为正的商品,此类商品的需求曲线向右上倾斜,吉芬商品属于此类商

品,我们称此类商品是价格弹性为正的商品;一类商品是为价格弹性为零的商品,我们称此类商品无价格弹性。尽管我们认为将 ε 的绝对值是否等于 1 作为 ε 的分水岭没有实际的意义,但将 ε 为零作为 ε 的分水岭却有实际意义。本书仅采用 ε 大于零、小于零和等于零的三种分类,不再沿用 ε 绝对值大于、等于或小于 1 的传统分类。为了与主流经济学的表述一致,一般情况下称 $\varepsilon < 0$ 时商品有价格弹性,$\varepsilon \geq 0$ 的商品无价格弹性。如果必要,称 $\varepsilon = 0$ 的商品无价格弹性,$\varepsilon > 0$ 商品有正价格弹性,$\varepsilon < 0$ 的商品有负价格弹性。

引进弹性系数的好处是我们可以用需求价格弹性来研究需求定律,也可以用这个概念来研究需求定律的反例,既承认需求对价格的反弹现象,也承认需求对价格的无弹性或正弹性。我们与亚当·斯密和马歇尔的分歧在于,我们并不否认二位伟大学者发现的需求定律描述的现象是市场经济中的普遍现象,但否认需求定律是普遍成立的规律,与需求定律不一致的市场现象同样是普遍存在的现象。正是存在与需求定律不一致的普遍现象,无形之手才有可能失灵,也正是由于无形之手可能失灵,中国模式的研究才有普世的价值。

三、马歇尔对需求定律的证明和证伪

需求定律涉及两个变量,即需求和价格。为证明静态个人需求定律,马歇尔引进了边际价格的概念。马歇尔认为,消费者对商品的价值有一个主观的评价,而主观评价值采用的是"物以稀为贵"的原则:消费者拥有的一种商品数量少时,对商品的主观评价高;拥有该商品数量多时,对商品的主观评价低。消费者对商品的主观评价称为商品的主观效用。马歇尔认为消费者对商品主观效用的评价可以用消费者愿意为之支付多少货币来衡量,主观愿意支付的货币量不一定是商品的真实价格,而是消费者愿意支付的最高价格。对该消费者而言,愿意为某商品付出的最高价格实际上是接受该商品价格的分水岭:当商品价格不大于消费者愿意支付的最高价格时,消费者会购买此商品;当真实的商品价格大于消费者愿意支付的最高价格时,消费者就不会购买相应数量的商品。由于此价格具有价格分水岭或边际的意味,马歇尔称此价格为边际价格,由边际价格购买的商品的效用就称为边际效用。在现代经济学中,已不大用边际价格这个说法,而是改称保留价格。由于商品的主观效用随着商品数量的增多,新增商品的主观效用会递减,而边际价格又与新增商品的主观效用同步下降,即商品的边际价格与消费者已拥有的商品需求量负相关,于是,马歇尔就以为证明了需求定律。

　　为了理解马歇尔的证明,我们举一个数值例子:某一消费者想买苹果,当他买第一个苹果时,消费者手中没有苹果,他的第一个苹果的主观效用很高,并愿意为这一苹果最高支付10元;当该消费者买两个苹果时,第二个苹果的主观效用要低于第一个苹果的主观效用,他买两个苹果时愿意支付的最高价为7元。同理,他买三个苹果愿意支付的最高价可能是5元,将这组数据画在坐标图上,可以得到图6.2所示的一条向右下倾斜的曲线。图中横坐标代表苹果的数量,纵坐标代表消费者为苹果总量愿意支付的最高价格。遗憾的是,图6.2这条向右下倾斜的曲线并不是真正的市场需求曲线,而是一条消费者愿意为商

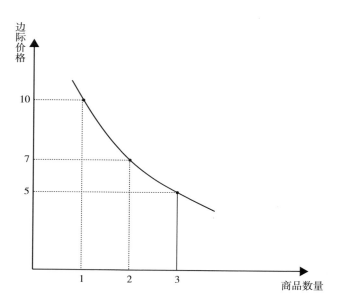

图 6.2   边际价格与商品数量之间一条向右下倾斜的曲线

品的不同数量支付的最高价或边际价格与商品数量的关系。两者的差异是,需求曲线中的价格是商品价格,图 6.2 中的价格是消费者个人的保留价格。需求曲线向右下倾斜是无条件地向右下倾斜,图 6.2 曲线的向右下倾斜与消费者已持有的商品数量有关,是边际效用递减规律曲线,两者不是同一概念。

要将消费者边际价格与商品需求量的关系变为商品的价格与商品需求量的关系并不复杂,只要假定消费者总是以边际价格购买商品。虽然消费者个人不能改变商品的价格,但消费者可以通过增加商品消费量使自己的边际价格正好等于商品的价格。以图 6.2 的苹果为例,如苹果的价格为 7 元一个时,消费者可以买两个苹果,使消费者的边际价格正好等于商品的价格;如果苹果的市场价格下降至 5 元一个,消费者可以买 3 个苹果使自己的边际价格再次与降价后的商品价格一致,并由此证明商品的价格下降,消费者的需求量上升,从而得到一条向右下倾斜的需求曲线。但是,要求所有消费者总是以自己愿意支付的最高价格购买商品,这就从根本上违背了理性人公理。马歇尔本人不仅不同意这一违反理性人条件的假设,甚至还认为:"一个人对一物所付的价格,绝不会超过而且也很少达到他宁愿支付而不愿得不到此物的价格",并由此引进消费者剩余的概念。所谓消费者剩余是指一个消费者的边际价格和市场价格的价差,可以用公式表示为:

$$消费者剩余 = 边际价格 - 市场价格 \qquad (6.5)$$

马歇尔认为,正是因为有消费者剩余,消费者才愿意消费,并从消费者剩余获得消费的乐趣和利益。

本书关于消费者剩余的定义是对单位商品消费者剩余的定义,主流经济学对消费者剩余的定义是关于所购买商品总量的定义。很明显,只要清楚单一商品的消费者剩余,对每一单位的消费者剩余加总就可以得到总消费者剩余。注意到每个消费者愿意为商品支付的最高价格无法观察,消费者剩余的定量分析没有意义,它的作用是定性分析消费者为什么愿意用某价格购买某数量的商品。在定性分析上,本书关于消费者剩余的定义与西方主流经济学的定义一致,并且在表述上更加简洁。

具有讽刺意味的是,如果消费者消费的理由仅仅是为了获取消费者剩余,则一条边际价格关于需求的向右下倾斜的曲线可以证伪需求定律:当商品价格涨价但没有超过涨价前消费者关于某需求量的边际价格时,该消费者的需求量不仅不会减少,甚至还可以多增加一点需求量。比如,当一个苹果价格为 2 元时,消费者愿意买一个苹果,并为此获得 8 元的消费者剩余,当苹果涨到 5 元时,消费者还是愿意买一个苹果,因为该消费者还有 5 元的消费者剩余。不仅如此,由于消费者买两个苹果时愿意支付的最高价格是 7 元,当苹果价格从 2 元涨到 5 元时,消费者的需求量甚至可以从一个苹果升至两个苹果。此时虽然价格上涨导致需求量增多,但这一消费行为没有超过消费者的支付意愿。由于消费者还有 2 元的消费者剩余,这一消费行为也没有违反马歇尔的需求定律的理论假设,但这一消费行为违反了需求定律。虽然马歇尔证明了边际价格或保留价格与商品需求量负相关,但并不能由此得出商品价格与商品需求量负相关的结论,马歇尔并没有证明他所倡导的需求定律。其实,从产品的供求公理出发,很容易证伪需求定律:当产品供不应求时,如果企业提高了产品供给和价格后仍供不应求,企业可能会进一步提高产品的供给与价格,从而形成价量齐涨的吉芬商品。吉芬商品的价量正相关的需求曲线就证伪了需求定律的普适性,需求定律并不是一个普适的定律,而是在市场中可能出现的或有现象。

细心的读者可以发现,在马歇尔的需求定律证明的过程中,出现了"边际"的概念,但这里的"边际"概念和边际理论或边际革命中的边际概念并不是同一个概念。马歇尔所用的边际概念是边际这个词本身的词义,即边缘或边界。为了学习边际理论,我们要一些数学准备,尽管我们将一如既往地坚持追求简洁性和严谨性的统一,但学习理解高等数学绝不会像坐在花园里,一边品尝美味的咖啡,一边阅读一些花边新闻那样轻松。我们相信我们的读者有耐心陪我们讨论生涩的边际革命,有兴趣重走一下牛顿当年探索并创造微积分之路。

第七章　边际理论与边际革命

从直线的斜率理解曲线的斜率,从自变量发生有限变化时的函数变化的激烈程度理解自变量发生无穷小变化时的函数变化的激烈程度并不困难,其理解之路的逻辑脉络非常清晰,但就是这一理解,将带领我们重走牛顿发现微积分之路。从内生或外生变量的存量理解内生或外生变量的增量并不困难,但就是这一理解让我们从古典经济学走向了以边际革命为代表的新古典经济学。遗憾的是,由于西方主流经济学从不对边际的概念予以定义,又在学术研究中随意使用边际的概念,理解边际概念相当困难……

早期经济学理论研究具有描述性和动态性两大特点,在描述性因果关系分析中隐含了时间的因素,时间变量作为隐变量出现在定性描述的经济学理论研究中。比如亚当·斯密阐述无形之手作用时,认为价格上涨导致需求下跌,而需求下跌导致价格下跌,上涨的价格与下跌的价格不属于同一时刻,价格的变化与时间有关,不描述这一动态过程,就无法说清无形之手的作用。边际革命将微积分引入经济学,其目的是让经济学向数学和物理学靠近,试图定量分析经济问题。其方法是对所研究的经济学问题引入相关的函数。边际理论创始人之一的威廉姆·斯坦利·杰文斯

(William Stanley Jevons)在《政治经济学原理》中声称如果经济学是一门科学,必然是一种数学科学。[①] 他视经济学为快乐与痛苦的微积分,认为经济学原理与静力学相似,交换法则与杠杆平衡法则相似。

遗憾的是,经济学的边际革命不是真正意义上的方法革命,这表现在:(1)边际理论研究的对象是不可观测的主观对象,如快乐、幸福、偏好和效用等等。由于每个人的快乐、幸福和对商品的偏好都不相同;同一个人在不同时期的幸福和商品偏好也可能发生变化,这些对象有个性化和动态化两个特点,使得这些主观对象既无法确切赋值又无法客观观测。将个人静态的主观效用赋值,并对全社会主观效用值加总时得到的所谓的规律就成为不可证实也不可伪证的规律。(2)经济学研究引进的函数是与主观感受有关的非定量函数,引进了复杂数学工具的经济学边际理论也只能定性。边际革命没有使经济学的研究变得更加精确,而是变得更加复杂。(3)在描述性经济学理论研究中,至少可以将时间变量作为隐变量,在边际理论中,我们无法确定自变量与函数之间的定量关系,无法确定函数的具体形式,更不清楚时间与自变量和函数之间的关系。如果将时间变量引入理论研究,边际革命将遇到巨大的困难,如果令所有的变量均在研究之中保持不变,经济学的边际革命又无法进行,为了克服这一困难,采取的变通方法是,只允许一个自变量变化,不允许其他自变量发生变化,这实际上已将动态的经济学问题变成静态或比较静态理论问题。边际革命实际上

---

① 参见[英]威廉姆·斯坦利·杰文斯著:《政治经济学原理》,郭大力译,商务印书馆 2012 年版。

是革了早期动态经济学理论的命。

本章先介绍边际革命的历史,进而为边际理论做数学准备,并在后续两章中学习和批判与边际革命有关的理论。

一、边际理论的历史

18 世纪中叶,法国数学家安东尼·奥古斯丁·古诺(Antoine Augustin Cournot,1801—1877 年)将数学用于经济分析,提出通过把价格定在边际收益等于边际成本那一点,企业可以实现利润最大化。古诺关于边际理论的贡献没有引起后人的关注,直到边际革命的兴起,才重提他的边际理论。

和古诺同时代的法国经济学家赫尔曼·海因里希·戈森(Hermann Heinrich Gossen,1810—1858 年)1850 年辞去其在法国政府公务员的职务,隐居四年写就并出版了《人类交换规律与人类行为准则的发展》①。此书提出了戈森第一和第二定律。戈森第一定律是,当一种产品消费量增多时,由此增加的效用会逐渐减少。戈森第一定律就是现代的边际效用递减规律;戈森第二定律是,通过获取最大满足的理性消费来平衡边际效应,即边际效用均等原理。和古诺一样,戈森的理论曲高和寡,无人问津。戈森非常失望地召回并销毁了自己的著作。

19 世纪 70 年代,边际效用理论被重新提出,并由此形成边际效用学派,其代表人物是英国经济学家威廉姆·斯坦利·杰文斯,

---

①　参见[德国]赫尔曼·海因里希·戈森著:《人类交换规律与人类行为准则的发展》,陈秀山译,商务印书馆 1997 年版。

洛桑学派的法国经济学家里昂·瓦尔拉斯(Léon Walras)和奥地利学派的卡尔·门格尔(Carl Menger)。他们在19世纪70年代初先后出版了各自的代表作,并不约而同地讨论价值由什么决定的问题。

威廉姆·斯坦利·杰文斯(1835—1882年)生于利物浦,是英国著名经济学家和逻辑学家。早在1862年,杰文斯发表的《政治经济学数学理论通论》①就概括了价值的边际效用理论,次年,杰文斯发表的《黄金价值暴跌》②一书认为,消费者从最后一单位产品得到的效用或者价值与他所拥有的产品数量有关,他猜测这个数量也许会有一个临界点。在1871年出版的《政治经济学原理》中,他总结了价值的边际效用理论。杰文斯出版《政治经济学原理》第一版后,看到了戈森的《人类交换规律与人类行为准则的发展》一书。杰文斯惊奇地发现他的边际效用理论早就被戈森提出来。杰文斯在《政治经济学原理》的以后版本中将边际效用理论完全归功于戈森。杰文斯的这一诚实行为,丝毫无损于他的学术地位,迄今,经济学界仍将杰文斯看成是边际效用学派的创始人。

生活在1870年至1892年间的法裔瑞士经济学家瓦尔拉斯在瑞士洛桑学院开创了后来以"洛桑学派"著称的经济学派,是边际效用价值论的创建人之一。他把边际效用称为"稀少性",认为商品的稀少性随消费量的增加而递减,购买商品支付的价格随消费

---

① 1863b."Notice of a General Mathematical Theory of Political Economy." Report of the British Association for the Advancement of Science, Cambridge, 158–159.

② 1863.A Serious Fall in the Value of Gold Ascertained, and Its Social Effects Set Forth.1863.Reprinted in Jevons, Investigations in Currency and Finance.London: Macmillan, 1884.

量的增加而下降,从而使每一单位货币能买到商品的效用量相等,并得到均衡状态的最大效用。瓦尔拉斯的理论与马歇尔边际价格理论一脉相承。

卡尔·门格尔生于加利西亚,是开启边际革命那场新古典经济学序幕的三大发起者之一,是奥地利学派当之无愧的开山鼻祖。门格尔非常看重主观评价作用,把价格看成是主观评价形成的变量,强调主观评价使得竞争性市场运转起来。门格尔在 1871 年出版的《经济学原理》①中,认为市场价格是这种主观评价过程的无意识结果。

商品效用是消费者的主观评价,只有进入消费领域才能评价商品的效用,边际理论促使经济学从古典经济学强调的生产、供给和成本转为关注消费、需求和效用。分析方法也从总量分析转向使用边际分析。但是,边际学派在强调自由市场经济和反对政府干预等主张上与古典经济学一脉相承,显示出与古典经济学理论的连续性,被称为新古典经济学。边际效用学派的出现被认为是经济学的一场革命,而革命的对象就是古典经济学。边际革命包含两项重要内容:即边际效用价值论和边际分析方法。边际理论使经济学的研究进入了一个新的领域,不了解边际理论就无法理解新古典经济学。

二、边际理论的数学准备

边际理论涉及到函数的导数或斜率,考虑到不少读者可能不

---

① Carl Menger,Translated by James Dingwall and Bert F.Hoselitz,Principles Of Economics,1994 by Libertarian Press with an introduction by Frank H.Knight.

熟悉微积分,或者以前学过微积分,但对一些概念理解不透彻,本节讨论这些概念。本节内容没有原创性,但希望在通俗性上有所突破,使得从来没有学过微积分的读者能够通过本节的内容透彻地把握函数导数的概念。

1. 直线的斜率

按照数学研究的习惯,横坐标表示自变量,纵坐标表示函数或因变量。图7.1中画了三条直线,其中直线1最陡峭,直线2次之,直线3最平坦。为了描述直线间不同的陡峭程度,数学家引进了斜率的概念,斜率是直线陡峭程度的定量描述。一条直线的陡

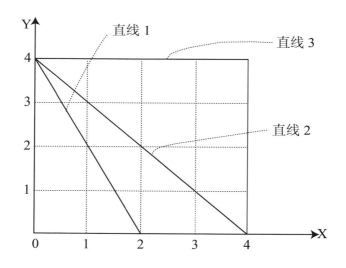

图7.1　直线的斜率

峭程度可以用自变量变化时,函数变化的激烈程度来描述,对相同的自变量变化量,越陡峭的直线,函数变化就越激烈。比较直线1、2和3,当自变量从0变到1时,直线1的函数变化值是2(从 $y = 4$

变到 $y=2$),比直线 1 平坦的直线 2 的函数变化值为 1(从 $y=4$ 变到 $y=3$),直线 3 的函数变化值为零。一般而言,可以用函数变化量相对自变量变化量的比值来定义直线的斜率:

$$斜率 = \frac{函数的变化量}{自变量的变化量} = \frac{\Delta y}{\Delta x} \tag{7.1}$$

根据这一定义,直线 1 的斜率为 -2 ,直线 2 的斜率为 -1 ,直线 3 的斜率为 0。斜率为负表明直线向右下倾斜,斜率为正表明直线向右上倾斜,斜率的绝对值越大的直线其陡峭程度越高,这就是斜率的几何意义。

下面讨论直线斜率的代数意义。从中学的课本中已经知道,线性方程可表述为:

$$y = ax + b \tag{7.2}$$

式中 a 和 b 是常数, x 是自变量, y 是 x 函数。如果我们对自变量赋值,通过式(7.2)就可以得到函数 y 的值,将 x 和 y 的值在坐标图中表示出来就是一条直线,故称方程(7.2)为线性方程。

设某直线的自变量从 x_1 变到 x_2 ,其函数值相应从 y_1 变到 y_2 。根据式(7.2),我们有

$$y_1 = ax_1 + b \tag{7.3}$$

$$y_2 = ax_2 + b \tag{7.4}$$

由式(7.4)减去式(7.3),得到

$$a = \frac{\Delta y}{\Delta x} \tag{7.5}$$

式中, $\Delta y = y_2 - y_1$, $\Delta x = x_2 - x_1$ 。根据式(7.1)关于斜率的定义,直线方程中的系数 a 即为该直线的斜率,此即斜率的代数意义。注意到 a 是一个常数,直线的斜率也是常数。用标准的学术语言描

述,就是直线上各点的斜率相等。从几何上看,斜率描述的是直线的陡峭程度,从函数上看,斜率描述的是当自变量发生变化时,函数发生相应变化的激烈程度,这一结论在经济学边际理论中有重要意义。相信读者对上述理论已相当熟悉,我们用了较大篇幅讨论直线和直线的斜率问题,既是为了温故而知新,也是为学习曲线的斜率作数学准备。

2. 曲线的斜率

用斜率描述直线的陡峭度简单明了,曲线陡峭度的定义和直线的斜率定义相同,即:

$$
曲线上一点的斜率 = \frac{该点函数变化量}{该点自变量变化量} \tag{7.6}
$$

描述曲线斜率的困难在于曲线各点的斜率不相同,因此,我们不能讨论某曲线的斜率,只能讨论曲线某一给定点的斜率。在没有引进导数概念之前,也不知道用什么方法去计算函数的变化量。

尽管计算曲线某点的斜率不是一件简单的工作,但是,借用已有的简单知识去描述复杂问题是科学研究的不二法门。如图 7.2 所示,曲线在 A 点的变化率要大于在 C 点的变化率,或者说曲线在 A 点的斜率要大于在 C 点的斜率。还可以借用弹性的概念,称 A 点函数关于自变量的弹性要大于 B 点的弹性。注意到,曲线 A 点斜率大时,切于 A 点的直线 AB 的斜率也大,曲线 C 点斜率小时,切于 C 点的直线 CD 的斜率也小,这启示我们可以用曲线某点切线的斜率计算曲线在该点的斜率。为了计算曲线在 A 点的斜率,如图 7.3 所示,可以在自变量发生变化时,用函数的平均变化率来近似代替函数在 A 点的真实变化率,比如,我们用直线段 AC

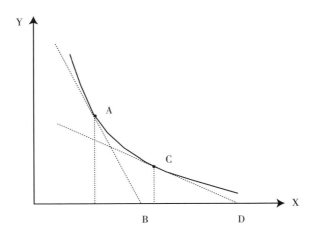

图 7.2 曲线和切点的斜率

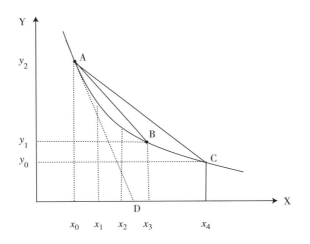

图 7.3 曲线的斜率与切线的斜率

的斜率来近似描述曲线在 A 点的斜率,AC 的斜率为:

$$斜率_{AC} = (y_2 - y_0)/(x_0 - x_4) \tag{7.7}$$

我们也可以用直线 AB 的斜率来近似描述曲线 A 点的斜率,很明显,直线 AB 的斜率比直线 AC 的斜率更接近曲线在 A 点的斜率,其斜率值为:

$$斜率_{AB} = (y_2 - y_1)/(x_0 - x_3) \tag{7.8}$$

不难看出,如果把自变量的变化量不断变小,相应的直线的斜率就不断逼近曲线 A 点的斜率和 A 点切线 AD 的斜率。如果令自变量的变化量无限趋近零,就可以得到曲线 A 点的斜率,曲线 A 点的斜率正好等于 A 点切线的斜率。在这一分析过程中,用直线的斜率近似替代曲线斜率,当自变量增量 Δx 无限趋于零时,切于曲线 A 点的切线斜率正好等于曲线 A 点斜率的思想非常简单,这一表面上非常简单的思想正是牛顿和莱布尼兹发明微积分的思想。当真正理解这一思想时,我们就从初等数学进入了高等数学,并且重走了牛顿和莱布尼兹发明微积分之路。

数学家认为这一以直代曲的过程描述太啰唆,于是发明极限符号来表示这一过程。即,

$$曲线的斜率 = \lim_{\Delta x \to 0} \frac{\Delta y}{\Delta x} \tag{7.9}$$

式中第一个符号是极限符号 lim,它是英文 limit(限制或极限)的缩写。当符号 Lim 和 $\Delta x \to 0$ 放在一起时,它表示 Δx 无限趋近于零,但永远不能等于零。零不能作分母是初等数学和高等数学都必须遵循的天条。在此天条下"0"就成为 Δx 无限逼近但永远不能达到的极限。$\Delta y/\Delta x$ 是描述函数平均变化直线的斜率,而 $\lim\limits_{\Delta x \to 0} \dfrac{\Delta y}{\Delta x}$ 描述的正是当 Δx 无限趋近于零时直线的斜率。我们已经清楚,这

一斜率是曲线 A 点的斜率,同样也是切于 A 点的直线的斜率,于是 $\lim\limits_{\Delta x \to 0} \dfrac{\Delta y}{\Delta x}$ 这一相对简单的符号就代表了当自变量增量无限趋于零时,直线的斜率无限趋于曲线的斜率过程和结果。

尽管符号 $\lim\limits_{\Delta x \to 0} \dfrac{\Delta y}{\Delta x}$ 比起用文字描述这一符号的内涵要简单得多,但读或写这一符号还是过于复杂。数学家认为理解了 $\lim\limits_{\Delta x \to 0} \dfrac{\Delta y}{\Delta x}$ 确切含义后,不必太关注这一过程,只需关注这一过程的最后结果,最后结果就是 Δx 和 Δy 都变为无限接近零但不等于零的无穷小量。将自变量的无穷小量记为 dx ,将函数的无穷小量记为 dy 。式(7.9)可写成

$$\text{曲线的斜率} = \lim\limits_{\Delta x \to 0} \frac{\Delta y}{\Delta x} = \frac{dy}{dx} \qquad (7.10)$$

数学家把 dy/dx 称为函数 y 的导数,导数的实质就是一个求极限的过程。导数的好处是比极限符号来得简单,并且在形式上和直线斜率的定义相同:不论直线还是曲线,其斜率都是函数的变化量比上自变量的变化量。差别在于,计算直线斜率的函数和自变量的变化量可以是无穷小量,也可以是非无穷小量,计算曲线的斜率的函数与自变量的变化量必须是无穷小量。在几何上,直线的斜率描述的是直线陡峭的程度,或者是描述自变量发生有限或无穷小变化时,函数发生变化的激烈程度。曲线的斜率描述的是曲线切线的陡峭程度,或者是描述当自变量发生无穷小变化时,函数发生变化的激烈程度。曲线和直线关于斜率的定义不论在几何意义上还是代数意义上都有了内在的一致性。

表面上,我们将直线斜率和曲线斜率的概念统一起来,但曲

线的斜率涉及到的无穷小量的概念,无穷小量并不是一个容易理解的概念。数学家对无穷小量概念的定义也没有更好的办法。他们不直接定义什么是无穷小量,而是采用与非常小量比较大小的间接方法定义无穷小量。比较的方式是让非常小量先说出自己多么小,无穷小量总是后发制人表示它比已说出的非常小量更小。无穷小量的这种定义方式近似诡辩,在无穷小量的这种后发制人的比较策略下,不论多么小的非常小量和无穷小量比谁小都永远是输家。对读者而言,无穷小量虽然不太好理解,但导数的概念并不难理解:导数是自变量发生无穷小变化时,函数的变化量比上自变量的变化量,它描述的是函数相对于自变量发生无穷小变化而发生变化的激烈程度。在几何上,导数等于切于该点直线的斜率。

3. 函数的连续性与可导性

当自变量变化量 Δx 无限趋近于零时,如果 Δy 是有限小量,函数的变化率 $\Delta y/\Delta x$ 会变成无穷大量,无穷大的函数变化量没有意义,因此,函数的变化量 Δy 也必须随 Δx 无限趋近于零而成为无穷小量,这一无穷小量记作 dy。dy 在数学上还有一个专门的名词,称为函数的微分,对 dy 进行加法运算,就成为函数的积分。有意思的是导数 dy/dx 原来只是一个极限过程的记号,但通过极限过程的四则运算,可以证明无穷小量 dx 和 dy 也能像常规量一样进行形式上的加减乘除四则运算,其运算规则与非无穷小量的运算规则完全相同。利用极限的概念,我们还可以计算出一些常用函数的导函数,比如,正弦函数的导数是余弦函数,线性方程的导函数是常数,并等于线性方程所描述直线的斜率等等,有兴趣的读者可以参阅高等数学的有关教材。

并不是所有的函数都满足函数的微分也是一个无穷小量的条件。如图 7.4 所示，

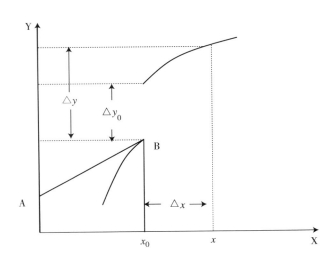

图 7.4　间断曲线的左右导数

在 x_0 点，$\Delta x = x - x_0$，当 $\Delta x \to 0$ 时，x 无限接近 x_0，此时 Δy 的值会逐渐下降，但不会小于 Δy_0。由于分母无穷接近于零，而 Δy 不会无限接近于零，这意味着此点的导数为无穷大，从而无法确定 x_0 点的导数值，我们称函数在 x_0 点不可导。造成不可导的原因是该函数在 x_0 处出现一个断开的跳跃，我们称函数在 x_0 处不连续。函数不连续的几何意义很简单：当自变量发生连续变化时，其函数值不能用一条光滑不间断的曲线连接起来。连续函数是数学中的一个重要概念，一个函数可导的必要条件是该函数连续，这个结论在我们批判效用的基数和序数理论时将起重要作用。

4. 多元函数的偏导数

当一个函数有两个以上自变量时就要引进偏导数的概念。所

谓偏导数是指当函数有两个以上变量时,其他变量保持不变,只允许一个变量发生无穷小的变化,函数无穷小变化量与可变自变量无穷小变化量的比值称为偏导数。偏导数中的"偏"和日常生活的偏心有些类似,偏导数偏就偏在没有对两个以上变量一视同仁。日常生活中的偏心带有明显的主观色彩,但是偏导数的偏并不带有主观色彩,它只是一种科学研究的方法。尽管偏导数涉及两个以上的变量,由于只允许一个自变量发生变化,其他自变量相当于常数,因此,偏导的计算和理解上与导数没有差异,但偏导的导数值与不变的其他自变量有关,即偏导函数实际是其他不变的自变量的函数。数学家用符号 ∂y 和 ∂x 表示偏导,该符号的含义和 dy 和 dx 的含义相同。之所以用一新的符号,是为了表征这是偏导,理解偏导的概念有助于我们学习和批判厂商理论。

5. 函数的极值

数学或经济学涉及的一个重要问题是如何找到函数的极大值或极小值,我们统称求函数的极值问题。以求函数极大值为例,用图示简洁但不失严谨地找出求极值的条件。如图 7.5 所示,该图的横坐标为自变量,纵坐标为函数,曲线描述了自变量与函数之间的几何关系,函数的极大值问题在几何上是一个非常简单的问题,图中 A 点就是此函数的极大值点。现在的问题是,用什么样的方法可以从函数角度而不是几何角度找到 A 点。

微积分的基本思路是通过直线的斜率逐步逼近曲线的斜率,求函数极值问题同样也离不开函数各点切线的斜率。在 A 点左边任取一点 B,切点 B 所对应的切线斜率为正值,当 B 点逐步逼近 A 点时,B 点切线的斜率逐步变小,当 B 点逼近 A 点时,B 点的斜率逼近 A 点的斜率。A 点的切线是水平切线,其斜率为零。在 A

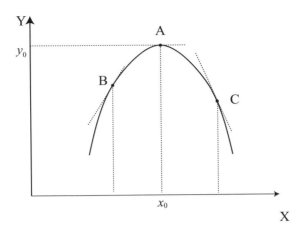

图 7.5 函数的极大值问题

点右边任取一点 C,C 点所对应的切线斜率为负,当 C 点向 A 点逼近时,C 点切线斜率的极限为零,由此,我们得到关于函数极大值存在的必要条件:除了极大值 A 点外,其函数的导数不为零,仅在函数取极大值的 A 点,函数的导数为零,用数学表述为:

$$\frac{dy(x)}{dx} = 0 \qquad (7.11)$$

由此方程求出的 x_0 对应的函数值 y_0 就是函数的极大值。同样的思路可以讨论极小值问题。

要指出的是,式(7.11)是函数存在极值的必要条件,正如我们已分析的那样,为了证明函数是否存在极值,还应讨论由必要条件确定点左右的导函数变化情况,比如极大值问题要求函数在极值点左边的导函数为正并逐步递减,右边的导函数为负并逐步递增等等。但是,不论是经济学问题还是物理学等现实问题,由于函数极值的存在性和唯一性已完全确定,我们的工作只是找出极值点的具体位置,式(7.11)作为极值的必要条件已完全可以胜任此工作。

至此,我们已经大致完成对边际理论的数学准备。我们希望将高等数学的一些基础知识用通俗易懂的方式表述出来,这本身就是一项富有挑战性的工作,我们不敢奢望在此挑战性工作上有多大的成就。数学准备使作者备受煎熬,我们也相信,没有学过高等数学的读者阅读这些内容时也同样备受煎熬。现代经济学毕竟是用数学来描述的社会学科,不了解高等数学,就领不到进入现代经济学圣殿的入门券。

三、漫无边际的边际革命

边际革命包含两项重要内容,即边际效用价值论和边际分析方法。边际理论很大程度上是与函数的导数发生联系,正是这种联系,经济学家将数学引进了现代经济学的圣殿,使现代经济学更像数学、物理这类自然科学,被誉为人文科学的皇冠。经济学家们为了使自己的研究更像科学,千方百计地将自己的研究对象往边际理论上靠,现已达到几乎不用边际就无法研究经济学问题的程度。翻开经济学文献或主流教材:边际革命、边际效应、边际成本、边际收益、边际利润、边际贡献、边际替代率、边际效用函数、边际技术替代率、边际效用递减规律、边际报酬递减规律等等,这些概念就会跃然纸上。本章不讨论具体的边际理论,仅对这些边际的概念进行分类分析,我们发现边际革命实际上已漫无边际:

1. 边际的英文是 Margin。查一下词典可知,Margin 具有边缘和界限的含义。从边际本身的概念出发，一维空间边际是一个点，二维空间边际是一条线。比如，国与国之间边界线就属于边际范畴。中国唐代诗人孟浩然写下的诗有"水国无边际，舟行共使风"，就是对浩瀚的水面上无边无际的生动描述。在日常生活中，我们形容某人说话空泛是"不着边际"，在讨论问题时常常要确定所讨论问题的边际，都是指边际本身的词义。在马歇尔的边际价格理论中，当商品的价格超过边际价格，消费者会放弃消费，当商品的价格低于边际价格时，消费者会因为有所谓消费者剩余而消费，边际价格成为了消费者是否消费商品的价格分水岭，马歇尔定义的边际价格中的边际，是边际本身的词义。因此，在经济学中边际词的一个含义是边缘和界限的本义。

2. 在西方主流经济学教材中，常常把边际量理解为函数的导数，其实这是对边际理论的误读。如果将出现在主流文献和教材中的边际概念进行梳理，边际并不能与函数的导数画等号，而是与增量发生联系：（1）将无穷小的自变量增量定义为边际量。一个典型的例子是边际替代率。边际替代率研究的是当商品效用不变时，两种商品发生替代关系的问题。在边际替代率的研究中，边际变动量不是指函数导数，甚至与效用函数无关，而是指效用函数的两个自变量的无穷小增量。（2）将最后一个单位的增量定义为边际量，该定义与第一个定义的共同点是都指自变量增量，不同点是第一个定义是指无穷小增量，本定义是指离散量的增量。（3）将函数的增量定义为边际量，一个典型的例子是边际利润。在这个例子中，函数是利润函数，自变量是生产要素投入量，关于边际利润有四种表达方式。即：

$$\Delta y = y(x+1) - y(x) \tag{7.12}$$

$$\frac{\Delta y}{\Delta x} = \frac{y(x+1) - y(x)}{\Delta x} \, , \, \Delta x = 1 \qquad (7.13)$$

$$dy = y(x+dx) - y(x) \qquad (7.14)$$

$$\frac{dy}{dx} = \frac{y(x+dx) - y(x)}{dx} \qquad (7.15)$$

在西方主流经济学理论中,上述四式都可以称为边际利润,但四个式子的内涵和外延并不相同。式(7.12)和式(7.13)与离散量增量有关,式(7.14)和式(7.15)与无穷小量有关。式(7.12)是当新增一单位生产要素时函数的变化量,式(7.13)是新增一单位生产要素时函数关于新增量的变化率。注意到 $\Delta x = 1$ 时,式(7.12)和式(7.13)在数值上完全相等,但两者的意义完全不同,一个是"量",一个是"率","量"仅与一个变量有关,"率"与两个变量有关,且与两个变量的比值有关,一字之差,两者具有完全不同的量纲或计量单位。为理解两者差别,我们举在初中物理已学过的汽车运动距离和速度的例子,这一在日常生活中非常熟悉的例子有助于我们区分式(7.12)和式(7.13)质的差别:设一辆汽车匀速运动,每小时跑 100 公里。在一个小时时间里,汽车跑的距离 $\Delta s = 100$ 公里,根据汽车速度的定义:

$$速度 \, v = \triangle s / \triangle t \qquad (7.16)$$

式中, Δt 是时间间距。当 Δt 取单位小时,即 $\Delta t = 1$ 时,汽车的速度 $v = 100$ 公理/小时,虽然在数值上速度和距离均为 100,距离的量纲是公里,速度的量纲是公里/小时,两者具有完全不同的量纲,两者的概念不能也不应混淆。令人遗憾的是,当 $\Delta x = 1$ 时,主流经济学家常常忽视 Δx 的存在,将函数的变化量和函数的平均变化率混为一谈。出现这一不可原谅的概念错误的原因是,在经济学理论中根本没有量纲的概念。没有人清楚快乐的单位是什么，也没有人定义偏好的量纲是什么。西方主流经济学家根本不用费脑筋考虑这些可能被他认为无聊的问题。他们将快乐、幸福、偏好和效用直接与无量纲的实数发生关系，于是可以有 3 的幸福。3.6 的快乐和 1.2 的偏好，至于这些数值的量纲或含义是什么，不是经济学家考虑的问题。物理学家非常重视量纲和量纲分析，在一个公式的两边，量纲必须相等，他们不理解二尺布等于一斤大米是什么意思，或者干脆认为不同量纲的东西进行比较没有意义。但是，经济学家可以"理解"二尺布等于一斤大米是什么意思，他们认为二尺布和一斤大米带给某位消费者的快乐是相同的，但这种理解充其量也只是个性和动态的理解，根本无法形成共识。一个饥不择食的消费者和一个衣不蔽体的消费者都不会认为二尺布和一斤大米带给自己同样的幸福和快乐。

数学家研究的是抽象的数，在数学研究中确实没有量纲的概念，但是在数学家眼里，微分和导数绝对不是同一个概念。当离散自变量新增一个单位时，函数自变量的变化量尽管可以在数值上等于函数关于新增一个单位自变量的变化率，但函数的变化量和函数变化率也绝对不是同一个概念。如果说要区分式(7.12)和式(7.13)的差别要有量纲分析，式(7.14)和式(7.15)的差别就更一目了然，式(7.14)是函数的微分，式(7.15)是函数的导数，在数学上微分和导数是完全不同的两个概念。

3. 将函数的导数定义为边际量，这是西方主流经济学常用的定义。

4. 将导数构成的函数定义为边际量，典型的例子是边际效用递减规律或边际报酬递减规律。这两个规律研究的对象不是函数某点的导数,而是指由导数构成的函数,在数学上将此类函数称为导函数。所谓边际效用递减规律是指效用函数的导函数是一个递减函数,所谓边际报酬递减规律是指报酬函数的导函数是递减函数。导函数递减或边际递减的确切定义是,如果自变量 $x_2 > x_1$,则导函数 $dy(x_2)/dx_2 < dy(x_1)/dx_1$。当把导函数定义为边际时,函数的自变量有一个定义域,函数也有一个值域,此时边际概念已完全脱离了边际一词本身的含义,此时的边际量根本没有"边际"的任何含义。

5. 用增量变化寻求真正意义的边际量。具有讽刺意味的是,虽然边际量的定义与边际概念本身没有任何联系,但边际理论总在寻找特定的边际量,这些特定的边际量又具有了边际本身的含义。在边际理论的先行者古诺的理论体系中,不论边际收益还是边际成本都是动态增量的概念,都与边际或分界的含义毫无关系。但古诺认为:当边际成本大于边际收入时,企业新增成本不仅不会带来利润,反而会带来亏损;当边际成本小于边际收入时,新增成本投入还会带来新增利润;当边际投入等于边际收入时,新增投入既不会产生新增利润,也不会带来亏损,因此,新增投入等于新增收入的点就成为投入的分界点,在此点,企业可以实现利润最大化。有意思的是,古诺将没有边际意义的任何新增投入都称为边际投入,而对边际投入等于边际收入这样具有边际分界点意义的新增投入并没有强调它的边际意义。

一般而言,边际理论中具有边际含义的边际量有两类:一类是极值点,包括函数的极大值和极小值点。比如,效用最大值、利润最大值和成本最小值点等等;由于极值点的左边和右边都小于极值,且导函数的性质正好相反,极值点对导函数而言就是边际点。

另一类是均衡点。比如,古诺的投入产出均衡点等等。在不少情况下,均衡点和极值点完全重合。比如,新增投入等于新增产出的点,恰恰是利润的极大值点。有意思的是主流经济学将不具有边际含义的各种增量都喜欢习惯性的随意加上"边际"的修辞,而对极值点或均衡点这样具有边际确切含义的点并不称为边际点。

不难看出,经济学中的边际概念定义十分混乱,要理解边际概念也相当困难。我们可以用数学的无量纲方法和物理的有量纲方法解决边际概念的混乱问题,并使所有问题变得清晰。用数学无量纲方法解决的思路是将边际两个词去掉,同时不影响喜欢用数学分析经济学问题的学者使用数学工具:比如,我们把自变量的变化量 Δx 不叫边际变化量,就按数学的定义称为自变量变化量;函数相应的变化量也不叫边际变化量,就叫函数变化量 Δy ; $\Delta y/\Delta x$ 不称什么边际量,而称 y 关于 x 的平均变化率;当 $\Delta x = 1$ 时,称 $\Delta y/\Delta x$ 为自变量变化一个单位时函数关于 Δx 的变化率;当 Δx 趋于无穷小时,称 $\Delta y/\Delta x$ 为导数,记为 dy/dx ,同时称 Δy 为微分,并记为 dy ;而边际量递减就是导函数递减等等。同时,将用数学求得的函数均衡点或极值点定义为边际量,或者干脆直接称之为均衡点或极值点,将边际这个词彻底从经济学理论中摒除,所有问题的描述都变得非常清晰。用物理学量纲分析方法解决边际问题的思路是将各种边际量赋以量纲,从而将各种边际量赋以唯一的名称。比如,将距离的边际量称为位移,将位移关于时间的导数这一边际量称为速度,将速度对时间的导数这一边际量称为加速度,每一边际量都具有不同的量纲,从而将各种混淆的边际量区分开来。其实,所谓边际理论所用的数学工具非常简单,所研究的问题也不复杂,但是,初学边际理论的学者会认为边际理论不好理解;从事边际理论研究的学者会认为边际理论不好把握,其根本原因是对"边际"一词漫无边际地使用。一个学者学习另一个学者的边际理论,如果不从上下文进行分析,根本无法理解边际的确切含义,甚至对同一作者同一篇文献中的边际概念也无法把握。边际理论确实是一场革命,它革了形式逻辑的命。

第八章　消费者行为理论的
伪证与证伪

消费者行为理论没有证明普适的需求定律,而是在可支配收入不变和其他商品价格不变的假设下,对正常商品需求定律给出了伪证,并证伪了普适的需求定律……

1939 年,经济学家约翰·理查德·希克斯(John Richard Hicks)发表了《价值与资本》①,该著作接受马歇尔关于商品主观效用和消费者剩余的概念,建立远比马歇尔理论更加复杂的理论体系,试图以更接近自然科学的方式证明需求定律。消费者行为理论发现,消费者在一次消费行动中总会购买一种或几种商品,但不会也不可能购买所有商品。经济学家对消费者在一次消费行动中只购买部分商品的行为起了一个很学究气的名字:显示性偏好。经济学家认为只要从理论上解释了消费者消费行为中的显示性偏好,就从理论上理解了消费者行为,从而揭示出个人需求曲线的规律。希克斯的著作为消费者行为理论奠定了基础。

受显示性偏好的启示,消费者行为理论认为消费者的消费

① John Richard Hicks, Value and Capital: An Inquiry into Some Fundamental Principles of Economic Theory, 1939.

行为与消费者商品偏好有关。在消费能力或可支配收入有限性的约束下,一个消费者会选择消费偏好大的商品,消费者发生消费行为的内在原因是在可支配收入约束下实现商品偏好最大化。本章第一节我们将分析消费者的消费行为,从中找出消费显示性偏好的原因,否定消费者行为理论对显示性偏好的解释。第二节讨论消费者行为理论的建模问题。第三节讨论消费者行为理论对个人需求定律的证明。我们发现消费者行为理论苛刻的假定条件和正常商品的需求定律是同一命题,两者之间的关系是循环论证关系。商品效用的概念和在可支配收入约束条件下效用函数极大化的消费者行为与正常商品需求定律的证明毫无关系。普通商品和非正常商品则是在消费者行为理论假定条件下的需求定律的反例。如果对消费者行为理论进行深化研究,即适度放宽消费者行为理论任意一条苛刻的假定条件,正常商品的消费者个人的需求曲线也有可能向右上倾斜,从而成为放宽消费者行为理论假定条件下的需求定律的反例。正是在这个意义上,我们认为消费者行为理论不仅没有证明个人需求定律,而是证伪了个人需求定律的普适性。

一、消费者的消费行为

毫无疑问,消费者有选择商品的权利,这种选择确实与消费者对商品的偏好有关。但消费者选择某一种或一组商品,并不完全是为了满足消费者的主观偏好。对任何消费者而言,饥时进食、渴时饮水、冷时加衣、病时用药,都是为了满足消费者的生理需求。主观偏好与生理需求的差别是,生理需求是刚性需求,满足某一生理需求的商品必须是同一类商品,不能用其他类商品替换。主观偏好导致的需求不是刚性需求,消费者可以在同类商品中彰显主观偏好,也可以在不同类商品中显示主观偏好,但任性的主观偏好会受到消费者可支配收入的限制。消费者行为理论中定义的偏好是主观偏好,而生理需求导致的偏好是客观偏好。消费显示性偏好不仅与主观偏好有关,而且与客观需求有关。一般情况下消费者会在客观偏好的范畴内考虑主观偏好,不能仅用消费者的主观偏好解释消费者消费的显示性偏好。

在真实的消费者行为中,可支配收入约束和商品主观偏好约束往往是互相矛盾的约束。当一个消费者收入不高时,消费者的主观偏好在商品的选择中不起作用,起作用的是消费者可支配收入的约束,此时消费者追求的是生存效用,满足的是客观需求。罗伯特·吉芬(Robert Giffen)在 1845 年观察到的吉芬商品,就是由于收入的限制,导致消费者放弃偏好的牛肉,而消费更多的相对廉价的土豆。消费者的消费行为仅受可支配收入的约束,主观偏好在消费行为中不起作用的现象并不总是绝对低收入者才有的现象,高收入者同样可能存在主观偏好在商品消费中不起作用的现象。一个受可支配收入约束并经常在世界范围内商务公干的消费者只能选择经济舱,这样的消费者当然不是绝对意义上的低收入者。但在飞机舱位的消费选择上,消费者放弃选择他更偏好的公务舱、头等舱或商务专机,他就是一个主观偏好受可支配收入限制的相对意义上的低收入者。随着收入的增加,消费者在满足生理需求的消费中可以逐步增加主观偏好的因素。当消费者的收入高到一定程度,生理需求依然存在,但在商品的选择上不再受可支配收入的限制,消费者的消费行为仅受生理需求和主观偏好的约束。

对高收入者而言,他们不仅有不受可支配收入约束的生理需求,还有更高层次的心理需求。比如,购买奢侈品以炫富,购买投资品以获取更高的可支配收入,购买艺术品以满足心理愉悦,购买休闲品以放松身心等等。表面上,心理需求是一种主观偏好的需求,实际上,心理需求同样有客观因素:投资品必须带给投资者未来盈利的预期,投资者更关注投资回报率和风险;奢侈品关注的不是实用性,而是有别于其他同类商品的独特性,它必须得到一定社会阶层的认同;艺术品尽管充满个性,但必须满足人们普遍认同的艺术标准;旅游的目的是在优美的环境中放松身心。世界上没有无缘无故的爱,也没有无缘无故的恨,商品的性能价格比是影响消费者主观偏好的重要客观因素。

根据上述分析,我们不难得到有关消费者行为的普遍规律:消费者产生消费行为的原因是满足客观需求,并在可支配收入约束条件内满足自己的主观偏好。所谓主观偏好也不是纯粹意义上的主观偏好,而是具有客观因素的主观偏好。个人主观偏好和可支配收入约束之间呈现此消彼长的关系。低收入消费者明显受制于可支配收入,其主观偏好几乎不起作用;高收入者不受可支配收入约束,其个人偏好受到充分尊重。消费者无须考虑超过自己支付能力的商品和无意愿消费商品带给自己的效用。对想消费且有能力消费的商品,消费者既没有必要考虑一个商品组合,更没有必要和可能计算世界上所有商品的无穷组合的主观效用。在一次消费行为中,消费者可以只消费一种商品,也可以消费几种商品。几种商品间可以有一定的内在联系,比如互补关系或替代关系,也可以毫无相关性。消费者的消费行为远比消费者行为理论所描述的消费行为简单。不论是才高八斗的学者还是目不识丁的文盲,不论是发达国家的消费者还是欠发达国家的老百姓,几乎没有人为可支配收入下的消费行为纠结,消费者率性消费行为恰恰能使消费者实现主观偏好最大化。消费者普遍纠结的不是正在消费的行为,而是纠结怎样获得更多的可支配收入,从而有更高层次的消费。从消费角度观察,一个消费者的一生奋斗,就是为了获得消费的更大自由,就是为了消费的主观偏好得到充分尊重。在更一般的意义上,人生的奋斗就是为自由奋斗,自由是人生的最大效用。正如著名诗人裴多菲所说:生命诚可贵,爱情价更高。若为自由故,两者皆可抛。

尽管在一次消费行为中,消费者无法对全体商品给出一个动态的主观偏好,但市场以货币单位作为计量单位,用商品的价格给出了一个动态的商品社会偏好或社会效用值,这个值由商品的动态供求关系决定,并随动态的供求关系的变化而变化。在竞争市场,个人的客观需求和主观偏好不可能改变商品的价格,个人消费者对社会商品价格体系只有接受或不接受两种选择。消费者要做的判断只是比较表征社会偏好值的商品价格与自己所持货币的效用。在物与物直接交换的市场,消费者会比较物与物之间的效用,并用等价交换的原则交换商品。在引进货币的现代市场中,货币是一般等价物,是所有的商品中唯一不服从边际效用递减规律的商品,人们对财富的追求和消费自由的追求往往表现为对货币数量强烈的占有欲。对此欲望最深刻的描述莫过于法国批判现实主义大师奥诺雷·德·巴尔扎克(Honoré de Balzac)在他的名著《欧也妮·葛朗台》中刻画的欧也妮·葛朗台的父亲。他是法国索尔城最有钱的商人,但为人却极其吝啬。在他眼里,女儿和妻子还不如他的一枚零币,他是守财奴的典型代表,也是货币偏好不受边际效用递减规律约束的消费者的最生动写照。商品的社会效用不会因个人偏好的变化而变化,但单位货币的效用会因人因时因环境因不同商品的变化而变化,并与单位劳动时间获得的货币报酬有关。劳动报酬高者的货币效用低,劳动报酬低者货币效用高。低收入者的可支配收入主要用于刚性消费,在他们的效用体系中,货币的效用肯定高于奢侈品的社会效用。高收入者的货币效用也会随奢侈品的品牌和型号的变化而变化,从而导致不同的消费者选择不同的奢侈品。如果一个消费者认为购买商品所用货币的效用不大于该商品的社会效用,一个消费行为就会发生,反之则不会发生。

二、消费者行为理论的数学模型

为了学习和批判消费者行为理论,本节讨论消费者行为理论的建模问题。在经济学研究中,将一个经济学问题转换成数学问题称为建模。

1. 商品的分类

消费者行为理论有两个研究对象:一是消费者行为,一是商品。该理论建模的第一项工作是对商品分类。消费者行为理论将商品分为正常商品和非正常商品:正常商品是指收入增加需求量增加的商品。根据正常商品的定义,正常商品是消费者已经消费但还没有支付能力足量消费的商品,一旦收入增加,消费者就会增加对该商品的消费。非正常商品是指收入增加需求量减少的商品。根据此定义,非正常商品是消费者不偏好,受收入和刚性需求约束又不得不消费的商品,是消费者眼中的劣等品和不受主观偏好尊重的商品。

消费者行为理论在商品分类时忽略了一大类商品,此类商品是指当消费者收入增加时消费量保持不变的商品,我们称此类商品为普通商品。普通商品的特征是,消费此类商品的支出占消费者可支配收入的比重不大,消费者的可支配收入对此类商品的约束可忽略不计。普通商品与正常商品和非正常商品的关系是,随着消费者收入的增加,消费者已有能力足量消费正常商品时,正常商品就成为普通商品。随着消费者收入的增加和市场出现性能价格比更高的商品时,这些商品就可能替代性能价格比不高的普通商品,此时的普通商品就变成非正常商品或劣等品。

2. 两商品模型

消费者行为理论要求消费者在一次消费中应购买所有商品,但在数学模型中仅用两商品模型,其中一个商品是我们正在研究的商品,另一商品是代表除所研究商品以外的所有商品。两商品模型的好处是简化了问题,但并没有简化经济学思想,从而可以利用直观的几何关系研究消费者行为。高等微观经济学在多维空间建模,但在讨论效用函数最大化问题时也要采用两商品模型。

在一次消费行为中,消费者不可能研究市场上所有的商品,两商品模型中的代表除研究商品之外所有商品的代表性不具有现实意义。可以用真正的两商品模型研究消费者行为:一个商品是消费者试图消费的任一商品,另一商品是消费者手中所持的货币。普通商品的社会效用不依个人偏好的变化而变化,而消费者持有的货币效用则随个人动态偏好的变化而变化。正是个人所持货币的主观偏好与商品社会效用的动态变化,间接反映了消费者对该商品的动态主观偏好。由于可用货币购买由市场定价的任意商品,商品的市场价格体系使货币可以代表除所研究商品外的所有商品。

3. 其他条件不变

在消费者行为理论中,其他条件不变是重要的理论假设条件,它是指除所研究的商品之外,其他商品价格和个人可支配收入不变。在市场环境中,一件商品价格的长期发生变化不可能不对其他相关商品的价格造成影响,消费者的个人可支配收入也不可能永远不变。满足其他条件不变但所研究商品价格发生变化的理论既不可能是长时间的动态理论,也不是严格意义的静态模型,主流经济学家称此类模型为比较静态模型。

4. 预算约束线

设两商品模型中所研究商品为 X,其商品数量为 x,其商品价格为 p_x,p_x 可以发生变化。设 Y 代表除 X 商品之外的所有商品,Y 商品的数量为 y,价格为 p_y,p_y 是常数,m 为不变的可支配收入,它们满足关系:

$$p_x x + p_y y = m \qquad (8.1)$$

当 p_y 为常数时,式(8.1)是一个线性方程,也是可支配收入 m 对两商品的一个预算分配,因此,消费者行为理论称 p_y 为常数的(8.1)式为预算约束线公式。预算约束线如图 8.1 所示,图中的横坐标表示 X 商品的数量,纵坐标表示 Y 商品的数量。在式(8.1)中,令 $y=0$,可以得到预算约束线与 X 轴交点值 m/p_x,它是坐标原点至预算约束线与 X 轴交点之间的距离,是预算约束线在 X 轴上的截距;令 $x=0$,可以得到预算约束线在 Y 轴上截距 m/p_y。将由式(8.1)得到的两截点连接起来,就得到预算约束线。

对不同的 p_x,预算约束线在 X 轴的截距会发生变化。如果 X

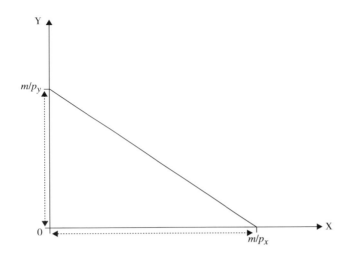

图 8.1　预算约束线

商品降价,预算约束线在 X 轴的截距变大,预算约束线将以 Y 轴上的截点为原点向右上方旋转;如果 X 商品涨价,预算约束线在 X 轴的截距变小,预算约束线以 Y 轴上的截点为原点向左下方旋转,预算约束线的旋转关系如图 8.2 所示,图中 $p_{x_3} > p_{x_1} > p_{x_2}$。

　　注意到预算约束线在 X 轴和 Y 轴的截距与可支配收入 m 成正比,当两商品价格不变时, m 增加会使预算约束线向右上方平移, m 减少会使预算约束线将向左下方平移,图 8.3 描述了这种平移关系。图中 $m_3 < m_1 < m_2$。

　　5. 收入

　　在消费者行为理论模型中的收入涉及到绝对收入和相对收入:绝对收入是指用货币计量的个人收入,绝对收入可能为零,但不可能为负。在消费者行为理论中,不变的可支配收入是指绝对

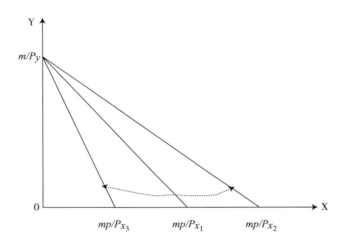

图 8.2   旋转的预算约束线

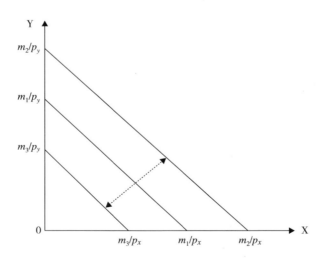

图 8.3   平移的预算约束线

收入。相对收入是指商品价格变化时,消费者购买一定量商品多支付或少支付的货币。相对收入不仅与商品价格变化有关,还与消费者购买此商品的数量有关,用公式可表示为:

$$相对收入 = -\Delta P \times Q \tag{8.2}$$

式中,ΔP 是商品价格变化前后的价差,Q 是价格发生变化后消费者购买此商品的数量。式(8.2)中的负号表明,商品价格上涨,消费者的相对收入为负,商品价格下降,消费者的相对收入为正。消费者行为理论依收入的变化导致商品需求量的变化将商品分类,不考虑收入的变化无法研究商品的需求量变化,从而无法研究商品的需求定律。由于消费者行为理论已假定可支配收入不变,因此,该理论必须考虑消费者的相对收入变化。

消费者行为理论假定可支配收入 m 不变是为了简化理论研究。如果在一次消费行为中没有将 m 全部置换成商品,会破坏可支配收入 m 不变的条件。m 不变意味着在一次消费行为中要将 m 全部换成一组商品。但是,如果 m 仅是个人可支配收入的一部分预算,就没有理由要求将 m 在一次消费行为中全部换成商品;如果 m 是个人全部可支配收入,就没有任何理由可以将可支配收入存入银行。由 m 保持不变推绎出来的必须将 m 在一次消费中全部换成商品的结论将消费者行为理论置于尴尬的地位:(1)消费者获得任意可支配收入,必须立即将该收入全部用于消费,消费者的消费行为都是关于可支配收入的瞬态消费行为;(2)货币没有任何效用;(3)消费者不应有任何存款,也不应有任何投资;(4)跨期收入会改变可支配收入不变的条件,因此,消费者行为理论不能研究跨期收入的消费行为,比如,不能研究房屋按揭的消费行为;(5)将货币作为两商品模型中的一个商品符合现实,但将货币作为除所研究商品之外的所有商品代表的实质是允许可支配收入 m 不必全部用于一次性消费,作为代表所研究商品之外的商品的货币,就是在一次消费中剩余的货币。因此,将货币作为两商品模型中的一个商品的做法,虽然具有现实意义,但与消费者行为理论中可支配收入不变的假设条件不相容。

6. 效用函数

消费者行为理论认为消费者行为是在可支配收入约束下的主观偏好最大化行为。为了把这个问题变为一个数学问题,消费者行为理论要对商品的主观偏好赋值,从而得到所谓效用函数。效用函数值其实是一组商品的偏好值,但消费者行为理论不将此函数称为偏好函数,而是称为效用函数。

消费者对不同的商品有不同的偏好,同一商品不同数量偏好也不同,因此,效用函数的自变量必须考虑不同商品和同一商品不同数量两个因素。消费者行为理论让一种商品的数量成为效用函数的一个独立变量,巧妙地让效用函数的自变量同时涉及不同商品和同一商品不同数量两个因素。由于每一个独立变量仅涉及一种商品,有多少种商品就有多少种独立变量,效用函数是多变量函数。

消费者行为理论对效用函数的赋值遵循两个原则:一个原则是商品数量多的效用函数值要大于商品数量少的效用值,这一原则涉及的是商品总量。该原则的数学表述是:设 x 代表商品的数量,$f(x)$ 代表效用函数,当 $x_2 > x_1$ 时,有 $f(x_2) > f(x_1)$,即效用函数为递增函数,并可通俗地表述为"多"比"少"好。另一个原则是随着消费者拥有的某一商品数量的增多,新增商品的偏好会随之下降,这一原则涉及商品增量。原则二的数学表述是:当 $x_2 > x_1$

时,有 $df(x_2)/dx < df(x_1)/dx$,即效用函数的导函数是递减函数,此原则被称为边际效用递减规律。

在新古典经济学的早期理论中,对消费者主观偏好赋值是所谓基数赋值,基数赋值的方法是对每一种不同数量的商品都赋以一个确定值,如果此商品的数量发生一个无穷小的变化,则由基数赋值的偏好值也要发生无穷小变化。新古典经济学家认为,没有任何理论证明可以将消费者的主观偏好当作一种数量予以精确赋值。帕累托指出,没有人能够测定快乐,谁说这个快乐是那个快乐的两倍呢? 新古典经济学已认识到消费者的主观偏好其实很难精确测定,基数赋值遭到了新古典经济学家的批判。目前,在新古典经济学的主流教材和文献中,已不用主观偏好的基数赋值,取而代之的是序数赋值。序数赋值是指,尽管我们无法区分对商品无穷小的主观偏好,但总可以指出在两组不同的商品组合中更偏好哪一组商品,总可以对不同组合商品的偏好排序。将商品不同组合的主观排序的序数作为不同商品组合的效用函数值,就可以克服基数赋值要求精确区分消费者对商品主观偏好的缺陷。在消费者行为理论中,西方主流经济学家普遍采用主观偏好的序数赋值,而摒弃早期的基数赋值。我们认为,序数赋值的效用函数的不连续性将为消费者行为理论在可支配收入约束下求效用函数最大化的数学问题带来障碍。为了解决此障碍,消费者行为理论不得不认为效用函数是连续函数,这就涉及无穷小的排序问题,并使序数赋值实质上变成了基数赋值,两者没有本质差别。

7. 无差异曲线

颇具讽刺意味的是,消费者行为理论除了坚持效用函数是递增函数,其导函数是递减函数外,对主观效用函数几乎是一无所知。尽管不少有关消费者行为理论的文献都会用一些具体的效用函数进行模拟计算,但无法证明这些具体的函数真的是消费者的主观效用函数。虽然也有一些学者对一些具体的所谓效用函数进行实证,但实证的数据必然来自于显示性偏好,必然涉及消费者的客观需求。正是因为无法证明任何一个具体的函数是真正的主观效用函数,不论是中级消费者行为理论还是高级消费者行为理论,都放弃用高等数学的工具在可支配收入约束下求解效用函数的极值,转而用几何的方法求解可支配收入约束下的消费者主观效用极大值,为此引进无差异曲线。

　　无差异曲线是指消费者效用度相同的两种商品的不同组合点所形成的曲线。无差异曲线涉及到商品的主观效用,它同样满足效用赋值的两个原则。根据这两个原则,可以得到无差异曲线的几何形状。如图 8.4 所示,X 轴代表 X 商品,Y 轴代表 Y 商品,直角平面内任一点代表 X 商品和 Y 商品的一个组合。现任取一点 A,该点对应的 X 商品的数量是 x_0,对应 Y 商品的数量是 y_0,我们要寻找与 A 点效用值相等的点。Ⅰ区内任一点 D 的两种商品的数量都大于 A 点两种商品的数量,根据商品效用多比少好的原则,D 点的主观效用值大于 A 点的主观效用值,因此,与 A 点等效用的点不会出现在 Ⅰ 区。

　　Ⅲ区任意一点 C 的两种商品的数量均少于 A 点两种商品的数量,Ⅲ区也不存在与 A 点等效用的点。与 A 点等效用的点只可能出现在Ⅱ区和Ⅳ区。在Ⅳ区 B 点,Y 商品数量减少 Δy_1,但 X 商品的数量增加了 Δx_1,如果 Y 商品减少数量降低的主观效用正好等于 X 商品增加数量补偿的主观效用,则 B 点和 A 点等效用。同样的道理,Ⅱ区也能找到与 A 点等效用的点。由于与 A 点等效用

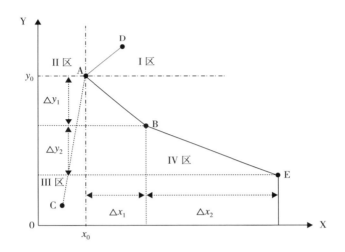

图 8.4 无差异曲线的证明

的点只能出现在Ⅱ区和Ⅳ区,将与 A 点等效用点连接起来的无差异曲线向右下方倾斜。

再观察 E 点,E 点 Y 商品数量再下降 Δy_2,并且有 $\Delta y_1 = \Delta y_2$。根据边际效用递减规律,减少 Δy_2 损失的主观效用值要大于减少 Δy_1 损失的主观效用值。在 E 点,X 商品的数量再增加 Δx_2,根据边际效用递减规律,如果 $\Delta x_2 = \Delta x_1$,则 Δx_2 补偿的主观效用值要小于 Δx_1 补偿的主观效用值,新增 Δx_2 带来的主观效用值不仅补偿不了 Δy_2 损失的主观效用值,甚至也少于 Δy_1 损失的主观效应值。因此,E 点成为与 A 和 B 等效用点的必要条件是 $\Delta x_2 > \Delta x_1$。注意到 $\Delta y_2/\Delta x_2 < \Delta y_1/\Delta x_1$,无差异曲线导函数递减,无差异曲线向右下倾斜时会逐步变平坦。由此得到的无差异曲线,如图 8.4 和 8.5 所示。图 8.4 中画出了 AB 和 BE 两条折线,图 8.5 中画出了连接

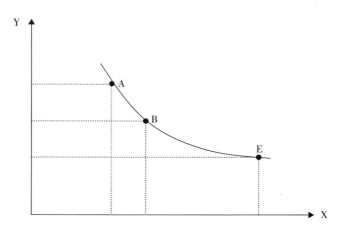

图8.5 凸向原点的无差异曲线

A、B 和 E 三点的光滑曲线,两者的差异在于,当 Δy 和 Δx 取有限值时,我们讨论的是无差异曲线上的平均变化率,由于 AB 和 BE 的平均变化率不同,由平均变化率形成的无差异曲线就是折线。将 A、B 和 E 三点用光滑曲线连接起来的数学意义就是用无穷小变化率取代平均变化率。当我们考虑用无穷小 X 商品增量补偿 Y 商品无穷小减量的主观效用时,序数理论就变为基数理论。值得注意的是,商品组合的效用应是主观的效用,这表现在不同的消费者关于 A、B 和 E 点的主观效用值应不同,不同消费者关于无差异曲线各点的斜率应不同。不考虑无差异曲线确定的效用值,不考虑无差异曲线具体的切线斜率值,仅考虑无差异曲线满足边际递减规律,这样的无差异曲线没有消费者的主观因素,有的只是必须遵守的边际递减这一客观规律,因此,非定量的无差异曲线与消费者的主观效用无关。

无差异曲线有如下性质:(1)任何两条无差异曲线不会相交。

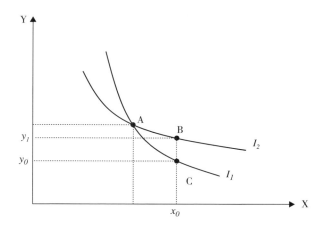

图 8.6　无差异曲线不能相交的反证

该性质的证明方法是反证法,如图 8.6 所示。设无差异曲线 I_1 和无差异曲线 I_2 相交于 A 点,由于 A 和 C 在同一条无差异曲线 I_1 上,A 点和 C 点等效用。由 C 点画一条垂直向上的直线 CB 交无差异曲线 I_2 于 B 点,注意到 C 点和 B 点的商品组合中,X 商品的数量均为 x_0,但 C 点的 Y 商品数量为 y_0,B 点的 Y 商品数量为 y_1,且有 $y_1 > y_0$,根据多比少好的原则,B 点的效用大于 C 点的效用。由于 C 点和 A 点等效用,B 点效用值也应大于 A 点的效用值,这与在同一条无差异曲线 I_2 上的 A 和 B 点等效用的结论矛盾。因此,任何两条无差异曲线不会相交。(2)一条无差异曲线的效用值小于右上方任一条无差异曲线的效用值。如图 8.7 所示,由于任两条无差异曲线不会相交,任两条无差异曲线的位置只能是一条在另一条的右上方,或一条在另一条的左下方。不失一般性,设无差异曲线 I_1 位于无差异曲线 I_2 的左下方。在 Y 轴上任选一点

y_0,从 y_0 画一条与 X 轴平行的直线 y_0B 分别交无差异曲线 I_1 和 I_2 于点 A 和点 B。注意到 A 点和 B 点的商品组合中 Y 商品的数量均为 y_0,但 A 点 X 商品的数量为 x_0,B 点 X 商品数量为 x_1,且有 $x_1 > x_0$,根据多比少好的效用原则,B 点的效用值大于 A 点的效用值。由于 I_1 上各点的效用值与 A 点相同,I_2 上各点的效用值与 B 点相同,I_1 的效用值小于 I_2 的效用值。

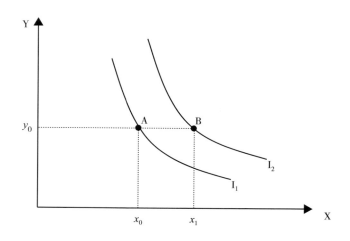

图 8.7　两条无差异曲线的效用值关系

8. 预算约束条件下的效用最大化

如图 8.8 所示,由于任一条无差异曲线效用值都小于右上方的无差异曲线效用值,没有可支配收入约束的主观效用值不仅没有极大值,甚至没有最大值。如果考虑可支配收入的约束,I_3 和预算约束线 MN 既没有交点,也没有切点,这意味着在可支配收入约束下,消费者没有能力购买 I_3 上的商品组合。预算约束线 MN 分别与 I_1 交于点 A 和点 B,与 I_2 切于点 E,这表明在消费者现有收

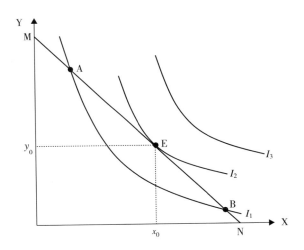

图 8.8 可支配收入约束下的效用最大化

入水平下可以购买 A 点、B 点或 E 点的商品组合。注意到 I_2 的效用值大于 I_1 的效应值，E 点商品组合的效用值大于 A 点或 B 点的商品组合效用值，因此，不考虑角点解，无差异曲线与预算约束线的切点解即是预算约束条件下效用的极大值解。

9. 等价交换和效用最大化均衡条件

在预算约束线上任取两组商品 (x_0, y_0) 和 (x_1, y_1)，它们满足：

$$p_x x_0 + p_y y_0 = m \tag{8.3}$$

$$p_x x_1 + p_y y_1 = m \tag{8.4}$$

用式(8.4)减去式(8.3)，可得

$$\frac{\Delta y}{\Delta x} = -\frac{p_x}{p_y} \tag{8.5}$$

式中 $\Delta y = y_1 - y_0$, $\Delta x = x_1 - x_0$。注意到当 $\Delta x > 0$ 时,必有 $\Delta y < 0$;当 $\Delta x < 0$ 时,必有 $\Delta y > 0$,式(8.5)左边是负值,故式(8.5)右边取负号。式(8.5)是预算约束下任意两组商品都必须满足的条件。西方主流经济学家错误地将式(8.5)当成预算约束下实现效用最大化的均衡条件,其实式(8.5)没有涉及到无差异曲线,更没有涉及预算约束线是否与无差异曲线相切,它与商品组合效用最大化无关。该式的经济学意义是消费者可以用 X 商品置换 Y 商品,也可以用 Y 商品置换 X 商品,但置换必须满足等价交换原则。这一原则正是我们在本章第一节中所强调的必须尊重用商品的价格体系给出的社会的商品偏好值或社会效用值。

预算约束下的效用最大化条件与预算约束线和无差异曲线的切点有关。如图 8.9 所示,无差异曲线 I 和预算约束线 MN 相切于点 A,A 点的商品组合是 (x_0, y_0)。在无差异曲线上任取一点 B,B 点的商品组合是 $(x_0 + \Delta x, y_0 + \Delta y)$,其中 Δx 为正值,Δy 为负值。注意到 A 点和 B 点都在无差异曲线上,这意味着 Y 商品减少 Δy 导致效用函数减少的值应等于 X 商品增加 Δx 导致的效用函数增加值,用公式可表述为:

$$f(x_0 + \Delta x, y_0) - f(x_0, y_0) = f(x_0, y_0) - f(x_0, y_0 + \Delta y) \quad (8.6)$$

式(8.6)成立与无差异曲线是否与预算约束线 MN 相切无关,仅与 A 和 B 两点均在无差异曲线 I 上的约束有关。当 A 点是无差异曲线 I 与预算约束线 MN 的切点时,如果无差异曲线上任意点 B 点无限趋近 A 点,A 和 B 两点就会既在无差异曲线上,又在预算约束线上,此时式(8.6)和式(8.5)同时成立。用式(8.6)除以式(8.5),可以得到:

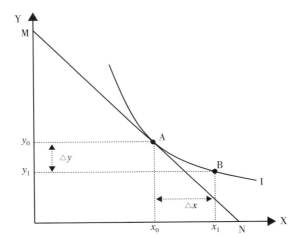

图 8.9　边际替代率

$$\lim_{\Delta x \to 0} \frac{f(x_0 + \Delta x, y_0) - f(x_0, y_0)}{\Delta x p_x} = \lim_{\Delta y \to 0} \frac{f(x_0, y_0 + \Delta y) - f(x_0, y_0)}{\Delta y p_y}$$

用偏导数表达上式,有

$$\frac{\partial f / \partial x}{\partial f / \partial y} = \frac{p_x}{p_y} \tag{8.7}$$

式(8.7)才是消费者实现效用最大化的均衡条件,它的经济学含义是,当 X 和 Y 两商品出现替代时,必须同时满足等价交换和等效用交换两个原则。等价交换是尊重商品的社会效用,等效用交换是遵从消费者的主观偏好,两者缺一不可。

正如我们在第七章所论述的那样,一遇到增量或导数,经济学家就喜欢加上"边际"这个形容词,式(8.7)左边也称为边际替代率。实际上,图 8.9 中的真正的边际点是 A 点。在 A 点的左边,无差异曲线 I 上商品组合中 Y 商品数量的市场价值大于 X 商品数量的市场价值;A 点右边,无差异曲线 I 上商品组合中 Y 商品数量的市场价值小于 X 商品数量的市场价值,仅在 A 点,商品组合中 X 和 Y 商品数量的市场价值相等。图 8.9 具有边际理论的全部特征:有一条导函数递减的向右下倾斜的曲线,有一个在此曲线上寻求均衡点的约束条件,并把导数有关的经济学量称为边际量,而忽略真正具有边际内涵的均衡点 A 的边际身份。

10. 偏好的可传递性假设

偏好可传递性是指对于任意商品组合 A、B、C,如果消费者对 A 的偏好大于对 B 的偏好,对 B 的偏好大于对 C 的偏好,则在 A、C 两个组合中,消费者对 A 的偏好大于对 C 的偏好,偏好的可传递性是消费者行为理论的重要假设条件之一。如果消费者行为理论只讨论商品组合,不讨论单独的商品,由于任一组合包含了所有的商品品种,任意商品组合的差别只是商品数量的差别,假设 A、B、C 三组商品组合中 A 组合的商品数为 (x_0, y_0),B 组合的商品数量为 (x_1, y_1),C 组合的商品数量为 (x_2, y_2)。根据偏好赋值多比少好的原则,只有当且仅当 $x_0 \geq x_1, y_0 \geq y_1$ 时,消费者在 A、B 组合中更偏好 A;只有当且仅当 $x_1 \geq x_2, y_1 \geq y_2$ 时,消费者在 B、C 组合中更偏好 B,如果消费者在 A、B 组合中更偏好 A,在 B、C 组合中更偏好 B,则有 $x_0 \geq x_1 \geq x_2, y_0 \geq y_1 \geq y_2$。因此,消费者在 A、C 组合中更偏好 A。上述分析表明,在任意商品组合的差别只是商品数量差别的假设条件下,传递性假设是可以从多比少好赋值原则演绎出来的非独立的多余假设。如果每组商品组合不仅仅是数量的差别,而且是不同种类的组合,则偏好不一定具有传递性。比如,某消费者对苹果的偏好大于对梨子的偏好,对梨子的偏好大于对桔子的偏好,一般情况下得不出该消费者对苹果的偏好一定大于对桔子的偏好的结论。

从消费者行为理论的建模中不难发现,经济学家非常关心假设条件的完备性,只要理论的演绎过程遇到障碍,经济学家会毫不犹豫地增加新的假设条件以克服逻辑演绎中的困难。但他们很少关心假设条件的独立性和相容性,也不关心应用理论假设条件的现实性,这样的理论建模不可能是严肃的科学建模。相信不少读者已被消费者行为理论的建模闹得心力交瘁。令人欣慰的是,尽管消费者行为理论的假设条件非常复杂,但消费者行为理论对命题证明或证伪都非常简单。

三、需求定律的伪证

消费者行为理论试图证明个人的需求曲线是一条向右下倾斜的需求曲线。在其他商品价格不变和可支配收入不变的条件下,正常商品的需求定律的证明非常简单:由于其他条件不变,当正常商品降价时,消费者的相对收入增加。根据正常商品的定义,相对收入增加时正常商品的需求量应增加。上述证明根本用不到效用函数、无差异曲线和预算约束线,根本用不到消费者行为理论,这一证明是大前提包含结论的循环论证,其他条件不变下的正常商品的需求定律根本无须证明。

消费者行为理论引入了效用函数、边际替代和边际效用递减规律等一系列新概念和新条件,试图证明其他条件不变下正常商品的需求定律,分析一下消费者行为理论证明过程中的障眼法有助于没有学过消费者行为理论的读者学习一下该理论,有助于已学过该理论的读者进一步加深对该理论的理解。消费者行为理论对其他条件不变下的正常商品需求定律的证明如下图 8.10 所示,图中 X 代表所研究的正常商品,Y 代表除 X 外的所有商品。m 代表不变的可支配收入,p_y 代表不变的 Y 商品价格,p_x 代表可变的 X 商品价格,x_1、x_2、x_3 和 x_4 都代表 X 商品的数量,直线 1 是 X 商品未降价前的预算约束线,直线 2 是 X 商品从价格 p_{x_1} 降至 p_{x_2} 时的预算约束线,m/p_y 是两条预算约束线在 Y 轴的截距,m/p_{x_1} 和 m/p_{x_2} 分别是预算约束线 1 和 2 在 X 轴上的截距。I_1、I_2、I_3 和 I_4 是无差异曲线。

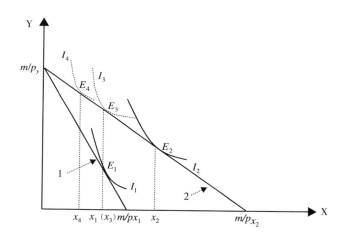

图 8.10　正常商品需求定律的证明

根据消费者行为理论,当正常商品没有降价时,某一消费者的无差异曲线 I_1 与预算约束线 1 相切于 E_1 点时,该消费者的主观效用最大化,并由此确定效用最大化条件下,正常商品未跌价前该消费者的 X 商品需求量 x_1。无差异曲线是主观曲线,无差异曲线的主观性表现在,不同消费者的无差异曲线与预算约束线的切点 E_1

的位置可以不同,除了切点 E_1 的斜率之外,无差异曲线各点的斜率可以不同。虽然任一消费者只有唯一一条与预算约束线相切的无差异曲线,但不同的消费者会有不同的无差异曲线。消费者行为理论虽然告诉我们 E_1 点由预算约束线 1 和无差异曲线 I_1 的切点决定,但给不出具体的 x_1 值,消费者行为理论并没有为我们确定 x_1 提供任何实质性帮助。其实没有必要用效用最大化确定未降价前消费者的需求量,如要证明需求定律,X 商品未降价时的商品价格 p_{x_1} 和需求量 x_1 应是已知量。

当正常商品的价格从 p_{x_1} 降至 p_{x_2} 时,预算约束线 1 以与 Y 轴的截点为原点逆时针旋转至预算约束线 2。消费者行为理论要求由无差异曲线与预算约束线 2 的切点决定消费者主观效用最大化的商品组合,并从此商品组合中确定正常商品降价后的 X 商品需求量。根据无差异曲线的主观性和效用最大化约束,每一位消费者都可以选择不同的无差异曲线与预算约束线 2 相切,图 8.10 中的 I_2、I_3 和 I_4 都是消费者可能选择的典型的无差异曲线,这三条无差异曲线与预算约束线 2 的切点所确定的 X 商品降价后的需求量分别为 x_2、x_3 和 x_4,且有 $x_2 > x_1$,$x_3 = x_1$ 和 $x_4 < x_1$,这表明 I_2 对应正常商品,I_3 对应普通商品,I_4 对应非正常商品。尽管无论选 I_2、I_3 或 I_4 都没有违反消费者行为理论的条件,如果选 I_4 和 I_3,就证伪了需求定律;如果只允许选 I_2,就破坏了无差异曲线的主观性。为了解决这一悖论,消费者行为理论只讨论正常商品。由于正常商品是在其他条件不变下商品降价需求量增加的商品,只讨论正常商品的约束意味着只能选择无差异曲线 I_2。只讨论正常商品的约束虽然解决了在 I_2、I_3 和 I_4 中只能选 I_2 的难题,但在其他条件不变和只讨论正常商品的约束下,理论的前提是如商品降价

商品需求量会增加,理论要证明的结论还是如商品降价商品的需求量上升,理论的前提与结论是同一命题,证明已进入循环论证的陷阱,并与我们不用消费者行为理论的证明如出一辙,这表明,消费者行为理论对正常商品需求定律的证明是伪证。消费者行为理论不惜否定消费者的第一需求是客观需求,不惜否定主观偏好动态变化,不惜否定货币可能是世界上唯一不满足边际效用递减规律的特殊商品,但新古典经济学的这朵奇葩除了能带来诡辩的乐趣之外,不能为个人需求定律的证明提供任何有意义的帮助。

四、需求定律的证伪

消费者行为理论试图证明需求定律,但在其他条件不变的假设条件下,不用消费者行为理论,证明非正常商品的需求曲线向右上倾斜和普通商品价格无弹性并不困难,其实质还是循环证明,其结论是证伪需求定律的普适性。事实上,非正常商品降价意味着消费者相对可支配收入增加,根据非正常商品的定义,消费者关于此非正常商品的需求量应下降,这表明,在其他条件不变时,非正常商品价格呈正弹性,从而违反了价格负弹性的需求定律。同理,可以证明在其他条件不变时,普通商品无弹性,从而也证伪了其他条件不变时的需求定律。

如果要借用消费者行为理论证伪需求定律,仅需在图8.10中选取无差异曲线 I_4 或 I_3。如果选取 I_4,由于 I_4 与预算约束线2相切点 E_4 得到的 X 商品的数量 $x_4 < x_1$,我们同样得到在其他条件不变时,如果非正常商品 X 的价格从 p_{x_1} 降至 p_{x_2},该商品的需求量从 x_1 降至 x_4。如果选取 I_3,我们得到当 X 商品降价时,普通商

品需求量不变的结论。普通商品和非正常商品的存在,证伪了其他条件不变时需求定律的普适性。

考虑时间因素,在真实的市场上,除了所研究商品之外,其他商品的价格不可能永远不发生变化,个人可支配收入也不可能永远不发生变化。如果不坚持个人可支配收入不变和其他商品价格不变两个假定条件,正常商品的需求曲线也可能向右上倾斜。事实上,如果正常商品价格下降时导致个人相对收入增加的因素小于个人可支配绝对收入下降的因素,或者小于其他商品涨价带来的个人相对收入减少的因素,根据正常商品的定义,正常商品的需求量应下降,此时,正常商品的需求曲线向右上倾斜。

有意思的是,消费者行为理论不仅能证明在其他条件不变时非正常商品的需求曲线向右上倾斜,而且能证明在其他条件不变时非正常商品的需求曲线不可能向右上倾斜。事实上,用反证法:假定在其他条件不变时,非正常商品的需求曲线向右上倾斜,设 X 是非正常商品,它应满足预算约束方程:

$$p_x x + p_y y = m \tag{8.1}$$

式中 p_y 和 m 是常数。当 p_x 降价时,根据非正常商品需求曲线向右上倾斜的假定,x 也应随 p_x 下降而下降,由此得到式(8.1)中的第一项将变小。注意到式(8.1)是恒等式,p_y 和 m 是常数,当 $p_x x$ 项变小必然要求 Y 商品的需求量 y 随之上升。但是,Y 商品需求量上升时 Y 商品的价格 p_y 不变,这表明,要 X 商品需求曲线成为价量齐跌的向右上倾斜需求曲线的必要条件是,当 X 商品价格 p_x 下降时,市场上除 X 商品外的所有商品的价格弹性无穷大。由于这一必要条件不可能成立,因此,非正常商品在其他条件不变时需求曲线不可能向右上倾斜。

我们还能证明在其他条件不变时正常商品的需求曲线不可能向右下倾斜。事实上,由于 X 商品是正常商品,当 X 商品降价时,由于 X 商品价格下降带来的相对收入增加,必然导致 X 商品的需求量增加。在两商品模型中,Y 商品是代表除 X 商品之外的所有商品,Y 商品中也应包含正常商品。特别地,我们令 Y 也是正常商品,Y 的需求量 y 也应随着 X 商品降价带来的相对收入增加而增加。注意到 Y 商品数量增加时,Y 商品的价格并没有发生变化,这表明正常商品 X 在其他条件不变时满足需求定律的必要条件是,除了 X 商品外,其他的所有正常商品在 X 商品价格可变和可支配收入不变的条件下的价格弹性为无穷大。由于这一必要条件不仅不可能成立,而且已直接证伪普适的正常商品需求定律,从而得出在其他条件不变时正常商品 X 的需求曲线不可能向右下倾斜的结论。

在上述证明中,如果我们仅关注 X 商品,可以证明在其他条件不变时所有的非正常商品的需求曲线都向右上倾斜,所以正常商品的需求曲线向右下倾斜。如果我们不仅关注 X 商品,还关注 Y 商品的价量关系,可以证明在其他条件不变时所有非正常商品的需求曲线不可能向右上倾斜,所有正常商品的需求曲线不可能向右下倾斜。这一悖论表明,消费者行为理论的假定条件不具有相容性。在现代经济学文献中,数学工具越用越复杂,但给出的理论假定条件太随意,忽视理论假定条件内在一致性的问题是经济学理论研究中普遍存在的问题。经济学家们不去分析假定条件的内在一致性,不去研究条件的现实性,而是热衷于用数学分析与现实不相关和前提条件互相矛盾的伪经济学问题。

熟悉消费者行为理论的读者和认真研究过消费者行为理论建

模的读者,可能会对正常商品的需求定律的伪证和证伪提出质疑。尽管是循环论证,毕竟消费者行为理论用预算约束下主观效用最大化证明了其他条件不变时正常商品的需求定律。为回应此质疑,我们要用自然科学中所谓奥卡姆剃刀原理。大约在 14 世纪30 年代,英国奥卡姆的修士威廉为了反击一些没有实质意义的关于"共相""本质"之类的争吵,提出了思维经济原则,概括起来就是"如无必要,勿增实体"。由于威廉是英国奥卡姆人,他提出的思维经济原则被称为奥卡姆剃刀原理。这把剃刀出鞘,剃秃了几百年间争论不休的科学哲学问题,使科学和哲学从神学中分离出来,并引发了欧洲的文艺复兴和宗教改革。今天,这把阴冷闪光的剃刀越来越锋利,早已超越原来狭窄的领域而具有广泛、丰富和深刻的意义。奥卡姆剃刀取舍两种假说的原则是:如果对同一现象有两种不同的假说,我们应采用简单的假说。我们对正常商品需求定律伪证的讨论中没有采用和消费者行为理论不同的假设体系,而是仅用了消费者行为理论中的两个假设条件,根据奥卡姆剃刀理论,消费者行为理论的其他假定条件不会对正常商品需求定律的证明带来任何帮助,应该用奥卡姆剃刀将这些假定条件剃掉,这些假定条件都是赘物。

　　其实,不论是亚当·斯密、马歇尔,还是希克斯,不论是效用最大化假设还是消费者剩余最大化假设,都无法证明普适的需求定律,在市场经济条件下,根本不存在一条普适的需求定律。下一章,我们将走进真实的市场,去研究吉芬商品这一需求定律的反例,在吉芬商品的理论研究中,我们不考虑其他商品价格是否变化,不考虑全世界消费者的个人可支配收入是否发生变化,不考虑静态或准静态假设,不考虑商品是正常商品还是非正常商品。毕竟,几百年的市场经济不是在其他条件不变的可控环境诞生、发展和壮大的;毕竟,几十年中国改革开放的过程是人民收入不断增加,物价不断上涨的过程;毕竟,吉芬当年观察到长达四年的土豆价量齐涨的现象不是经济学家在文献中和教材里研究的现象。我们将勇敢地走出学者的书斋,离开经济学家赖以生存的象牙塔,直接面对市场经济的狂风暴雨,在市场经济的大潮中探索和研究吉芬商品的奥秘。

第九章 吉芬商品理论

　　吉芬商品的定义是价量正相关，吉芬商品存在的必要条件是企业分批向市场推出产品，吉芬商品存在的充分条件是商品供求关系长期失衡，任意商品在供求关系的长期失衡下都有可能成为吉芬商品。消费者行为理论研究的其他条件不变下的吉芬商品只是吉芬商品的特例，马歇尔解释吉芬当年观察到的土豆价量齐涨的原因只是供求关系失衡的原因之一。希克斯分解下的收入效应为负，收入效应绝对值大于替代效应的吉芬商品判据不可观察，不可用于实证。用此判据实证将证伪所有可能存在的吉芬商品……

　　吉芬商品和中国模式有密不可分的内在联系，我们在以前各章中或多或少或明或暗地提到了吉芬商品。吉芬商品究竟是何方神圣，它究竟有什么神秘的力量，竟然使西方主流经济学家奉为圣经的需求定律成为错误的定律，竟然使伟大的新古典经济学大厦为之倾覆？本章将揭开吉芬商品的神秘面纱。

一、吉芬商品的定义

　　当阿尔弗雷德·马歇尔将当时的各种经济学思想和理论近乎统一和完整地放进他的理论框架之中时，新古典经济学的大厦就已基本建成。它是那么庄严雄伟、流光溢彩，令人不禁想起神话中的宙斯和众神在奥林匹斯山上那亘古不变的宫殿，在金色阳光的照耀下，把一切都染上了神圣的色彩。但是，这一表面优美、清晰和统一的理论，却被一个似乎还不懂事的孩子罗伯特·吉芬弄得黯然失色。1845 年至 1849 年，爱尔兰出现大饥荒，童年的罗伯特·吉芬爵士观察到土豆价格上涨和土豆消费量随之增加的现象。成年后，罗伯特·吉芬将这一童年观察到的现象告诉了著名经济学家阿尔弗雷德·马歇尔。土豆价量齐涨现象持续的时间长达四年，这一现象明显地违背了普适的需求定律。在这四年中其他商品的价格肯定发生了变化，消费者的可支配收入也肯定发生了变化，这一现象也不在消费者行为理论的研究框架之中。

　　尊重事实的马歇尔对吉芬观察到的这一现象给出了令人信服的解释：土豆价格的上涨严重消耗了低收入劳动家庭的购买能力。虽然土豆价格不断上涨，但仍然是他们能获取到的最为廉价的食品，为了生存他们不得不消费更多的土豆以取代肉类和其他较贵的食品。换句话说，是生存的刚性消费约束和可支配收入约束导致了土豆价量齐涨。令人肃然起敬的是，马歇尔虽然对土豆价量齐涨的现象给出了令人信服的解释，但并没有将发现这一现象的成绩归他所有，遵照科学发现的惯例，马歇尔将这类价量齐涨的商品命名为吉芬商品。

　　令人遗憾的是，试图将各种经济学思想和理论统一到一个理论框架下的马歇尔，并没有对放进统一理论框架下的各种经济学思想和理论进行深入系统的研究。同样，尽管马歇尔解释了土豆价量齐涨现象，但没有对吉芬商品进行深入系统的理论研究，而是将吉芬商品的概念束之高阁。我们认为罗伯特·吉芬爵士童年的一个不起眼的观察,足以媲美亚当·斯密对无形之手的观察。吉芬商品的普遍存在将会摧毁新古典经济学的神圣大厦,并使中国模式的经济学基础得以奠基。

吉芬商品的出现使需求定律受到严峻地挑战,使市场原教旨主义者如临大敌。他们希望将吉芬商品看成是罕见的商品,从而维护需求定律至高无上的地位。他们的理由是:

1. 吉芬商品是劣等品。根据马歇尔的解释,土豆比牛肉低廉,相比牛肉,土豆是劣等品。这个概念的潜台词是,当社会生产力还很低下时,有可能出现吉芬商品。人们现在的收入普遍提高,作为劣等品的吉芬商品就没有了生存的土壤,或者至少是罕见的商品。因此,与其称吉芬商品是需求定律的反例,还不如称吉芬商品是需求定律的特例,排除掉这种罕见的商品,需求定律仍然成立。

遗憾的是劣等品是一个相对概念,不论消费者收入有多高,相对的劣等品依然存在。比如,当汽油大幅涨价时,一些开私家车的消费者可能改乘公共交通。不考虑政府补贴因素,汽油的涨价也必然导致公共交通涨价,但乘坐公共交通的消费者不仅不会减少,反而会增加。因此,公共交通就成为现代社会的劣等品和在汽油价格大幅上涨时的当代吉芬商品。

2. 吉芬商品是劣等品中的劣等品。不少新古典经济学家将吉芬商品称为劣等品中的劣等品,其潜台词是如果说劣等品是一个相对概念,它在现代社会仍然普遍存在,劣等品中的劣等品就应该非常罕见而忽略不计。

将吉芬商品称之为劣等品中的劣等品的理由来自消费者行为理论,该理论在其他条件不变的假定条件下,证明了非正常商品中存在吉芬商品。由于非正常商品的定义为消费者收入增加而需求量反而减少的商品,很明显,非正常商品是劣等品。而吉芬商品是非正常商品中的一类商品,并且是被迫替代牛肉的商品,从而是劣等品中的劣等品。遗憾的是,称吉芬商品是劣等品中的劣等品的结论不成立。我们在上一章中已经证明,如果其他条件不变,所有的非正常商品都是吉芬商品。不能将非正常商品分为吉芬商品和非吉芬商品,也就无法判明吉芬商品是否是劣等品中的劣等品。

3. 用吉芬商品定义否定吉芬商品。由于消费者行为理论在个人可支配收入不变和其他商品价格不变的情况下,证明了吉芬商品存在,于是就将其他条件不变下的价量正相关的商品定义为吉芬商品。这样定义的潜台词是,即使观察到商品在价格上升时,消费量反而上升的现象,由于观察者无法证明全世界的商品的价格都保持不变,也无法证明消费者的个人可支配收入不变,观察者就无法实证吉芬商品存在,于是吉芬商品也就成为极为罕见或不存在的商品。张五常先生就非常自得地宣称,①吉芬商品只能在乌托邦国里存在,在现实世界根本不可能存在。坚持其他条件不变下价量齐涨的商品才是吉芬商品,不满足其他条件不变时价量齐涨的商品不是吉芬商品是许多西方主流经济学家坚持的观点,但这种观点是错误的:

(1) 罗伯特·吉芬观察到的土豆价量齐涨现象的时间跨度有四年。在四年时间里,除了土豆价格上涨外,其他商品价格不可能不发生变化,消费者的个人可支配收入不可能不发生变化,将吉芬商品定义为其他条件不变下价量齐涨的商品与吉芬当年的观察不一致。我们关心的是在正常市场环境下是否存在价量齐涨的商

---

① 参见张五常:《科学说需求》,中信出版社 2010 年版。

品,而在其他条件不变时价量齐涨的商品不过是正常市场环境下价量齐涨商品的特例。

(2)西方主流经济学家在吉芬商品和非吉芬商品的实证上采用了完全不同的标准:对非吉芬商品的需求曲线的实证不考虑其他条件不变的假定,理由是根据弗里德曼方法论,理论的假定条件可以与现实不一致。对吉芬商品需求曲线实证时必须考虑其他条件不变的约束,理由是不能改变理论的前提条件。一种实证两种标准,这不是科学的方法。坚持科学的方法,就要坚持对吉芬商品和非吉芬商品用同一个实证标准。如果坚持其他条件不变的假定条件,我们确实无法实证吉芬商品是普遍存在的商品,但同时,如果坚持其他条件不变,任何人也无法实证满足需求定律的商品是普遍存在的商品;如果不坚持其他条件不变的假定条件,我们可以发现大量价量负相关的商品,同时也可以发现大量价量正相关的商品。因此,不论坚持哪一个标准,都会在实证中将需求定律的普适性证伪,从而证实吉芬商品。

(3)在其他条件不变的条件下,消费者行为理论证明了非正常商品是吉芬商品,这表明其他条件不变是吉芬商品存在的充分条件,但没有任何理论证明此充分条件也是吉芬商品存在的必要条件。稍微对逻辑学有些了解的读者都清楚,要证明这些条件是吉芬商品存在的必要条件的命题是:如果一件商品是价量正相关的商品,则这件商品一定是非正常商品,并且在这一商品的价量正相关的过程中,全世界所有商品的价格完全不发生变化,全世界所有消费者的个人可支配收入完全不发生变化。这一命题显然无法证明,而且很容易用实证或逻辑将其证伪。本书将要证明,在一定条件下,任意商品都有可能成为吉芬商品。其实,前一章我们已证明当绝对收入下降和其他商品涨价导致相对收入下降大于正常商品价格下降导致的相对收入上升效应时,正常商品也能成为吉芬商品。将吉芬商品存在的充分条件作为吉芬商品的定义实质上是将充分条件当作充分必要条件,这是不可原谅的逻辑错误。

4. 用商品的分类否定吉芬商品的存在。新古典经济学家早就观察到不少价量正相关的商品,但他们不是去认真研究这些反需求定律的商品,而是用分类的方法将这些商品排除在需求定律的研究之外。股票市场买涨不买跌是普遍现象,房地产市场也普遍存在失去价格弹性的现象,但西方经济学家们称这些商品是投资品,不是消费品,需求定律只讨论消费品,不讨论投资品;在高端消费品中的奢侈品,同样会出现价格弹性失灵的情况,但西方经济学家们认为需求定律不研究奢侈品。吉芬观察到的所谓劣等品同样失去价格弹性,新古典经济学家的诡辩的方式是不允许读者观察失去价格弹性的所有劣等品,只允许读者观察在其他商品价格不变和个人可支配收入不变的条件下失去价格弹性的劣等品。由于这样的劣等品很难观察到,吉芬商品也就成为视而不见的商品;在一定条件下,正常商品也是价量正相关的商品,新古典经济学家假定其他条件不变,在此条件下,正常商品只能是符合需求定律的商品。

5. 用所谓收入效应和替代效应关系实证吉芬商品不存在。马歇尔解释吉芬观察到的土豆价量齐涨现象时,提到了收入的约束和土豆对牛肉的替代,但马歇尔并没有明确定义收入效应和替代效应。在消费者行为理论中,希克斯用所谓希克斯分解牵强附会马歇尔关于土豆和牛肉之间收入和替代的解释,引入了收入效应和替代效应。可悲的是,用所谓收入效应和替代效应来否定吉芬商品的学者①,或者直接用所谓收入效应为负,收入效应绝对值大于替代效应来定义吉芬商品的学者根本不理解收入效应和替代效应的概念。由于讨论收入效应和替代效应是一项复杂的工作,我们将在本章下节分别研究希克斯意义下和马歇尔意义下的收入和替代效应。我们将要证明,马歇尔意义下的两个效应和希克斯意义下的两个效应具有完全不同的内涵和外延。新古典经济学家们正是不理解这两个意义完全不同的定义,并不加区分的偷换这两组概念,才得出吉芬商品并不存在的错误结论。

基于上述分析,我们将吉芬商品定义为在一段时间内价量齐涨或价量齐跌的商品。上述定义也可表述为在一段时间内价量正相关的商品。该定义有如下特点:(1)两种定义的共同点是都强调商品价量正相关;不同点是,我们的定义不受其他条件不变的限制,从而包含了所有可能的吉芬商品;(2)本定义中的价是指商品的价格,本定义中的量是指可观察的成交量。我们将在第十一章讨论消费量和需求量之间的关系;(3)本定义与吉芬当年观察到的现象有内在一致性,毕竟长达四年的土豆价量齐涨过程,谁也无法证明其他商品的价格不变和个人可支配收入不变。

二、收入与替代效应

马歇尔解释吉芬观察到的土豆价量齐涨现象时,考虑了土豆和牛肉等食品价格的上涨会影响消费者的购买力,这一影响可用

---

① Hicks, J.R.1956.Revision of demand theory.Cambridge:Cambridge University Press.Milton Friedman,"The Marshallian DemandCurve",The Journal of Political Economy,Vol.57,No.6.(Dec.,1949),pp.463-495.

收入效应表征。马歇尔还考虑了消费者购买力下降时,不得不用土豆代替牛肉以满足刚性生存需要,土豆替代牛肉的行为可用替代效应来表述。但是,马歇尔并没有直接引入收入效应和替代效应的概念,真正引入收入和替代概念的是希克斯,他在消费者行为理论的分解中穿凿附会马歇尔有关吉芬商品的收入和替代的概念,人为地定义了收入效应和替代效应。但他所定义的收入效应和替代效应与马歇尔有关收入和替代的关系不仅没有内在的一致性,而且会出现完全相悖的结论。本节研究马歇尔和希克斯意义下的收入和替代效应,指出马歇尔和希克斯收入与替代效应的本质差别及对吉芬商品实证的误导。

1. 马歇尔意义下收入与替代效应的定义

马歇尔认为土豆价格上涨时会导致消费者的购买力下降,其实消费者购买任一种价格上涨的商品都会导致消费者的购买力下降;同时,消费者购买任一种价格下降的商品都会导致消费者的购买力上升。不失一般性,我们将收入效应定义为:一个商品的价格变化导致消费者购买力或相对收入变化的效应称为收入效应,价格上涨导致消费者购买力或相对收入减少的效应为负的收入效应;价格下降导致相对收入增加的效应为正的收入效应。可用公式表征收入效应:

$$收入效应 = -\Delta P \cdot (Q_0 + \Delta Q) \tag{9.1}$$

式中,ΔP 是商品价格发生变化时的价差,ΔP 可正可负。Q_0 是商品价格未变之前消费者购买商品的数量,ΔQ 为商品价格变化前后消费者购买商品数量的变化,ΔQ 可正可负。$-\Delta P Q_0$ 是商品价格变化时购买原有商品量产生的收入效应,$-\Delta P \Delta Q$ 是商品价格变化时购买新增商品量产生的收入效应,式中的负号表明,当商品涨价时，$\Delta P > 0$，此时收入效应为负；当商品降价时，$\Delta P < 0$，此时收入效应为正。

马歇尔对吉芬观察到的现象的解释是，由于收入受限制，消费者减少了对牛肉的消费，增加了对土豆消费。马歇尔的解释清晰明了，但远非严谨。在长达四年的土豆价量齐涨的过程中，消费者对土豆增加的预算当然可能来自于减少牛肉消费的预算，还可能来自于减少除牛肉之外的其他商品的预算，或有可能来自消费者过去的存款和直接来自于新增的绝对可支配收入。马歇尔忽略了其他因素，仅考虑土豆对牛肉的替代。从货币角度分析，土豆替代牛肉的实质是消费者减少了对牛肉的预算，并增加了对土豆的预算。可以从预算角度定义替代效应：一种商品的预算发生变化的效应称为替代效应，如预算增加，则称为正替代效应；如预算减少，则称负的替代效应。

我们所定义的替代是商品对货币的替代，而不是商品对商品的替代。由于货币充当一般等价物，就使得此商品和其他商品发生了间接的替代关系。如果能够证明吉芬当年所观察的土豆价量齐涨现象中，多买土豆的货币全部来自于少买牛肉的预算，就可以不用货币这个中介，直接称土豆替代了牛肉。本书定义的替代效应可以兼容土豆对牛肉的替代效应，因此更具一般性和严谨性。正是具有这种兼容性，我们将本书所定义的收入效应和替代效应称为马歇尔意义下的收入效应和替代效应，以区别希克斯分解中所定义的收入效应与替代效应。

也可以用公式表征替代效应，由于替代效应涉及到商品价格上涨或下跌，商品数量增加或减少的复杂情况，我们仅讨论消费商品价量齐涨的吉芬商品的替代效应公式。当物价上涨时，为保证

消费的商品数量 Q_0 不变,消费者必须新增一笔预算 ΔPQ_0,为保证新增商品的消费量 ΔQ ,消费者还必须新增另一笔预算 $(P_0 + \Delta P)\Delta Q$,因此,当商品价格上涨和商品消费数量增加时,新增预算或替代效应为:

$$替代效应 = \Delta P(Q_0 + \Delta Q) + P_0\Delta Q \qquad (9.2)$$

尽管替代效应的价量关系相当复杂,但我们从商品价量齐涨关系中得出的替代关系的公式(9.2)对其他价量关系同样成立。比如,当商品价格上涨且价量负相关时,有 $\Delta P > 0$ 和 $\Delta Q < 0$,式(9.2)第一项表示我们仅需为减少后的商品量提供商品涨价的新增预算,式(9.2)第二项表示,由于消费者减少商品消费量 ΔQ ,原用于 ΔQ 的预算可以减少 $P_0\Delta Q$ 。不难看出,在马歇尔意义下抽象出来的收入效应和替代效应有相同的货币量纲,都可用货币进行度量,均可在实证中予以定量的观测。

2. 马歇尔意义下收入效应与替代效应的关系

根据式(9.1)和式(9.2),收入效应和替代效应的一般关系是:

$$替代效应 = -收入效应 + P_0\Delta Q \qquad (9.3)$$

当商品是普通商品时,由于普通商品是指商品价格变化但需求量不变的商品,式(9.3)中 $\Delta Q \equiv 0$,即普通商品的收入与替代效应负相关,并且在绝对值意义上相等。当商品是价量负相关的商品时,商品价格上涨,收入效应为负,式(9.3)中右边第一项为正。商品的需求量减少, ΔQ 为负,这意味着式(9.3)中的右边第二项为负。同理,当商品降价时,收入效用为正,式(9.3)第一项为负, ΔQ 应为正,这意味着式(9.3)右边第二项为正。上述分析表明,尽管可以依据式(9.3)精确计算收入和替代效应,但不论商品的价格是上涨还是下跌,式(9.3)右边两项的正负号正好相反,从而无法确定价量负相关商品收入效应与替代效应之间的定性关系。当商品是吉芬商品时,商品涨价的收入效应为负,式(9.3)第一项为正。吉芬商品价量正相关,式(9.3)第二项也为正;当商品跌价时,商品的收入效应为正,式(9.3)第一项为负。同时,由于吉芬商品的需求量随价格的下跌减少,式(9.3)第二项也为负;由此,我们得到马歇尔意义下吉芬商品收入和替代效应的定量和定性结论:吉芬商品的收入效应和替代效应负相关,并且,替代效应的绝对值大于收入效应的绝对值。

3. 马歇尔收入替代效应与吉芬商品的定义

如果某商品的收入效应为负,根据收入效应的定义,该商品价格上涨。由于收入效应和替代效应负相关,替代效应为正,这表明有新的预算进入该商品的消费。由于替代效应大于收入效应,这意味着新增预算不仅可以保持原商品消费量不变,还可以新增商品消费量,由此得到当收入效应为负,替代效应为正,且替代效应大于收入效应绝对值时,该商品价量齐涨。反之如本节前所述,价量齐涨的吉芬商品必定是收入效应与替代效应负相关,替代效应大于收入效应的商品。同理可证,价量齐跌的吉芬商品定义与收入效应为正,替代效应为负和替代效应绝对值大于收入效应的结论是等价命题。由此得到一个有意思的结论:价量正相关的吉芬商品定义也可表述为收入与替代效应负相关,且在绝对值意义上,替代效应大于收入效应的商品。很明显,价量正相关的吉芬商品定义远比收入替代效应负相关,且替代效应大于收入效应的吉芬商品定义来得简单、清晰和易于观测,在这个意义上,吉芬商品的收入效应和替代效应的概念完全是两个多余的概念。我们之所以颇费周折地从马歇尔对吉芬商品的解释中引入这两个多余的概

念,是为了比较研究消费者行为理论中希克斯分解引入的收入效
应和替代效应。

4.希克斯分解下吉芬商品的收入与替代效应

根据我们对吉芬商品的定义,消费者行为理论中的其他条件
不变下的非正常商品都是吉芬商品。这一结论根本用不上效用函
数、无差异曲线和效用最大化约束,更用不上所谓希克斯分解下的
收入与替代效应。但是,为了理解希克斯分解下的收入与替代效
应对吉芬商品实证的不良影响,我们不得不研究希克斯分解。为
了透彻理解希克斯分解,我们采用图形分解的方式学习并不复杂
的希克斯分解:

根据消费者行为理论,当预算约束线确定后,在其他条件不变
的约束下求主观效用最大化,就是要求无差异曲线与预算约束线

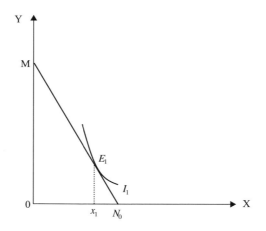

图9.1 预算约束下的主观偏好最大化

相切。如图9.1所示,MN_0 是预算约束线,I_1 是与 MN_0 相切的无差

异曲线。当 X 商品降价时,由于讨论非正常商品或其他条件不变下的吉芬商品,我们只能在图 8.10 中选取无差异曲线 I_4,其结果

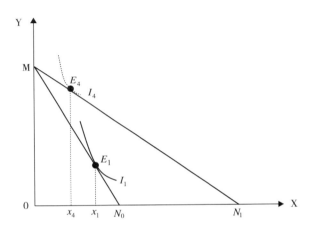

图 9.2　商品降价后的主观偏好极大化

如图 9.2 所示,可能是认为将前提和结论等同起来的循环证明太过无趣,也可能是为了与马歇尔关于吉芬商品收入和替代的有关观点保持某种程度的一致,希克斯在不改变非正常商品是吉芬商品的循环论证性质的前提下引进了希克斯分解,分解的对象是预算约束线,分解的思路是将 X 商品降价时,MN_0 以 M 点为原点向右上旋转至 MN_1 的过程分解为两个过程,分解过程如图 9.3 所示。第一个过程是将 MN_0 旋转至虚拟的预算约束线 CD,第二个过程是将 CD 平移至 MN_1。CD 有如下性质:(1)由于 CD 和 MN_1 平行,CD 所对应的两商品价格与 MN_1 所对应的两商品价格相同;(2)由于 CD 可看成是 MN_1 向左下的平移线,根据预算约束线向左下平移意味着绝对收入减少,CD 所对应的可支配收入比 MN_1 所对应

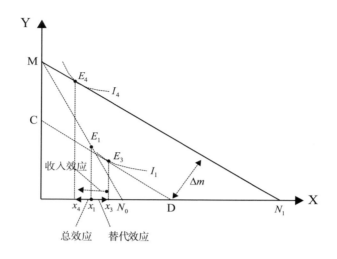

图 9.3　希克斯分解

的可支配收入减少 $\triangle m$ 。$\triangle m$ 不是一个确定的值,而是一个可调节的值,调节的标准就是让 CD 与 I_1 相切。在图 9.3 中,CD 与无差异曲线 I_1 相切于 E_3 点。（3）CD 没有 MN_0 陡峭,而无差异曲线上部陡峭,下部平坦,因此,CD 只能与 I_1 切于 E_1 点的右边,这意味着 CD 与 I_1 切点 E_3 商品组合中的 X 商品数量要大于 MN_0 与 I_1 切点 E_1 商品组合中的 X 商品的数量,即 $x_3 > x_1$。

希克斯将 MN_1 与无差异曲线 I_4 相切点商品组合中 X 商品的数量减去 CD 与 I_1 相切点商品组合中的 X 商品数量的差值定义为收入效应,即收入效应 $= x_4 - x_3$。注意到非正常商品降价时,非正常商品的需求量必定减少,E_4 点应在 E_1 点左边,而 E_3 在 E_1 的右边,由希克斯定义的收入效应为负数,这与马歇尔意义下商品降价导致的收入效应为正的结论正好相反。

希克斯将 CD 与 I_1 切点商品组合中 X 商品的数量与 MN_0 和 I_1

切点商品组合中 X 商品数量之差定义为替代效应，即替代效应 $= x_3 - x_1$。注意到 E_3 在 E_1 的右边，x_1 小于 x_3，由希克斯分解所定义的替代效应为正值。从图 9.3 中不难看出，当非正常商品降价时，希克斯的收入效应的绝对值大于替代效应，两者之和被希克斯分解定义为总效应。

5. 希克斯与马歇尔的收入与替代效应

希克斯分解下的收入效应和替代效应与虚拟的预算约束线 CD 和虚拟的 E_3 商品组合有关。由于消费者并没有在市场上真正购买 E_3 商品组合，因此，由希克斯分解所定义的收入与替代效应在现实生活中不存在，是一组不可观测的效应。由希克斯分解得到的关于希克斯分解下收入与替代效应的关系和理论结论，不能也不可能用于实证。

希克斯的收入效应与虚拟的绝对收入 $\triangle m$ 有关，将 $x_4 - x_3$ 定义为收入效应有其合理性；注意到 E_1 和 E_3 在同一条无差异曲线上，希克斯的替代效应与等效用商品组合的替代有关，将 $x_3 - x_1$ 定义为替代效应也符合逻辑。如果用马歇尔意义下的收入效应和替代效应分析希克斯分解下的收入效应和替代效应，就会发现希克斯分解下的收入效应含有马歇尔意义下的替代效应，希克斯分解下的替代效应含有马歇尔意义下的收入效应。事实上，与收入效应有关的 E_3 和 E_4 商品组合中，E_3 对应更低的绝对收入和更多的 X 商品数量，这意味着 E_4 商品组合中，不仅 X 商品数量比 E_3 组合中的商品数量少，而且，在全部可支配收入都要转换成商品的假定条件下，E_4 组合的 Y 商品数量要大于 E_3 组合中的 Y 商品数量，因此，E_4 和 E_3 两商品组合中 X 商品和 Y 商品的数量不相同，这意味着 E_4 和 E_3 商品组合之间发生了马歇尔意义下的替代效应。再观察希克斯分解下的替代效应,它与商品组合 E_1 和 E_3 有关。由于 CD 和 MN_0 是旋转关系,CD 和 MN_0 对应的两商品价格已发生变化,我们无法直接判断 CD 比 MN_0 的相对收入是否低。由于两者不是平移关系,我们也无法直接判断 CD 比 MN_0 的绝对收入是否高。但是, E_3 组合对应的 X 商品数量要大于 E_1 商品组合中 X 商品的数量,注意到 X 商品是非正常商品,根据非正常商品的定义, E_3 组合比 E_1 组合有更高的收入效应,这表明与希克斯分解意义下的替代效应有关的 E_3 和 E_1 商品组合之间发生了马歇尔意义下的收入效应。因此,尽管马歇尔和希克斯意义下的收入和替代效应都与消费者的收入和商品替代发生了联系,但马歇尔意义下的收入效应和替代效应与希克斯分解下的收入和替代效应没有必然的内在联系。

马歇尔意义的收入和替代关系认为,吉芬商品的替代效应的绝对值大于收入效应的绝对值;希克斯分解下的收入和替代效应认为,吉芬商品收入效应的绝对值大于替代效应,马歇尔意义下和希克斯分解下关于吉芬商品的收入和替代效应关系的结论完全相悖。由于主流经济学家不理解两种不同的收入效应和替代效应的定义差别,在理论上坚持用希克斯分解下关于吉芬商品收入效应绝对值大于替代效应的结论,在实证中获取的数据只能是马歇尔意义下的收入效应和替代效应的数据,实证结果无法通过希克斯分解下关于吉芬商品收入效应绝对值大于替代效应的检验,于是经济学家居然找不到现实生活中层出不穷的吉芬商品。

读者不要以为我们危言耸听,经济学界对吉芬商品是否存在一直存有争议。比较早期的文献有乔治·斯蒂格勒(George Joseph

Stigler)关于英国小麦商品的实证研究。在 1947 年发表的题为《对于吉芬悖论历史的说明》文章中,他搜集了 1889—1904 年间英国市场上的小麦价格与销量情况,调查了当时英国基层工人的收入与食品消费情况。尽管他发现了小麦食品在工人家庭消费组成中的不可替代性,但并没有找到使其成为吉芬商品的证据。[①] 1977 年,罗格·科恩克(Roger.Koenker)发表的题为《面包是吉芬商品吗? 19 世纪前的英国食品需求调查》的论文中依然没有发现作为重要食物的面包是吉芬商品的有力证据。[②] 杰拉德·戴尔(Gerald P.Dwyer)和卡顿·林西(Cotton M.Lindsey) 于 1984 年发表了学术报告《罗伯特·吉芬与爱尔兰土豆》。在文中,两位作者对比了 1845—1849 年间爱尔兰土豆市场的价格和销售情况,发现土豆的需求价格弹性与经典理论相背离,从而推断爱尔兰的土豆应是吉芬商品。但约翰·纳克巴(John H.Nachbar)教授在其 1996 发表题为《关于吉芬商品的最终观点?》(The Last Word on Giffen Goods?)一文中认为戴尔和林西的实证存在着漏洞,关于爱尔兰土豆的吉芬现象实证不成立。斯尔文·罗森(Sherwin.Rosen)在 1999 年发表的《土豆悖论》(Potato Paradoxes)一文中表达了类似的观点。[③]

　　由于采用希克斯关于收入效应大于替代效应的判据,在实证中无法发现吉芬商品,不少学者甚至怀疑吉芬曾观察到他所说的

――――――――――

　　① 　George J.Stigler,"Notes on the History of the GiffenParadox",The Journal of Political Economy,Vol.56,No.1.Feb.,1948.

　　② 　Roger.Koenker,"Was Bread Giffen? The Deman for Food in England Circa 1790",The Review of Economics and Statistics,Vol.59.

　　③ 　Sherwin Rosen.,The Journal of Political Economy,Vol.107,No.6,Part 2:Symposium on the Economic Analysis of Social Behavior in Honor of Gary S.Becker(Dec.,1999),pp.S294-S313.

土豆价格和需求量齐涨的现象。乔治·斯蒂格勒(George Stigler, 1947)指出吉芬本人没有发表任何关于此现象的文章,最早提及并分析此现象的马歇尔(Marshall,1895)也没有直接观察到大饥荒期间土豆价量齐涨的现象。土豆价量齐涨的说法来自于马歇尔对吉芬童年时期观察的转述。[1] Terrence McDonough 和 Joseph Eisenhauer(1995)认为吉芬很可能对他童年时期的观察存在错误的解读,他所观察到的现象不可能是社会全体居民的整体行为。[2] Dwyer 和 Lindsay(1984)认为爱尔兰的土豆悖论不可能成立。[3] Hicks(1956)认为吉芬商品仅有理论上存在的可能性,在实际中生活中,因为一种商品的支出份额相对于总支出来说很小,收入效应一般也比较小,以至于可以忽略不计。[4] 米尔顿·弗里德曼(M. Friedman,1949)认为从社会整体来看,货币购买力和实质收入保持不变,价格的收入效应几乎为零,从一般均衡的角度出发,不可能出现吉芬商品。[5]

　　迄今,经济学界并没有停止对吉芬商品的研究,经济学家或

---

　　[1]　马歇尔生于 1842 年,吉芬生于 1837 年,在 1845 年爱尔兰大饥荒爆发时他们一个 3 岁一个 8 岁,有资料显示马歇尔与吉芬都曾在政府部门任职,1890 年吉芬曾向中年的马歇尔报告了他童年时期的观察。

　　[2]　Terrence McDonough and Joseph Eisenhauer,"Sir Robert Giffen and the Great Potato Famine: A Discussion of the Role of a Legend in Neoclassical Economics", Journal of Economic Issues, Vol.29, No.3(Sep., 1995), pp.747-759.

　　[3]　Dwyer, G.P., and C.M.Lindsay(1984)"Robert Giffen and the Irish potato". American Economic Review 74, 188-192.

　　[4]　Hicks, J.R.1956.Revision of demand theory.Cambridge: Cambridge University Press.

　　[5]　Milton Friedman, "The Marshallian DemandCurve", The Journal of Political Economy, Vol.57, No.6.(Dec., 1949), pp.463-495.

进行新的理论研究,或对其他商品进行吉芬商品特性的实证研究。如 Wold 和 Jureen（1953）,Vandermeulen（1972）,Spiegel（1994）,Weber（1997b,2001）,Butler 和 Moffatt（2000）等试图通过构造特定的效用函数或无差异曲线从理论上来证明吉芬商品的存在。Lipsey 和 Rosenbluth（1971）认为吉芬情形（Giffen case）虽然比较罕见,但从理论上不能完全否定。同时,他们指出希克斯、兰卡斯特等人建立的一个不可能出现吉芬商品的理论假定存有缺陷。[1] Gilley 和 Karels（1991）认为考虑到消费者的收入约束和其他理性约束条件时,可以理解吉芬商品行为。[2] Leibhafsky（1969）导出了构造劣等商品的效用函数。[3] Vandermeulen（1972）构造出复杂而难以处理的导致吉芬商品的效用函数。[4] Uriel Spiegel（1994,p143）通过设定特殊的效用函数试图使我们进一步理解吉芬现象产生的原因。[5] Moffatt（2002）通过构造一簇满足消费者理论所有公理的非递减和全局拟凹效用函数推导出了吉芬特性。[6] 上述理论都基于以下假设:

①　Lipsey,R.G.,and G.Rosenbluth（1971）"A contribution to the new theory of demand:a rehabilitation of the Giffen good."The Canadian Journal of Economics.Vol.4,No.2（May,1971）,pp.131−163.

②　Gilley,Otis W.,and Gordon V. Karels. "In Search of Giffen Behavior."Economic Inquiry 29（January 1991）:182−189.

③　Liebhafsky, H. H. 1969. "New thoughts about inferior goods."American Economic Review 59（December）:931−934.

④　Vandermeulen,D.C.1972."Upward sloping demand curves without the Giffen paradox."American Economic Review 62（June）:453−458.

⑤　Spiegel,U.1994.The case of a "Giffen good."Journal of Economic Education 25（Spring）:137−148.

⑥　Peter G.Moffatt," Is Giffen behavior compatible with the axioms of consumer theory?"Journal of Mathematical Economics 37（2002）259−267.

在收入有限的约束条件下追求效用最大化,并对需求量的变动进行希克斯(J.R.Hicks)或斯勒茨基(E.E.Slutsky)分解,进而构造出吉芬商品,但从逻辑上无法保证吉芬商品必然存在。

近年来不少学者通过实证研究吉芬商品。Stiter et al.(1983)在对吸毒者行为的研究中发现毒品上瘾者在对海洛因和美沙酮的选择中遵循着既定预算下的最小兴奋水平行为,他们的实证暗示了类吉芬行为(Giffen-like behavior)的存在。[1] Bopp(1983)通过对1967—1976年大西洋沿岸各州采暖时期领取各类生活补贴人们的煤油消费量的实证研究,发现煤油是一种吉芬商品。[2] John-Ren.Chen(1994)通过考察中国台湾土地改革对水稻行业和经济发展影响的实证研究,发现大米在中国台湾市场上存在着正需求价格弹性。[3] Baruch 和 Yakar(2001)宣称他们在日本发现的一种低档烧酒(Shochu)属于吉芬商品。[4] 最新的有关吉芬商品的实证报告来自中国。2008 年罗伯特·简森(Robert T.Jensen)和诺兰·米勒(Nolan H.Miller)发表了名为《吉芬行为和生计消费》(Giffen Behavior and Subsistence Consumption) 的文章。[5] 作者通过调查

---

①　Stitzer, M. L., M. E. McCaul, G. E. Bigelow, and I. A. Liebson. 1983. Oral methadone self-administration:Effects of dose and alternative reinforcers.C linical Pharmacology and Therapeutics 34(July):29-35.

②　Bopp, A.E.(1983) "The demand for kerosene:a modem Giffen good".Applied Economics 15,459-467.

③　John-Ren. Chen, "The Effects of Land Reform on the Rice Sector and Economic Development in Taiwan", World Development.Vol.22.

④　Shmuel.Baruch and Kannai.Yakar, "Inferior Goods, Giffen Goods, and Shochu", Economic Essays, A Festschrift for Werner Hildenbrand.

⑤　Robert T.Jensen and Nolan H.Miller, "Giffen Behaviour and Subsistence Consumption", American Economic Review.Vol.98.

中国湖南和甘肃两个省份极为贫穷家庭的粮食消费情况,提供了在现实生活中直接采样的吉芬行为实证报告。作者还指出,吉芬现象应该在经济学理论中享有重要地位,而传统经济学理论中的消费行为似乎过于简单化。

综上所述,100多年来,关于吉芬商品的理论和实证研究一直存有较大的争议。究其原因,这些研究都秉承马歇尔解释吉芬商品的两个基本原则:(1)只从不可替代的劣等品中寻找吉芬商品;(2)坚持低收入的刚性约束是导致吉芬商品产生的根本原因。同时,这些研究又坚持希克斯关于吉芬商品收入效应绝对值大于替代效应的判据,并混淆马歇尔意义下和希克斯分解下两种效应的概念,比如,米尔顿·弗里德曼和希克斯等学者谈收入时,明显是指马歇尔意义下的收入,而不是希克斯分解下虚拟增加的绝对收入 $\triangle m$。在马歇尔和希克斯关于收入效应和替代效应的双重约束下,吉芬商品就成为此物只应天上有,世间能得几回见的奇葩。

尽管马歇尔意义下和希克斯分解意义下的收入效应和替代效应的定义和结论在各自的理论体系下都具有内在的一致性,但鉴于:(1)希克斯分解对消费者行为理论的研究没有实质性帮助;(2)希克斯分解下的收入与替代效应不可观察,并且与马歇尔意义下可观测的收入和替代关系的结论完全相反,从而将吉芬商品的理论与实证研究引入歧途;(3)马歇尔意义下关于收入效应和替代效应负相关,替代效应绝对值大于收入效应绝对值的结论与吉芬商品是价量正相关商品的定义是等价命题,没有特殊的理由,本书不再讨论收入效用和替代效应的概念和相关问题。

三、常见的吉芬商品现象

放弃了收入效应和替代效应约束的吉芬商品是价量正相关的商品,在此定义下,新古典经济学家苦苦寻觅而不得一见的神秘吉芬商品完全打开了其神秘的面纱。吉芬商品的本质特征是商品非负的价格弹性,根据这一特征,我们甚至可以在更广泛的意义将价格弹性非负的商品定义为吉芬商品。如果将价格弹性非负的商品定义为吉芬商品,不仅本书第八章定义的普通商品成为了吉芬商品,垄断市场的商品和受到价格歧视的商品同样是吉芬商品。我们可以依据商品价格的弹性将吉芬商品进行分类,这里的分类不是指依一个标准的完全分类,而是指各种可能出现的吉芬商品:

1. 受可支配收入约束的劣等品,这是吉芬当年观察到的吉芬商品,也是西方主流经济学讨论最充分的一类吉芬商品。

2. 家庭日用品和食品。在家庭收入和偏好没有发生明显变化时,这类商品每月或每周的需求量基本保持稳定,价格的波动不会对每月或每周的需求量造成影响,它们的价格弹性可以忽略不计,这类商品是我们常见的吉芬商品。

3. 家具、彩电、冰箱类的耐用消费品。这类商品的需求特点是,一旦拥有这类商品后,尽管商品的价格可能发生变化,甚至会发生较大的变化,但在相当长的时间区间内家庭需求量不会发生变化,这类商品的价格弹性同样可忽略不计。从个人消费者角度观察,此类商品是吉芬商品。

4. 人生仅需一次性消费的商品和服务。典型的例子如上大学的学费和购买的教材。大学毕业后,可能还需要终生学习,但人生仅需为上大学交一次学费和购买一次教材。毕业后,不论学费是否上涨,也不论教材是否跌价,作为已大学毕业的消费者关于大学学费和大学教材的需求完全没有了价格弹性,因此,此类商品也是个人吉芬商品。

5. 升级换代快的吉芬商品,典型的例子是手机,尽管手机降价速度相当快,当一个消费者拥有一部某一型号手机后,不会因为降价再多买几部同型号手机供自己使用。更常见的选择是,消费者会用更昂贵的价格购买升级换代的手机,并为此乐此不疲。从消费者角度分析,升级换代快的产品不具有价格弹性。

6. 被迫消费的吉芬商品,典型的商品是药品。身体出了问题,会被迫使用药品,甚至在必要时动手术。但没有消费者会因为药品价格下跌而多服药,也没有患者会因为手术费用下降而多动几次手术。因此,药品和手术不具有价格弹性。

7. 成本推动型吉芬商品。最典型的商品是石油。近百年来,石油从地球表层开采进入深层开采,甚至进入深海开采,开采的难度越来越大,开采的成本越来越高,但社会的需求量一直呈增长趋势。不考虑短期石油价量的波动关系,从长期来看,石油一定是成本推动下价量齐涨的社会吉芬商品。

8. 正常商品往往是吉芬商品。消费者行为理论在个人可支配收入不变和其他商品价格不变的比较静态条件下,证明了正常商品的需求曲线向右下倾斜。具有讽刺意味的是,当一个国家在高速发展时,全社会人均收入不断提高,几乎所有对正常商品没有足够消费能力消费的消费者都提高了对正常商品消费能力,从而都增加了对正常商品的需求。如果供给无法跟上需求增长的步伐,或者由于成本推动的作用,这些正常商品往往会呈现价量齐涨的长期趋势。最典型的商品是中国的猪肉,不考虑猪肉价量短期的波动,改革开放 30 余年来,猪肉价格上涨 10 多倍,而猪肉的年消费量复合增长率为 4.9%。从长期角度观察,作为正常商品的猪肉,是在成本和供求失衡双重推动下的吉芬商品。

9. 垄断企业的产品是吉芬商品。垄断企业的垄断地位导致消费者对垄断企业产品的价格没有理性的抗争权,没有其他企业的竞争,没有其他产品的替代,独此一家别无分店,商品的定价权完全归垄断企业,这样的商品不大可能有价格弹性。

10. 奢侈品常常是吉芬商品。奢侈品的消费心态是不买对的,只买贵的。奢侈品如果降价(不是指节假日的价格打折活动,而是指长期不断降价)不仅不会带来较大的社会需求量,反而会使消费者不承认其奢侈品的地位。一个典型案例是派克钢笔和万宝龙钢笔。历史上两个品牌的钢笔是并驾齐驱的笔类奢侈品。派克笔为了扩大需求量,不仅生产高端的奢侈品,而且开始生产中低端的普通笔。派克笔的这一决策一方面导致派克笔被清除出奢侈品的行业,另一方面,价格并不低廉的中低端派克笔也无法占有较大的市场份额。对奢侈品而言,商品价格没有最高,只有更高,但不断提高的商品价格,并没有使奢侈品的需求量下降,反而使奢侈品的需求量上涨,奢侈品是因为炫富或显示身份带来的吉芬商品。

11. 投资品往往是买涨不买跌的吉芬商品。最典型的例子莫过于股票。在牛市,股票价量齐飞;在熊市,股票价量齐跌。消费者购买投资品目的是在未来获取投资收益,如果买下的投资品价格一路下跌,消费者收获的不是收益而是失望。不仅仅是股票,而是所有投资品在价格下跌期都成交惨淡,而在价格上涨期,很少有投资者会考虑泡沫的破裂,而是一路追涨,唯恐失去一次发财的机会。投资获利的理性动机导致投资品成为吉芬商品。

12. 预期类吉芬商品。一种商品降价,虽然不一定会使每一个消费者都增加消费量,但一般情况下确实会使社会需求量增加。但是,如果社会预期这种商品还会继续降价,则商品的降价不仅不会使社会需求量增加,反而会使社会需求量减少。同理,社会预期商品会持续涨价时,商品涨价也不会使社会需求量减少。因此,社会对价格的预期会产生预期类吉芬商品。投资品是预期类吉芬商品,我们之所以将投资品专门列为一种吉芬商品,是因为西方主流经济学家已把商品的概念偷换成消费类商品的概念,他们不承认投资品的商品地位。我们认为消费类商品和投资类商品都是商品,他们的差别在于消费者的用途不同。其实,在消费类商品中,商品的用途也不相同,因此不能将用于投资目的的商品摒弃在商品范畴之外。

13. 宏观类吉芬商品。导致通货膨胀和通货紧缩的原因有两个,一是供方原因,一是需方原因。供方增长率小于需方增长率导致的通货膨胀就是价量齐涨的宏观吉芬商品现象;当需方出现负增长时就会出现通货紧缩,通货紧缩是价量齐跌的吉芬商品现象。当供给方出现负增长但需求不变时也会出现通货膨胀现象。虽然由供方减少供给导致的通货膨胀现象不是价量齐涨的宏观吉芬商品现象,但往往会出现局部时间段的价量齐涨宏观吉芬商品现象。比如,吉芬当年观察到土豆减产导致的价量齐涨现象就是总供给减少导致的价量齐涨的现象,并成为首次观察到的价量齐涨吉芬商品现象。

上述讨论的各种吉芬商品的共同特征是商品价格失去了弹性。我们不可能对如此丰富多彩的吉芬商品视为不见、听而不闻,并坚称这些吉芬商品现象非常罕见,是可以忽略不考虑的商品特例,不可能还梦呓般地坚持存在一条普适向右下倾斜的需求曲线,需求的变化可以调节价格,市场是万能的无形之手。不可能不去探索吉芬商品形成的原因,并给出远比马歇尔关于吉芬商品解释更深刻更一般化的理论解释。

四、吉芬商品的普适理论

面对如此丰富多彩、生动活泼的吉芬商品,现有的吉芬商品理论显得十分苍白无力。马歇尔虽然解释了当食品价格普遍上涨,但个人可支配收入没有随之同步上涨的条件下,消费者为了获得生存所需的热量,不得不放弃消费更为偏好的牛肉,不得不增加对土豆的消费,使土豆成为价量齐涨的吉芬商品现象,但马歇尔的理论无法解释价量齐跌的吉芬商品。消费者行为理论虽然在其他条件不变的约束下,用劣等品的概念解释了价量齐跌的吉芬商品现象,但消费者行为理论无法解释个人可支配收入和其他商品价格都可以发生变化条件下的价量齐跌的吉芬商品现象。尤其重要的是,不论是马歇尔的理论还是消费者行为理论都无法解释在正常市场环境条件下任意商品都可能成为吉芬商品的现象。因此,为了深入研究吉芬商品,我们必须寻求更普适的吉芬商品理论,这样的理论不仅要求兼容马歇尔和消费者行为理论对某些吉芬商品现象的解释,还能对各式各样的吉芬商品现象给出统一的解释。有意思的是,尽管吉芬商品现象丰富多彩,但兼容马歇尔吉芬商品理论和消费者行为理论中的吉芬商品理论的普适吉芬商品理论其实非常简单:(1)吉芬商品存在的必要条件是企业分批向市场提供商品;(2)吉芬商品存在的充分条件是,在一个较长的时间区间内,商品的供求关系失衡。本节将在理性人公理下研究产生吉芬商品的充分必要条件。

1. 静态的需求公理与商品拍卖模式

消费者行为理论试图在静态或比较静态条件下证明存在一条向右下倾斜的需求曲线。为了证明静态需求定律,该理论费尽周折,如要求可支配收入不变和其他商品价格不变,要求消费者给出静态的商品主观效用等等。遗憾的是该理论它对静态的需求定律的证明是前提和结论完全相同的循环论证,同时,它还证明了存在向右上倾斜需求曲线的吉芬商品,因此,消费者行为理论并没有证明静态需求定律。其实,在静态条件下,需求定律是公理,而吉芬商品是考虑时间因素才可能出现的商品。

物理学家有一个强大的实验手段,这个实验手段就是所谓思想实验或逻辑实验。在经济学的研究中,可以借助思想实验证明一些命题。著名经济学家凯恩斯也认为可以将思想实验用于经济学研究。现借助思想实验证明消费者个人静态需求定律:在真实市场条件下,不考虑价格歧视,一件商品不可能同时有两个市场价格。即使考虑价格歧视,对同一个消费者不可能同时两个商品价格,因此,在市场条件下价格变化必定与时间变化有关。我们所做的思想实验是假定在静态条件下,一个商品有两种价格。在此条件下考察消费者的消费行为,从而得到静态需求定律的有关信息。思想实验并不完全是虚拟实验,在思想实验中,除了某一个变量是假定变量外,其他条件与真实条件完全一致。在静态需求定律的思想实验中,除了假定一个商品有两个商品价格之外,其余假定条件与真实市场条件完全相同。比如,我们所称的静态是指真实市场的任一时刻,在该时刻,其他商品价格不可能发生变化,个人可支配收入不可能发生变化,消费者对商品的偏好不可能发生变化,消费者的客观需求也不可能发生变化等等,在这一思想实验中,我们"控制"了其他变量不变,影响消费者选择的唯一因素是虚拟的商品价格。在静态思想试验中,消费者的可能选择有:(1)两个价格下需求量都为零,这意味着消费者对该商品没有消费欲望;(2)高价格对应的需求量为零,但低价格的需求不为零,这表明高价格超过了消费者愿意为此商品支付的最高价格,即超过了保留价格;(3)高价格的需求量比低价格的需求量少,这表明该商品具有价格弹性;(4)两价格的需求量相等,这表明消费者对此商品价格弹性为零;(5)低价格的需求量少,高价格的需求量大。毫无疑问,如果没有其他约束条件,理性消费者不可能选择(5)。该思想实验得出的结论是,在理性人假设下消费者个人静态需求曲线不会向右上倾斜。全社会加总,只要有一个消费者选择(2)或(3),则总需求曲线就会向右下倾斜。因此,静态需求定律是理性人公理下的全称判断,是理性人公理下的推论。

不熟悉物理学的读者可能对思想实验感到难以理解。思想实验的本质是当现实实验无法控制时,借用逻辑的力量。熟悉西方微观经济学的读者应当清楚,消费者行为理论是比较静态理论,该理论不考虑时间变量,并假定个人可支配收入和其他商品价格不变,假定主观效用与商品价格和可支配收入无关,这些假定与我们的思想实验的条件如出一辙。差别在于:(1)西方微观经济学将其他条件不变作为比较静态理论的假定条件,我们的思想实验将这些假定条件作为静态条件的必然推论;(2)西方微观经济学在这些假定条件下试图证明需求定律,还不伦不类地弄出一个吉芬反例。而我们的思想实验证明需求定律是公理,在静态或比较静态条件下,根本没有吉芬商品生存的空间。

使西方主流经济学家相信需求定律普适性的原因之一是西方主流经济学家认为市场中企业与消费者的博弈行为与商品的拍卖方式类似,其具体做法是由企业家或商品提供者将商品公示,并在公示后的某一个时刻,让想获得这批商品的消费者竞价,出价最高的消费者可以获得此批商品。由于商品拍卖是在某个时刻完成的商品交易行为,该行为完全符合静态需求定律。在拍卖模式下,不可能出现吉芬商品。

传统的交易模式不是拍卖模式,而是企业分批向市场提供商品,消费者分批从市场购商品。分批供应商品与拍卖模式的差异在于:拍卖模式是在给定商品数量的前提下在静态需求曲线上寻找最高的价,让保留价格高的消费者得到这些商品。一旦拍卖成功,商品的价和量就完全确定。由于在一次拍卖会中,不可能邀请所有的消费者参会,拍卖会所依据的静态需求曲线并不是社会的静态需求曲线,而是参加拍卖会的全体消费者所形成的社会静态需求曲线。一般商品的销售模式是在给定价格的前提下,依据社会总需求曲线寻求最大的需求量。在这一过程中,商品的价格可能波动;由于竞争,市场可能出现比原产品性能价格比更高的新产品;从消费者角度,消费者可能会放弃对原产品的部分静态需求;从企业角度,原产品可能还有一些需求,但单件产品利润太少,或者需求规模太少,企业可能放弃供给原产品,转而生产性能价格比更高,社会需求规模更大的新产品。这意味着一般商品的销售模式价量都具有不确定性。因此,不能将商品的拍卖模式作为静态总需求和总供给总能出清的实证依据。不论是企业家还是消费者,接受的销售模式的主旋律是分批销售模式,拍卖模式充其量是主旋律下的小插曲。小插曲虽然美丽,但改变不了交响乐的主旋律。一个稍有音乐素养的听众,不可能在关注美丽的小插曲时,忘记聆听交响乐的主旋律。

2. 吉芬商品存在的必要条件

静态需求定律是理性人公理下的推论,如果企业家一次性向社会提供某价格下的社会总需求量,消费者一次性地购买此商品,此时商品的价量关系完全符合静态的需求曲线,也完全符合商品供求的拍卖模式,在静态条件下,吉芬商品没有生存空间,在拍卖模式下,同样没有吉芬商品的生存空间。遗憾的是,除了拍卖模式这种特殊模式之外,一般情况下,企业家不可能一次性向社会提供某价格下的社会总需求量,而是采用分批供应商品的方式,理由如下:

(1)企业清楚已完成的商品销售量,但无法确定未来商品的销售量,这意味着企业根本不清楚商品在某价格下的需求量,当然也就不可能一次性向社会提供某价格下与社会总需求量相等的商品量。除了少数已完成且不再生产的产品(如古董、艺术品和债权债务形成的司法强制执行的抵押品等等)可以采取拍卖模式外,其他商品不能采用拍卖方式销售,企业家只能向市场分批推出产品。

(2)即使企业家了解某价格下商品的社会总需求量,企业家也很难一次性向社会提供与总需求量相等的商品,这是因为:1)受企业投资能力和生产规模限制,企业只能分批生产社会需求的商品;2)如果企业有能力投资足够的厂房、设备和招聘所需工人,则为该产品投资的专有设备和人员培训的成本,都必须一次性摊销在商品成本中,这使得商品价格昂贵。如果企业分批次生产商品,设备和人员可多次重复使用,专有设备的折旧和人员培训的费用可以批次摊分,这就会降低商品的成本和价格;3)如果企业总是一次性向市场提供与社会总需求量相等的商品,企业生产完一种商品后必须马上寻找新的可生产商品,并为此投入新的研发资金和购买新的专有设备,同时还要重新培训工人。在这种状况下,企业的可持续性发展和生存都会受到极大的挑战。

(3)注意到消费者的可支配收入和需求都可能是时间的函数,即使企业一次性向市场推出社会总需求的商品,消费者也不一定会一次性购买此商品,这意味着消费者也要求企业分批供应商品。不少商品有保质期,商品的质量保证要求企业不仅要分批供应商品,还要定期销毁已过保质期的商品,即产品质量的存续期要求企业分批供应商品。

商品分批供应是一个几乎不证自明的事实,但就是这一个人所周知的事实,将爆发出革命性的惊人力量。正是这个不起眼的事实,使得吉芬商品赖以生存;正是这个不起眼的事实,将马歇尔均衡价格拉下神殿;正是这个不起眼的事实,将神奇的市场无形之手从无所不能的上帝之手贬回凡尘。它所过之处,新古典力量建立的富丽堂皇的宫殿将变成断瓦残垣,马歇尔构造起来的西方微观经济学的精密的均衡体系会被毫不留情地砸成废渣,消费者行为理论、供给需求理论和厂商理论将被它扔进历史的垃圾箱。

3. 吉芬商品存在的充分条件

分批供应并不一定导致吉芬商品产生,只有当分批供应量与分批需求量不均衡时才会产生吉芬商品。当企业家以成本加成的定价方式向市场推出第一批商品时,如果接受此价格并希望尽快获得此商品的消费者的需求量大于第一批供应的商品量,理性的企业家会在第二批商品供应时想法增产提价。如果价量齐涨的第二批商品还是不能满足消费者需求,企业家会向市场提供数量更多的第三批产品,并有可能依据亚当·斯密发现的理性人公理再次提价。吉芬商品形成的原因是新古典经济学早已发现的供求关系矛盾。只不过新古典经济学用供求关系寻求均衡,而我们在考虑商品分批供应的事实后,用供求关系讨论可能存在的不均衡。均衡的供求关系导致均衡的价格,从而为万能的无形之手铺平道路,不均衡的供求关系导致不均衡的价格,从而为吉芬商品寻求到生存的空间。

4. 马歇尔需求定律下的吉芬商品理论与动态供给曲线

我们承认静态条件下的马歇尔需求定律是公理,但否认动态条件下马歇尔需求定律的普适性。有意思的是,即便承认马歇尔需求定律的普适性,分批供应商品的市场仍然会有可能在此需求定律之下产生吉芬商品。如图9.4所示。设某商品向右下倾斜的需求曲线为 I_1,在需求曲线上任找一点 A,其需求量为 q_0,所对应的均衡价为 p_0。假定企业分批提供商品,前三批商品量为 q_1,q_2 和 q_3,使 $q_0 > q_3 > q_2 > q_1$。第一批供应量为 q^1,$q^1 = q_1$,第二批供应量为 q^2,$q^2 = q_1 + q_2$,第三批供应量为 q^3,$q^3 = q_1 + q_2 + q_3$。从商品数量上分析,企业家以 p_1 价向市场推出商品时,企业家第一批产品仅提供 q_1 量,$q_0^1 > q_1$,量为 q_1 的商品还不能满足市场的需求;从商品价格上分析,企业将第一批产品推向市场时,消费者接受的价格为 p^1,现定价为 p_1,$p^1 > p_1$,此时有相当大的消费者剩余,q_1 量的商品销售不成问题,因此,不论是从商品数量角度还是从商品价格角度分析,企业以 p_1 价格向市场推出 $q^1 = q_1$ 量的商品时,商

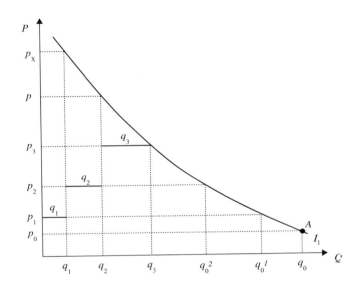

图 9.4　静态需求曲线下的吉芬商品

品的价和量可以被市场接受。同理,第二批 q_2 量的商品和第三批 q_3 量的商品也能分别以 p_2 价和 p_3 价被市场接受,由此得到如图 9.5 示的吉芬商品需求曲线。

　　在上述分析中,我们发现一些有意思的结论:(1)得到图 9.5 所示的吉芬商品需求曲线,并没有对商品本身提出任何约束条件,这表明任意商品都可能成为吉芬商品。(2)吉芬商品不是静态需求定律的反例或特例。静态需求定律给出的是静态情况下,商品价格和社会总需求的关系,吉芬商品给出的向右上倾斜需求曲线是与时间有关的成交价和成交量之间的关系。我们画出图 9.5 所示的吉芬商品需求曲线时所用的需求概念和静态需求定律中的需求概念并不是同一个概念,西方主流经济学正是因为没有区分两

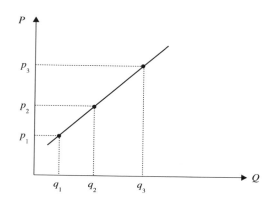

图9.5　分批供应生成的吉芬商品

个需求概念关于时间的本质差异,而将吉芬商品当作静态需求曲
线的特例或反例。(3)图9.5示的曲线很像供给曲线,其实这种像
不仅仅是形式上的像,在本质上供给曲线和吉芬商品需求曲线是
同一条曲线。理性的企业家当然愿意以更高的价格供应更多的产
品,这种意愿是纯粹理性的主观意愿。这种主观意愿就可形成静
态的不受需求影响的向右上倾斜的供给曲线。如果考虑消费者需
求的约束,供给曲线并不总是向右上倾斜。一旦企业家能以更高
的价格供应更多的商品,从供给角度就形成一条向右上倾斜的供
应曲线,从需求角度就形成一条价量齐涨的吉芬商品需求曲线,这
两条曲线都是时间的函数。(4)并不是因为企业将初始商品价格
定得过低才产生吉芬商品。在图9.4中,我们将 q_1 所对应的商品
价 p_1 大于均衡价格 p_0,就是强调任意初始价都有可能导致吉芬商
品。吉芬商品产生的唯一原因是分批供应商品且每批供应的商品
供求关系失衡。

　　本章更多的是从批判的角度发展了吉芬商品理论。其实,如

果从理性公理和产品供求公理出发,很容易解释吉芬商品现象:当产品供不应求时,理性的企业家为获取更多的利润,可能会提高产品价格和产品供给量,也可能采用饥饿销售法不提高产品的价和量。如果企业不提高产品的价和量,产品供不应求的状况仍然存在,但该产品不是吉芬商品。如果企业提高产品的价和量后立即使产品的供求达到平衡,该商品同样不是吉芬商品,而是服从需求定律的商品。如果企业多次提高产品的价和量,仍然不能解决产品供不应求的失衡关系,则此产品是吉芬商品。同样的道理,我们可以从公理出发研究供过于求的产品与吉芬商品的关系,结论是:供求失衡的产品不一定是吉芬商品,但任何供求失衡的产品都有可能形成吉芬商品。至此,我们已经完成了对吉芬商品的研究。

第十章　新古典厂商理论批判

新古典厂商理论模仿消费者行为理论,试图用边际产量递减规律和等产量线证明普适的向右上倾斜的供给曲线。但边际产量递减规律充其量是管理不善时可能出现的现象,而不是普遍成立的规律;单件产品成本最小化和总利润最大化是在边际产量递减条件下的两个互相矛盾的目标;机会成本和经济利润是两个多余的概念;企业系统利润最大化是经济学家在边际产量递减条件下,不考虑机会成本的臆断;新古典厂商理论没有也不可能证明普适的向右上倾斜的供给曲线。供给曲线向右上倾斜不是市场经济的必然现象,而是市场经济的或然现象……

新古典厂商理论认为商品供给是厂商的供给,该理论试图从厂商行为中证明存在一条普适的向右上倾斜的供给曲线,从而为马歇尔的均衡价格理论奠定基础。遗憾的是,新古典厂商理论无法证明存在一条向右上倾斜的与需求无关的普适供给曲线。

一、等产量线与无差异曲线

在新古典厂商理论中,①企业被描述为一个生产函数,所谓生

---

① 　参见[英]马歇尔:《经济学原理》,商务印书馆 1964 年版。

产函数是指把投入和产出联系在一起的技术规律性。设资本要素为 K,劳动力要素为 L,企业生产函数为 F,其产出为 Q,在一定技术条件下,有 Q=F(K,L,……)。在新古典厂商理论中,企业或为一个"黑箱",能观察的只是企业的投入和产出。

由罗纳德·哈里·科斯(Ronald Harry Coase)开创的新制度经济学①虽然部分解决了企业的本质问题,即把企业本身视为一种制度或契约,并把制度当作研究对象,但并没否定新古典厂商理论。尽管威廉姆森和后期的诺斯引入了西蒙的有限理性②的概念,试图放弃新古典厂商范式,但仅仅舍弃了新古典厂商理论的前提条件,认为假设条件过于苛刻,并未对新古典厂商理论本身进行批判。

就像消费者行为理论给出了效用函数的定义,但并不用效用函数直接研究消费者行为,而是用无差异曲线与边际效用递减规律研究消费者行为一样,尽管新古典厂商理论对生产函数给出了定义,但也不用生产函数直接研究厂商供给行为,而是用等产量线和所谓边际产出递减规律来研究厂商供给行为。如图 10.1 所示,等产量线模仿无差异曲线。在图 10.1 的 a 图中,X 和 Y 分别代表两种商品,在 X-Y 平面上任一点,代表 X 和 Y 两种商品数量的一组组合, I_1 是无差异曲线。在 b 图中,X 和 Y 代表生产某产品的两种生产要素,X-Y 平面上任一点代表 X 和 Y 两种要素数量的一组组合, I_2 称为等产量线,在 I_2 上任意两点生产要素组合的产量

① 参见[英]科斯:《财产、产权与制度变迁》,胡庄君、陈剑波译,上海三联书店 1991 年版。

② 参见[美]赫伯特·西蒙:《管理决策的新科学》,李柱流、汤俊澄等译,商务印书馆 1997 年版。

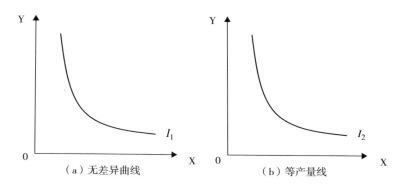

图 10.1   无差异曲线与等产量线

相同。不难看出,如果不加说明,我们无法区分厂商理论的等产量线与消费者行为理论的无差异曲线,两者的形状和替代性质完全相同。消费者行为理论中的无差异曲线是静态条件下除货币之外所有商品都服从的规律,它是在两商品模型下物以稀为贵的客观几何表述,是单一商品边际效用递减规律的必然推论。等产量线与无差异曲线的本质差别是,无差异曲线与主观因素有关,等产量线与主观因素无关。正是这一差异使模仿无差异曲线的等产量线不成立。

下面,我们将从生产要素之间不同的关系出发,批判边际替代递减的等产量线规律:

1. 生产要素的互补关系

产品的生产要素之间存在的主要关系是互补关系,比如手机生产中用到的芯片和显示屏,粮食生产中的种子和水,资本和劳动力等等都属于互补关系。抽象这些关系,我们得到互补关系的定义:如果在某一产品的生产中两种生产要素都不可或缺,则称这两种生产要素之间存在着互补关系。

互补意味着两者都不能少,也就意味着两者不可替代。手机中的芯片和显示屏,粮食生产中的种子和水都是互补关系,都不可互相替代。根据现实生产中生产要素的互补关系和本文关于互补关系的定义,我们不难得到一个重要的结论:互补关系的生产要素不可替代,当然也不存在等产量的替代关系,因此,互补关系的生产要素不满足等产量线规律。

2. 完全功能替代

功能替代发生在同质生产要素之间。所谓功能替代是指,两生产要素的功能相同,当两生产要素发生替代时,产品的功能不变。比如,A 厂的显示屏与 B 厂的显示屏性能完全相同,则 A 厂和 B 厂的显示屏可以在显示功能上相互替代,其替代比永远为 1∶1。再比如,A 厂生产的 CPU 速度是 B 厂产 CPU 速度的两倍,如果要用 B 厂生产的 CPU 替代 A 厂 CPU,为保持运算速度这一功能不变,两生产要素的替代比为 1∶2。功能替代的等产量线是一条直线,直线的斜率等于同质生产要素之间的替代比。图 10.2 给出了等功能替代的生产要素曲线,同质生产要素在功能的相互替代上根本不存在替代比递减,不存在一个凸向原点的与无差异曲线类似的等产量线。功能替代应符合最小成本原则,即,如果 A 厂屏和 B 厂屏价格相同,则两屏之间可任意替代,如果两屏价格不同,则选低价屏。

3. 不完全功能替代

生产要素 Y 能替代生产要素 X,但生产要素 Y 的性能与 X 不完全一致,我们称 X 和 Y 之间存在不完全功能替代关系。严格地讲,不完全功能替代形成的产品与替代前的产品并不同质,因此,

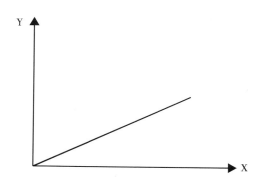

图 10.2　两生产要素完全功能替代线

不完全功能替代不可能有等产量线,但完全功能替代关于替代不递减的结论同样适用于不完全替代。

4. 效率替代

在西方主流经济学家的分析中,常常讨论的生产要素是设备和工人或资本和劳动力,但在对机器和工人两生产要素进行分析时,经常混淆互补和替代的概念,甚至混淆替代的概念。下面分两种情况分析这些概念:

(1)人工不能替代机器的互补关系

机器是被人造出来的,从根本上讲,人总可以替代机器。但对一个企业而言,如果由机器完成的工作不能用人工直接替代,工人的作用只是操作机器,工人和机器的关系是互补关系而不是替代关系。人工不能替代机器的企业常常被称为技术密集型企业。在技术密集型企业,工人和机器或资本与劳动力的互补关系与一般生产要素的互补关系性质完全相同,当然也不存在替代递减规律。

(2)人工能替代机器的效率替代关系

人工能替代机器的企业称为劳动密集型企业,在劳动密集型企业中,不同的工人与机器之间扮演着不同的角色。操作机器的工人与机器的关系是互补关系,而不需要机器生产产品的工人与机器的关系是替代关系,即用人工替代了机器。如果工人的作用是操作机器,工人和机器的关系是不可或缺的互补关系,这与前面所述的生产要素之间的互补关系完全相同。如果工人能够替代机器,注意到人和机器并不同质,这种替代就不是简单的功能替代,而是生产效率的替代,我们称此种替代为效率替代。如果一个工人操作一台机器的单位生产量与10个工人手工劳动的单位生产量相等,我们可以说这10个工人的劳动效率与一个工人一台机器的生产效率相等,也可以说这10个工人的手工组合可以替代一个工人加一台机器的组合,但决不能混淆为由9个工人替代了一台机器,并由一个工人操作这9个工人组成的"替代机器"。

在理论研究中,我们总是假定机器与机器之间是同质的,人和人之间也是同质的,在机器和机器之间,人和人之间同质的假设条件下,效率替代率不会因为工人增多而变化。比如,一个企业原有3台机器,并由3个工人操作机器,现假定10个工人手工组合的劳动效率与一台机器一个工人组合的劳动效率相同,在单位时间产量不变的条件下,我们可以用10个人取代一台机器和一个工人的组合,用20个工人取代两台机器和两个工人的组合等等,效率替代比永远不变。因此,效率替代不可能出现替代递减。

综上所述,不论生产要素是互补关系,还是功能替代或效率替代关系,都不存在替代递减规律,都不存在边际替代递减的等产量线。新古典厂商理论模仿消费者行为理论不仅是笨拙的模仿,而且是完全错误的模仿。也许经济学家能挖空心思想出一个产量保持不变,生产要素之间替代率递减的例子,但这样的例子不具有普遍性。把边际替代递减的等产量线作为新古典厂商理论的基石,没有任何理论和现实意义。

二、边际产量与边际效用递减规律

就像新古典厂商理论的等产量线模仿消费者行为理论中无差异曲线一样,新古典厂商理论用边际产量或边际利润递减规律来模仿消费者行为理论中的边际效用递减规律。边际效用递减规律如图 10.3(a)所示,该图纵坐标为赋值的主观效用,横坐标为消费者所持有的某商品 X 的数量。该规律阐述的事实是,随着商品数量的增加,消费者会逐步减弱对新增此商品的偏好。当商品数量达到所谓餍足点 q_0 时,如果再增加 X 商品的消费,消费者主观效用反而会下降,图 10.3(a)中效用曲线的虚线部分描述了这种情况。

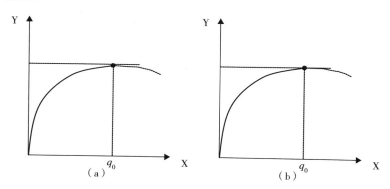

图 10.3　边际效用递减与边际产量递减规律

如图 10.3（b）所示，新古典厂商理论模仿边际效用递减规律，不加证明的给出所谓边际利润递减规律。该图中纵坐标代表企业的产量，横坐标代表某种生产要素。边际利润递减规律是指，如果生产一件产品需要两种生产要素，当一种生产要素固定不变时，逐步增加另一生产要素的数量，企业的总利润会逐步增加，但新增可变生产要素的数量带来的利润增加值会逐步减少。就像边际效用递减规律有餍足点一样，边际利润递减规律也有餍足点。注意到新增生产要素的单位成本不变，但新增利润会逐步减少，当新增生产要素的成本等于新增要素所产生的收益时，就达到边际利润递减规律的餍足点。到了餍足点，如果再增加可变生产要素，新增可变生产要素产生的收益会少于新增可变生产要素的成本，企业的总利润会逐步下降。在新古典厂商理论中，不将边际利润递减规律的餍足点称为餍足点，而是称为均衡点。所谓均衡是指新增要素的成本和产生的收益均衡。不难看出，边际利润递减规律除了增加一个不变生产要素条件外，它与边际效用递减规律完全相同。

要指出的是，边际利润递减规律的前提条件是新增可变生产要素的成本不变和产品价格不变。注意到在可变要素成本不变和产品价格不变假定条件下的边际利润递减，只可能发生在新增生产要素导致的边际产量递减。因此，边际利润递减规律又可称为边际产量递减规律，边际利润递减与边际产量递减是等价命题。

为了研究新古典厂商理论，我们引进与不变生产要素和可变生产要素关系有关的一些概念：

1. 适配比：我们称两种互补生产要素的数量比为适配比。比如，一部手机配两块电池，我们称手机和电池的适配比为 1∶2。

2.适配点:新古典厂商理论假定一种生产要素固定不变,并称此生产要素为不变生产要素,该理论还假定另一种生产要素逐步增长,并称逐步增长的生产要素为可变生产要素。当不变生产要素预先给定,可变生产要素从零增长至两种互补关系生产要素达到适配比时,可变生产要素达到适配比的点称为适配点。比如,预先给定 10 部手机,手机电池从 0 块逐步增至 20 块时,手机电池关于手机达到适配点。

3.失配比:如果生产某产品两互补生产要素的数量比不等于适配比,则称两生产要素在数量上失配,此时两生产要素的数量之比称为失配比。失配比不是一个确定的比值,而是除适配比之外的所有比值。如果一种生产要素的数量少于适配比的数量,则称该失配比为关于此生产要素的弱失配;如果一种生产要素的数量多于适配比的数量,则称该失配比为关于此生产要素的强失配。两生产要素之间,如果一个生产要素相对另一生产要素为强失配,则另一生产要素必定为弱失配。

4.替代比:如果可变生产要素在功能上可以完全替代不变生产要素,我们称这种替代为功能替代。在保持产品功能不变的约束下,用可变生产要素替代不变生产要素数量之间的比值称为替代比。

有了适配和失配的这些概念,很容易证明边际利润递减规律不成立,为此,我们分几种情况予以证明:

1.互补关系:当两生产要素为互补关系时,如果给定不变生产要素,当可变生产要素逐步增加时,可变生产要素与不变生产要素之间就会从失配达到适配点。当可变生产要素没有达到适配点之前,产品的产量关于可变生产要素线性增长。如果每件产品有利润,则企业的总利润也会线性增长。当可变生产要素达到与不变生产要素的适配点时,企业的产量达到最大化。如果在适配点后企业再追加可变生产要素,由于没有不变生产要素与新增可变生产要素的匹配,可变与不变生产要素之间的不可或缺的互补关系会使新增可变生产要素的新增产量为零。或者说,当可变生产要素的数量从适配点向失配比增长时,企业的边际产量为零。比如,不变生产要素为 10 部手机,可变生产要素为电池,市场要求每部手机配两块电池,该产品两生产要素适配比为 1∶2。当电池从 0块增长至 20 块之前,电池每增加 2 块,可销售的手机就增加一部,电池增长数量与可销售手机数量呈线性正相关关系。当电池增加至 20 块时,手机和电池达到适配点。如果在适配点时,企业再增加可变生产要素的电池,由于不变生产要素的手机已在适配点全部作为销售产品适配完毕,新增电池已没有手机可适配,新增电池带来的可销售手机数量为 0。

互补关系的不变生产要素和可变生产要素与产量的关系可以用图 10.4 描述,不变要素 Y 的数量固定为 y_0,设两生产要素的适配比为 α ,当可变生产要素 X 从 0 增至适配点 $x_0 = \alpha y_0$ 时,产品产量 f 与 x 的关系是线性关系,我们称 $[0, \alpha y_0]$ 为产品 f 关于 y 的线性增长区,而 $(\alpha y_0, +\infty)$ 区为零增长区。

2. 功能替代:功能替代的前提是两生产要素的功能完全相同,如果假定某产品的生产要素只有两个功能完全相同的生产要素,而替代的结果使两生产要素只剩下一个生产要素,因此,可以功能替代的两生产要素中的任一生产要素其实就是产品,我们可以用一个不变生产要素作为一件产品,也可以用一个可变生产要素作为一件产品。我们也许可以分辨不变生产要素和可变生产要素之

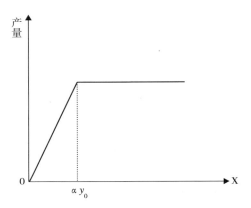

图 10.4　互补关系的生产函数

间不同的生产厂家和不同型号,但在产品功能上无法区分是不变
生产要素还是可变生产要素生产了产品。图 10.5 给出了功能替

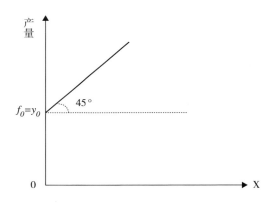

图 10.5　功能替代的生产函数

代的生产函数。在图 10.5 中,设固定生产要素数量 $y = y_0$,由于固
定生产要素本身就是产品,由固定生产要素数量 y_0 生产的产品数

量 f_0 等于 y_0。当不变生产要素作为产品生产结束后,如果再增加可变生产要素 X,由于 X 和 Y 功能完全相同,X 的增加意味着产品数量的增加。在图 10.5 中,我们强调生产函数与 X 轴的夹角为 45°,就是强调可变要素 X 本身就是产品。图 10.5 表明,在功能替代的假定条件下,不存在边际产量或边际利润递减规律。

3. 效率替代:如果人工不能替代设备,工人和设备是互补关系,互补关系不可能导致边际产量递减。如果人工能替代设备,当设备数量固定时,为操作设备而增长的工人与设备之间还是互补关系。随着工人人数的增加而达到互补关系的适配点时,如果再增加工人,工人和设备的关系不再是互补关系,而是效率替代关系,此时产量会随工人人数的增加而增加。由于效率替代是客观性替代,替代的效率不会随人数的增多而减少,边际产量递减规律不成立。根据以上分析,可以得到如图 10.6 所示的人工和设备之间替代和互补关系的示意图:

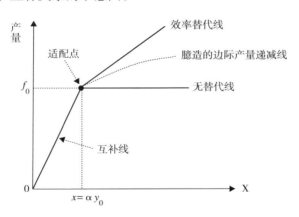

图 10.6　互补和替代的关系生产函数

当生产要素 Y 固定时,生产要素 X 从 0 开始增加。从管理学木桶模型分析,要素 X 是生产产品的短板。设生产要素 Y 的数量为 y_0,适配比为 α ,当要素 X 从 0 增至 αy_0 时达到适配点,适配点的产品产量为 f_0,在适配点上要素 X 已不是生产产品的短板。为了提高产量,企业家要做的工作是不让要素 X 和 Y 出现短板,而是以适配比同步增加两生产要素。奇怪的是,当要素 X 不再是生产要素短板时,经济学家让 X 继续增加,从而让要素 Y 成为短板,并希望用短板的方式寻求所谓的最优。遗憾的是如果要素 X 和 Y 是互补关系,当 Y 成为木桶短板时,X 的增加不可能使得产量增加,其生产函数为图 10.6 中的无替代线,让 Y 成为短板的最优解不存在。如果 X 能替代 Y,则替代比不变,其生产函数为图 10.6 中的效率替代线,同样不存在最优解。要解决的最优不是边际产量的最优问题,而是互补关系的生产函数和替代关系的生产函数谁最优的问题。生产同样数量的产品,如果替代区生产函数所用要素 X 更少,则采用替代模式生产;如果互补区生产函数所用要素 X 更少,则还需考虑互补区要素 Y 的成本,比较互补区生产的总成本和替代区的生产成本后才能作出谁更优的判断。

综合要素之间互补替代、功能替代和效率替代三种关系的分析,我们得出以下重要结论:在厂商理论中,不存在边际产量或边际利润递减的普遍规律。还可以用逻辑上的归谬法直接证伪边际产量递减规律。事实上,由于对任意给定的 y_0,生产要素 X 关于边际产量递减,特别地,当 $y_0 = 0$ 时,生产要素 X 也应关于边际产量递减。但当 $y_0 = 0$ 时,生产要素 X 实际就是产品本身,即 $f = x$,这表明生产要素 X 与产量 f 呈线性关系,不可能得到 X 与 f 的边际产量递减结论,这与边际产量递减的结论矛盾。更一般的分析是,只要两生产要素之间的替代是客观替代,不论这种替代是功能替代还是效率替代,由于替代不可能出现边际递减,则替代也就不可能出现边际产量递减。这一分析暗示边际替代递减和边际产量递减之间存在内在联系,我们将在下一节中分析边际替代递减和边际产量或边际利润递减之间的关系。

三、等产量线与边际产量递减规律的等价关系

在新古典厂商理论中,两个基本的理论假设条件是等产量约束下的边际替代递减和一个生产要素不变,另一个生产要素增长时的边际利润或边际产量递减。其实,就像消费者行为理论中无差异曲线与边际效用递减规律不是独立的两个假设条件一样,在新古典厂商理论中,等产量线和边际产量递减也不是独立的理论假设,而是等价命题。假设条件不独立,就违反了理论假设条件的独立性约束,从而是错误的假设条件。新古典厂商理论将边际产量递减规律作为理论的前提条件,本章第二节已经证明边际产量递减规律不成立,实际上已证明新古典厂商理论不成立。本节讨论并不成立的边际产量递减规律下的新古典厂商理论,是希望熟悉新古典厂商理论的学者在深刻理解新古典厂商理论时会有所启迪。

要证明边际替代递减和边际产量递减是等价命题,就是要证明一个命题是另一个命题的充分必要条件。充分条件是指有了这个条件就必定有此结论的条件。即要证明:如果边际替代递减成立,则边际产量递减成立。

注意到在等产量线边际替代递减的假定条件,生产要素 Y 和

X 之间可以互相替代,这意味着单独由生产要素 Y 也能生产产品,单独由生产要素 Y 就能生产产品表明生产要素 Y 本身就是产品。于是有:

$$f = y \qquad\qquad (10.1)$$

为了证明在边际替代递减条件下边际产量递减规律,如图 10.7 所示,

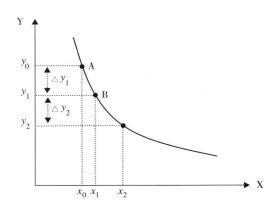

图 10.7　等产量线与边际产量递减

我们在等产量曲线上任取一点 A,它对应生产要素 X 和 Y 的量分别为 x_0 和 y_0,由 x_0 和 y_0 所确定的产量为 y_0。根据新古典厂商理论,Y 是不变生产要素。现固定 y_0 不变,研究 X 从 x_0 增长时,X 的增长量与生产函数增长量之间的关系。由于 X 增长量与生产函数增长量涉及两个变量的增长量,这会增加分析问题的难度。一个技巧是将生产函数的增长量 Δf 设定为准常量,准常量的意思是指 Δf 可以取任意值,但涉及到多个 Δf 值时,每一个 Δf 值均相等。注意到式(10.1),这意味着要将 y 的变化量设定为准常量。在图

10.7 中,令 $\triangle y_1 = y_0 - y_1$,$\triangle y_2 = y_1 - y_2$,有

$$\triangle y = \triangle y_1 = \triangle y_2 \qquad (10.2)$$

在等产量线上,y_0、y_1 和 y_2 分别对应 x_0、x_1 和 x_2。令 $\triangle x_1 = x_1 - x_0$,$\triangle x_2 = x_2 - x_1$,注意到等产量线左上部分陡峭,右下部分平坦,我们有

$$\triangle x_1 < \triangle x_2 \qquad (10.3)$$

将式(10.3)除以式(10.2),有

$$\triangle y / \triangle x_1 > \triangle y / \triangle x_2 \qquad (10.4)$$

式(10.4)是等产量线边际替代递减的数学表达式,即是本命题成立的前提条件。式(10.4)的经济学意义是,在保持产量 f_0 不变的条件下,如果用 Δx_1 替代 Δy_1,用 Δx_2 替代 Δy_2,当被替代量 $\Delta y = \Delta y_1 = \Delta y_2$ 保持不变时,替代量 Δx 要逐步增加。

将式(10.1)代入式(10.4),有

$$\frac{\Delta f}{\Delta x_1} > \frac{\Delta f}{\Delta x_2} \qquad (10.5)$$

式(10.5)就是本命题要证明的结论:当生产要素 $y = y_0$ 固定不变时,生产要素 X 逐步增加,如果要保证每次增加的 X 生产要素增量导致的新增产量不变,必然要求新增的 X 生产要素逐步增加。换成新古典厂商理论的标准表述是,当生产要素 y_0 不变时,随着可变生产要素 X 的增加,新增单位可变生产要素 X 的增量导致的产品增量递减。

具有强烈讽刺意味的是,我们可以从等产量线的边际替代递减规律得到边际产量递减规律,也可以从等产量线的替代关系得到边际产量不递减的结论。事实上,从边际替代递减证明边际产量递减规律的关键是可替代生产要素的单一要素就是产品本身,

即式(10.1)成立。同理,我们应有

$$f = x \qquad (10.6)$$

式(10.6)表明,可变生产要素 X 与生产函数之间是成正比的线性关系,这意味着边际产量不递减。出现这一悖论的原因是:等产量线假定两生产要素可以互相替代,这意味着每一种生产要素都是产品本身;等产量线又假定两生产要素在产量不变时替代递减,这意味着每一种生产要素又不是产品本身,上述悖论从逻辑学反证的角度证伪了等产量线的边际替代递减规律。

要证明等产量线的边际替代递减规律与边际产量递减规律是等价命题的另一项工作就是要证明边际替代递减规律是边际产量递减规律的必要条件。必要条件是指如果没有此条件,就一定没有此结论的条件。必要条件等价的逆否命题是有此结论就必有此条件,因此,要证明边际替代递减规律是边际产量递减规律的必要条件其实是要证明边际产量递减规律是边际替代递减规律的充分条件,即要证明:如果边际产量递减,则必定有边际替代递减。

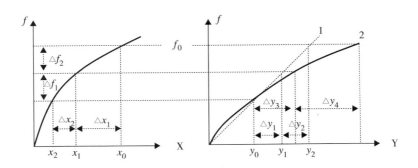

图 10.8　边际产量与替代递减关系

如图 10.8 左图所示,当生产要素 Y 固定在 y_0 时,产量关于生

产要素 X 边际递减,对同样的产量增量 Δf,有

$$\Delta x_2 < \Delta x_1 \qquad \Delta f_1 = \Delta f_2 = \Delta f \qquad (10.7)$$

分两种情况证明此命题,如图 10.8 右图所示:一种情况是,由于 X 和 Y 之间可以替代,有 $f = y$,在右图上用射线 1 表示这一函数关系。另一种情况是,根据新古典厂商理论的假定条件,Y 关于 f 边际递减,在右图上用曲线 2 表示这一函数关系。当 $f = y$ 时,我们要在边际产量递减前提下的等产量线上讨论两生产要素的替代关系问题,这意味着要保持产品量 f_0 不变。如果保持产品量 f_0 不变,当生产要素 X 从 x_0 减少至 x_1 时,必然要求生产要素 Y 从 y_0 升至 y_1,其替代比是 $\triangle y_1 / \triangle x_1$。为了研究替代比的变化,同样保持 f_0 不变,当生产要素 X 从 x_1 降至 x_2 时,也必然要求生产要素 Y 从 y_1 升至 y_2,其替代比是 $\triangle y_2 / \triangle x_2$。注意到当 X 从 x_0 降至 x_1,x_1 降至 x_2 所对应的产量减少量是相等的,即 $\Delta f_1 = \Delta f_2$,由于生产要素 Y 和 f 的线性关系,我们有

$$\Delta y_2 = \Delta y_1 \qquad (10.8)$$

根据式(10.7)和式(10.8),我们有

$$\triangle y_1 / \triangle x_1 < \triangle y_2 / \triangle x_2 \qquad (10.9)$$

式(10.9)表明,在 $f = f_0$ 的等产量线上,如果 $f = y$,则边际替代递减。

再假定 Y 关于 f 递减,边际产量递减关系用曲线 2 表示。根据曲线 2,当 X 要素减少 Δx_1 时,要保证产量 $f = f_0$ 不变,Y 要素要增加 Δy_3,当 X 再减少 Δx_2 时,Y 要增加 Δy_4。由于 $\Delta x_2 < \Delta x_1$,$\Delta y_3 < \Delta y_4$,则替代比变化率为

$$\Delta y_4 / \Delta x_2 > \Delta y_3 / \Delta x_1 \qquad (10.10)$$

上式表明,当 f 与 y 的关系满足边际产量递减关系时,我们再一次

得到边际替代递减的结论。本章第二节已证明边际产量递减规律不成立,由于等产量线的基本规律是替代递减,由于边际产量递减与边际替代递减是等价命题,这意味着等产量线不成立。

四、新古典厂商理论主要结论的批判

在现实世界中确实存在边际产量递减现象,但这些现象不是规律,而是企业管理不善的结果。比如,三个工人操作三台机器,如果企业没有为他们配备辅助工人,这三名工人必然停下机器到仓库去取原材料和搬送加工好的产品入库,此时机器被部分闲置,机器产能没有得到充分发挥。如果企业配备一个辅助工帮助操作机器的三名工人完成大部分搬运工作,操作机器的三名工人会有更多时间来操作机器,产品产量会相应增加。如果企业管理者再多配备一名辅助工,两名辅助工可以很好地完成三台机器满负荷生产所需的全部运送材料和产品的辅助工作,三名操作机器的工人可以将把全部工作时间都用来操作机器,机器产能得以充分发挥,产品产量再次得到提高。由于第一名辅助工已完成了为三台机器生产服务的大部分辅助工作,第二名辅助工的工作量将小于第一名辅助工的工作量,新加的第二名辅助工带来的产品增加量就要小于第一名辅助工带来的产品增加量,于是就观察到边际产量递减现象。我们看到,不为三名操作机器的工人配备辅助工和只配一名辅助工,机器产能都无法得以充分发挥,这是管理不善的结果。当三台机器配备两名辅助工时,机器的产能得以充分发挥,但第二名辅助工工作量不足,同样是管理不善的结果。如果辅助工的工作量不以人数作为计量单位,而是以工时为计量单位,就可以为每台机器都配足且无闲置的辅助工时数，则边际产量递减现象立即消失。以工时数配置辅助工是一种精细化管理，不能把因管理不善导致的边际产量递减现象当成是普遍规律。

在主流经济学中，常常把人与农作物产量之间的关系描述成边际产量递减关系。农作物的生产是由土壤、种子、日照度、水、肥料、治病虫害和除草等多生产要素完成，其中不少生产要素根本不可能人为控制。因素不可人为控制意味着无法计算控制该因素的工时数，更无法讨论增加工时数是否能导致产量增加和边际产量递减。如果用实证方法"证明"增加工时数能导致总产量增加和边际产量递减，则至少需要三季产量以上的数据。比如：上一季用100个工时和本季用120个工时，即使实证表明本季产量较上季产量确实有所增加，此数据只能表明新增20个工时农作物产量能增加，但无法证明边际产量是否递减。要证明边际产量递减，要在第三季农作物生产中再增加20个工时，并且要求农作物产量继续增加，且增加的幅度小于第二季的增长幅度。但实证三季产量与工时关系时，我们无法判断除工时之外其他因素是否保持不变，也就无法判断产量增加和工时增加是否有因果关系，实证的科学性将受到挑战。正是这种不确定性，让主流经济学家可以去臆想农业产量与工时之间存在边际产量递减关系。

事实上，由于农作物的生长时效性极强，适季播种和过季播种对产量影响极大。对一块地，劳动力不足，不能适季播种，增加劳动力能适季播种，在其他条件不变的条件下，确实可以使农作物的产量增加，也确实可以观察到边际产量递减的现象，但这样的现象同样也是管理不善造成的结果：播种量必须由一定的人工工时来完成，农作物的播种量不变，则相应的工时数也完全确定。如果对播种量进行人工工时的精确管理,农作物产量关于人工边际递减的现象就会消失。其实,土壤、种子、阳光、水和人工等等是农作物生产上不可替代的生产要素,这些生产要素之间的关系是不可或缺的互补关系。本章已一般性证明互补生产要素之间不存在边际产量递减规律。

具有讽刺意味的是,即便承认新古典厂商理论的等产量线,承认边际产量递减规律,主流经济学在从等产量线和边际产量递减规律推导出来的主要结论要么犯了数学错误,要么犯了逻辑错误,要么把简单问题复杂化。本节将讨论新古典厂商理论与两个边际递减规律有关的主要结论:

1. 脱离现实的单件产品成本最小化条件

在现实市场中,单件产品成本最小化条件其实非常简单:如果两生产要素无法替代,则在两生产要素之间根本不存在成本最小化条件;如果两生产要素可以替代,每一个企业都很清楚,在不降低产品性能的前提下,在可替代生产要素中选择成本低的生产要素是一个必然的选择,得到这一结论根本用不着边际理论或边际革命。

为了完成这一理论目标,西方主流经济学家要做的第一项工作是用数学表述非常直白的成本最小化结论:

设有两生产要素 X 和 Y,其要素价格分别为 p_x 和 p_y。我们已经清楚厂家生产要素的替代比其实是常数,设 X 和 Y 的替代比为 $x_0:y_0$,如果用数学语言表述成本最小化的直白结论,要分三种情况讨论:

如果 $p_x x_0 > p_y y_0$,企业家应选择用生产要素 Y 替代生产要素 X;如果 $p_x x_0 < p_y y_0$,企业家应选择用生产要素 X;如果有:

$$p_x x_0 = p_y y_0 \tag{10.11}$$

企业家随意选择 X 或 Y,都不会使产品的成本上升或下降,因此式(10.11)可以看成是成本最小化的必要条件。遗憾的是,X 和 Y 的替代比取决于技术条件,而 p_x 和 p_y 取决于市场生产要素的供求关系,生产要素的替代比和市场生产要素的价格比是两个完全独立的参数,式(10.11)一般并不成立。

西方主流经济学家将成本最小这一简单问题复杂化的第二步工作是,将并不总是成立的式(10.11)变成恒成立的成本最小化必要条件,为此要改造式(10.11)中的变量。他们否定当产品产量不变时,生产要素替代比是常数这一事实,人为地臆造出一条等产量线。等产量线既可以看成产量不变条件下两生产要素的替代关系,也可以从数学上将 y 看成是 x 的函数。如果将 y 看成是 x 的函数,等产量线可表示成 $y = y(x)$,其导函数 $y'(x)$ 为,

$$y'(x) = \Delta y / \Delta x \tag{10.12}$$

注意到,等产量线的基本性质是两生产要素的替代递减, $y'(x)$ 的值域为 $(-\infty, 0]$,因此,总可以找到一点 x_0,使

$$-y'(x_0) = -\Delta y / \Delta x = p_x / p_y$$

$$即 \quad -\Delta y p_y = \Delta x p_x \tag{10.13}$$

式中取负号是因为在等产量线上,当 Δx 为负时, Δy 必为正;当 Δx 为正时, Δy 必为负。式(10.13)的经济学意义是,在生产要素 $x = x_0$ 这一点,用无穷小的增量 Δx 替代无穷小的 Y 要素增量 Δy 时,企业的成本既不增加也不下降。而 $x = x_0$ 点即为边际点,在边际点的左边或右边,企业的成本都会变高。

式(10.13)成立的前提条件是等产量条件,只有在保持产量不变的前提下讨论成本最小化才有意义,因此 Y 要素减少 $-\Delta y$ 导致

的产品产量的减少量 $-\Delta f$ 应等于 X 要素增加 Δx 导致的产品增加量 Δf ,将式(10.13)两边同乘产品变化量,有

$$\Delta y p_y \Delta f = \Delta x p_x \Delta f$$

整理后可以得到

$$\frac{\Delta f / \Delta x}{\Delta f / \Delta y} = \frac{p_x}{p_y} \qquad (10.14)$$

由于 Δx 、Δy 和 Δf 都是无穷小量,我们可以用偏导数表征上式

$$\frac{\partial f / \partial x}{\partial f / \partial y} = \frac{p_x}{p_y} \qquad (10.15)$$

式(10.15)左边称为技术替代率,该式就是新古典厂商理论用所谓边际理论得到的成本最小化的必要条件。该式的经济学意义是当两生产要素的技术替代率等于两生产要素的价格比时,企业实现了成本最小化。式(10.15)很有学术味,但企业家弄不懂该式在企业管理上的意义,经济学家也未必真正清楚该式的真正经济学意义。其实式(10.15)只不过是在两生产要素替代比递减条件下,当生产要素替代被替代生产要素时,企业成本既不增加也不减少的数学表述。由于生产要素替代比递减并不成立,式(10.15)就没有理论和现实意义。

要指出的是,新古典厂商理论得到式(10.15)走的是模仿消费者行为理论的老路:他们将等产量线换成无差异曲线,将总成本换成可支配收入,将等成本线换成预算约束线,将成本最小化换成主观效用最大化,将商品的边际替代率换成技术替代率,在此基础上,就可以将消费者效用最大化的均衡条件换成式(10.15)。按这种思路得到的式(10.15),更不容易看清它的经济学意义。

2. 不计成本的短期利润最大化

新古典厂商理论在等产量边际替代递减的假设条件下研究了

产量不变时最小成本问题,成本最小化条件也是给定价格单件产品利润最大化的必要条件。本节要讨论的一个问题是不考虑单件产品成本最小化的企业短期利润最大化问题。解决这一问题的经济学思想并不复杂:当不变生产要素 $y = y_0$ 时,产量随可变生产要素 X 的增加而增加,但新增可变生产要素带来的新增产量会逐步递减。因此,当可变生产要素 X 的价格 p_x 和产品价格 P 不变时,总可以找到一点 x_0,在该点上,新增的无穷小不变生产要素 Δx 的成本 $p_x \Delta x$ 与该点上新增的无穷小产出 Δf 的市场价值 $p\Delta f$ 相等。即

$$p_x \Delta x = p\Delta f \qquad (10.16)$$

注意到当可变生产要素发生变化时,不变生产要素 $y = y_0$ 保持不变,可以将式(10.16)写成偏导数的形式:

$$p \frac{\partial f}{\partial x} = p_x \qquad (10.17)$$

式(10.17)就是新古典经济学关于总利润最大化的必要条件。

新古典厂商理论用边际革命给出了两个并不相容的必要条件:一个是成本最小化必要条件,一个是总利润最大化必要条件。可以从边际产量递减规律直观地理解两个必要条件的不相容性:边际产量递减的过程就是单件产品利润递减过程,从而是单件产品成本递增过程。当到达总利润最大点时,最后一件产品的利润已为零。追求总利润最大化,必定会破坏单件产品成本最小化条件。两个必要条件的不相容性使我们面临表面上的两难的选择:如果选择总利润最大化就会破坏单件产品成本最小化,反之亦然。其实,这一两难选择是经济学家臆造出来的,在真实的市场环境中,即便承认边际替代递减和边际利润递减,企业也不存在这种两

难选择。一般而言,不变生产要素如厂房、机械设备往往是可以重复使用的生产要素,而可变生产要素是可以随时投资的生产要素。企业家会在生产成本最小化的条件下分批次生产产品,多次使用不变生产要素等效于多次投入不变生产要素,并且在多次使用不变生产要素时摊薄在每一件产品中不变要素生产成本,从而在最低成本条件下获得每批生产产品的最高投资回报。企业的最大利润不过是每批生产产品利润的批次加总。只要生产还在继续,只要市场需求仍然存在,企业的最大利润是时间的增函数,不存在确定的利润极大值,也是一个无法用所谓边际理论确定的极大利润值。总利润最大化问题不过是经济学家自娱自乐的问题,特别是考虑所谓机会成本后,这一经济学思想更应受到批判。

3. 机会成本与总利润最大化

新古典厂商理论引进了机会成本的概念,但并没有给出机会成本的严格定义。如果一笔投资有 A、B 两个选项,如果选择了 A,则失去了投资 B 的机会,选择了 B 则失去投资 A 的机会。不论投资者选择了哪个项目,该项目都应有投资回报,不论投资者放弃了哪个项目,投资者就会失去获得该项目投资回报的机会,因此,我们可以严格定义机会成本:投资一个项目的机会成本是放弃的另一个项目的利润。据此定义,B 选项的会计利润为 A 选项的机会成本,反之亦然。如果可供投资者选择的项目不是两个而是 N 个,投资者选择 N 个中的一个项目投资,就失去 N−1 个项目的投资机会。选择某个项目投资时也会产生机会成本,此时的机会成本的定义是所放弃的 N−1 个项目中的最高利润是所选项目的机会成本。

引进了机会成本的概念,必然要引进不同于仅考虑生产成本的新利润概念,为此,西方主流经济学家引进了所谓经济利润。西方主流经济学家将传统的仅考虑生产要素成本的利润称为会计利润,与机会成本有关的利润称为经济利润,经济利润由下式定义:

$$经济利润 = 会计利润 - 机会成本 \qquad (10.18)$$

根据定义,经济利润与机会成本有关,也与生产要素成本有关,而会计利润仅与生产要素成本有关。如果市场竞争比较充分,所有投资项目的回报率将趋同,因此经济利润有趋于零的趋势。

新古典经济学认为机会成本的概念是经济学中一个重要的新概念,其实,不用机会成本概念的企业家早就有了机会成本的思想:在同等条件下选择投资回报最高的项目是企业家必然的选择,而这一选择就是选择经济利润最大化和机会成本最小化。经济学家是从成本角度分析多项目选择问题,企业家是从投资回报角度分析多项目选择问题,两者分析问题的角度不同,但结论完全相同。

我们认为,机会成本和经济利润是两个多余的概念,其理由是:(1)市场机会很多,研究投资机会也要付出成本。投资机会越多,为研究机会成本付出的成本越大,企业家不会为研究层出不穷的投资机会而丧失真正的投资机会,也不会为研究有限的机会成本而付出无限的研究投资机会的成本,因此,机会成本只是一个无用的学术概念。企业家仅在熟悉的领域投资,坚持做主业和与主业相关的产业。在企业家熟悉的领域,他们几乎不用为机会成本操心。(2)与机会成本有关的项目,是投资者放弃了的投资项目,对该项目的投资回报的分析只限于纸上谈兵,不可能进行实质投资。纸上谈兵的分析往往与实际投资效果有一定的差异,特别是投资者不熟悉的项目或领域,理论分析与实际投资的效果差异可能更大,纸上谈兵的机会成本分析没有太大的参考价值。(3)企业家只考虑投资回报率,或者只考虑生产要素成本与会计利润,有两个以上项目可供投资选择时,选择投资回报率高的项目。根据机会成本和经济利润的定义,企业家实际已选择了机会成本低和经济利润高的项目,传统会计学科目已确保投资者不会丧失好的投资项目。

理解了机会成本的概念,就不难理解总利润最大化的错误:在总利润最大化的均衡点,实际是投入产出均衡点。如果不考虑投入的机会成本,将投入产出均衡点作为短期利润最大化点尚能成立,如果考虑机会成本,该点不是经济利润最大值点。毕竟,投资者至少可以将资金存入银行获得利息,或者购买国债获取无风险的收益,考虑机会成本后,任何会计利润为零的投资都会导致经济利润为负。强调机会成本的新古典厂商理论,在理论研究中却不考虑机会成本也颇具讽刺意味。

4. 规模利润问题

新古典厂商理论认为,在总利润最大化条件下,可以找到一组生产要素 x_0 和 y_0,使得不仅对给定的 y_0,x_0 是关于 X 的总利润极大点,而且对给定的 x_0,y_0 也是关于 Y 的总利润极大值点。经济学家认为企业在此点上利润实现了最大化。在企业利润最大化条件下,如果将 x_0 和 y_0 的数量提高一倍,企业的利润也应提高一倍,但企业利润最大化又不允许存在更高利润,为了解决两倍生产要素利润要大一倍,但 x_0 和 y_0 确定的利润是企业利润最大值这一矛盾,由于零的倍数依然是零,由 x_0 和 y_0 确定的最大利润只能为零。这就是新古典厂商理论得到的荒谬结论,即企业的规模利润应为零。

用数学表述企业利润最大化条件,即下述两个公式同时成立:

$$\begin{cases} p \cdot \dfrac{\partial f(x_0, y_0)}{\partial x}\Big|_{y=y_0} = p_x & (10.19) \\[3mm] p \cdot \dfrac{\partial f(x_0, y_0)}{\partial y}\Big|_{x=x_0} = p_y & (10.20) \end{cases}$$

但式(10.19)和式(10.20)充其量是一个猜想而不是一个被证明的结论,利润极大值点 x_0 和 y_0 是否存在是一个需要证明的数学问题,其实这一存在性问题很容易证伪:用反证法,假定式(10.19)和式(10.20)成立,将式(10.19)除以式(10.20),可以得到:

$$\frac{\partial f(x_0, y_0)}{\partial x} \Big/ \frac{\partial f(x_0, y_0)}{\partial y} = p_x / p_y \qquad (10.21)$$

式(10.21)是我们已经讨论过的单件产品最小成本成立的必要条件。从逻辑上分析,新古典厂商理论的成本最小化指的是单件产品生产要素构成的成本最小化。当我们考虑总利润最大化时,要求最后一件产品的投入等于产出,这已是企业可接受的单件产品的最高成本,因此,满足最后一件产品的投入等于产出导致的企业所谓利润最大化时,不可能满足单件产品成本最小化的条件。因此,当式(10.19)和式(10.20)成立,式(10.21)必不成立。这与式(10.19)和式(10.20)成立时必有式(10.21)成立的假定条件矛盾。此矛盾表明不存在企业系统利润极大值 x_0 和 y_0 点。事实上,企业可以分批次生产产品,只要生产时间和产品需求不受限制,产品的总量可以无限增加,产品的利润也可以无限增加,企业的产品总量和利润总量不存在极大值。如果不考虑批次生产因素,仅考虑一次生产,当可变生产要素不可以替代不变生产要素时,企业确实存在产量极大值和利润极大值。但当可变生产要素可以替代不变生产要素时，这相当于可变和不变生产要素都不受限制，企业同样不存在产量和利润的极大值。

也许是企业规模利润为零这个结论过于荒谬，得到这一结论的经济学家们也深感不安，为此他们找到机会成本这根救命稻草。他们认为，新古典厂商理论认为的企业规模利润为零指的是经济利润为零，但企业的会计学规模利润不为零。但是，机会成本这根救命稻草也救不了企业规模利润为零这个错误结论的命。实际上，新古典厂商理论在得到企业利润最大化条件时只是讨论一个确定的投资项目，并没有讨论两个以上的投资机会，因此，新古典厂商理论关于企业利润最大化的理论研究不可能引进有两个以上投资机会才能引进的机会成本的概念和参数。而新古典厂商理论关于投入产出的均衡点也不是经济利润为零的均衡点，而是会计利润为零的均衡点，新古典厂商理论关于规模利润为零结论中的利润只可能是会计利润，不可能是经济利润。

5. 供给曲线

新古典厂商理论的一项主要研究工作是要证明存在一条与需求无关的向右上倾斜的供给曲线。新古典厂商理论认为，式(10.19)就正确地证明了这条向右上倾斜的供给曲线。我们认为，这一证明受到四个条件的约束：(1)当不变生产要素固定不变时，企业的产量关于可变生产要素边际递减；(2)企业不允许多批次地重复生产，新古典厂商理论仅讨论一次性生产；(3)可变生产要素的价格不变；(4)不考虑单件产品的成本最小化。在上述四个约束条件下，由于产品价格上升会导致由式(10.19)决定的投入产出均衡点右移，从而得出只有产品价格上升，企业才能在投入产出均衡的条件下生产出更多产品的结论。如果企业追求总利润最大化,必定有产品供应价和供应量正相关的结论,一条向右上倾斜的供给曲线是在理性人假定条件下的客观曲线。遗憾的是:(1)式(10.19)成立的条件是边际产量递减,但此条件并不成立,由此条件得到的供给曲线总向右上倾斜的结论不成立。(2)可变生产要素价格上涨,会使由式(10.19)决定的投入产出均衡点向左方移动,因此,当产品价格上涨导致投入产出均衡点右移的因素小于可变生产要素价格上涨左移因素时,产品价格上升不仅不会使企业的供给量上升,反而会使企业的供应量下降。(3)既然一个投资者在投入不变生产要素 y_0 时,通过可变生产要素的投资能使企业在利润最大化条件下可供应产量为 f_0,当然允许另一个投资者在同样条件下提供产量 f_0;也应该允许原投资者在同样条件下新投一个企业并提供产品 f_0;甚至允许原投资者利用原厂生产过 f_0 产品但并没有损坏的不变生产要素 y_0 在同等条件下提供产品 f_0。在市场经济条件下,产品的供给是指社会的总供给,并不是特指某一个企业的供给,因此,即使一个企业在产品价格不变条件下只能生产产品 f_0,但全社会加总,社会的总供给与产品的价格之间没有必然的联系。(4)没有特别的理由,企业总是追求单件产品成本最小化,而不会去追求破坏单件产品成本最小化条件的总利润最大化。因此,新古典厂商理论对供给曲线的证明是伪证。

要指出的是,我们否认新古典厂商理论关于供给曲线的证明并不是否认存在供给曲线向右上倾斜的可能性,而是否认供给曲线向右上倾斜的必然性。如果产品供不应求,理性的企业家当然愿意以比原有价格更高的价格提供比原有规模更大的产品供应量。如果企业家以更高的价格供应更多产品的意愿得以实现,从供给角度就存在一条向右上倾斜的供应曲线,从需求角度则存在一条向右上倾斜的吉芬商品需求曲线。如果产品供过于求,理性的企业家要么减少产品供应量,要么降低产品价格,要么同时减价减量。如果企业减价减量,我们会得到一条向右上倾斜的供应曲线,并且得到一条价量齐跌的吉芬商品需求曲线。即使存在一条向右上倾斜的供应曲线,这一条供应曲线的形成是企业家理性受到同业竞争及消费者行为约束的结果,并不是一条与消费者行为或需求无关的供应曲线。如果没有同业竞争和消费者行为的约束,理性的企业家不会追求以更高的价格供应更多的产品,而是会追求以无穷高的价格供应无穷多的产品,理性是贪婪的别名词。

其实,从理性人公理和产品供求公理出发,很容易分析企业的供给曲线:当理性的企业没有受到无形之手约束时,他当然希望用更高的价格销售更多的产品。虽然我们可以判断此供给曲线向右上倾斜,但无法判断供给曲线的倾斜斜率,以无穷高的价格销售无穷量的产品已是理性企业家的必然选择。当产品供不应求时,理性的企业家提高产品价量的行为,不仅能使我们观察到一条向右上倾斜的供给曲线,同时也会观察到吉芬商品现象。当产品供过于求时,理性的企业被迫降价减量时,我们同样可以观察到一条向右上倾斜的供给曲线和价量齐跌的吉芬商品现象。当我们观察到一条向右下倾斜的需求曲线时,我们也会观察到一条向右下倾斜的供给曲线。任何理论都不可能证明存在一条普适的向右上倾斜的供给曲线。

第十一章　静态均衡价格理论批判和动态均衡价格理论

由于想买能买的需求定义无法观察，我们否定消费者行为理论和西方主流经济学文献关于需求的定义，并将需求定义为某时间区间的成交量。由于商品的总供给与总需求无法观察，我们否定马歇尔关于总供给与总需求决定商品价格的均衡价格理论，并用当期的供求关系确定动态均衡价格。其实，关于产品的供求公理就是动态均衡价格理论……

马歇尔试图用一条向右上倾斜的供给曲线和一条向右下倾斜的需求曲线的交点确定供给和需求的均衡点，并由此均衡点确定商品的均衡价格和均衡需求量。在此基础上，马歇尔为亚当·斯密无形之手理论建立了一个与亚当·斯密模型并不太一致的数学模型，并利用此模型解释亚当·斯密的无形之手理论。马歇尔和亚当·斯密理论的共同点是，都强调商品价格的变化会带来商品需求量反方向变化。

马歇尔不否定商品市场的价格可以出现波动，但认为商品的市场价格只会在均衡价格附近波动。如果商品价格在均衡价附近波动，商品的需求会随之反方向波动，从而遏制商品价格偏离均衡价格的波动，这就是市场无形之手可以不依赖政府而自我调节的基本原理。

我们认为,作为研究商品价格的理论,讨论商品价格是否围绕某一所谓真实的价格波动没有实际的意义:如果商品价格波动不大,我们无须关注市场价格波动问题,当然更不必关注商品价格是否围绕所谓真实价格波动;如果商品价格波动幅度很大,比如16世纪中叶荷兰的郁金香的价格总上涨幅度达5900%,再讨论商品价格偏离商品真实价值问题也没有意义。如果用社会总需求和总供给确定的均衡价格作为由市场决定的商品的价值,在商品还在市场上交易的任一时刻,只要企业家还在供给该商品,消费者还在消费该商品,经济学家或市场都无法判断或观测此时刻之后的总供给和总需求,更无法得到由总供给和总需求确定的均衡价格。这意味着商品没有退市前,我们观测不到商品的总供给与总需求,也就无从得到对未退市商品价格有决定意义的由总供给和总需求均衡决定的均衡价格。当商品停止在市场交易而退市的那一刻,经济学家确实可以统计出商品的总供给和总需求,但统计出来的退市时的总供给和总需求无法指导商品退市前的商品价格。更严重的是,西方主流经济学对需求概念的定义都混淆不清,由总供给和总需求确定的均衡价格也就成为空中楼阁。

本章将要严格定义需求,并批判马歇尔由总供求关系得到的不可观测的均衡价格理论,在此基础之上,建立我们提出的由当期供求关系决定的可观测的动态非均衡价格理论。

一、混乱的需求定义

严谨的科学研究要求对每一个概念都给出明晰的定义,需求是经济学中最基础的概念,理应给出需求的严格定义。遗憾的是,在主流文献和教材中,不仅找不到对需求的统一定义,甚至出现彼此矛盾的定义。需求定义的混乱导致对需求定律的理解和证明出现混乱。

西方主流经济学家唯一共同接受的需求定义可能是消费者行为理论对需求的定义。消费者行为理论将一次性想买能买但永远不会买的商品量和想买能买并实际已购买的商品量都定义为需求,其中想买能买但实际永远不会购买的需求是指在正常商品未降价前,依据消费者行为理论应消费的量;想买能买并实际已购买的商品需求是指正常商品降价后依据消费者行为理论实际消费的量。由于在真实消费行为发生时正常商品已经降价,可支配收入又要在这次真实消费行为中全部转化为一组商品,消费者在正常商品未降价前想买能买的需求量就成为永远不可能消费的量。消费者行为理论要研究需求定律,该理论必须研究商品价格变化时商品需求量的变化,在可支配收入全部转换成商品的约束下,消费者又不能有关于同一可支配收入的两次真实消费行为,因此消费者行为理论只能将需求定义为某价格下消费者想买能买的量。但是,此定义至少会产生下述歧义:

（1）在可支配收入必须全部转换成商品的消费约束下,虽然消费者非常清楚商品未降价前想买能买但没有买的商品量,但该消费量不可能被第三方观测,从而成为一个不可观测的研究变量。科学研究对象的一个基本要求是可观测,一个不可观测的变量不可能成为科学研究的对象。由想买能买所定义的需求量不可观察,也就不在科学研究的范畴之中,而应成为神秘主义的研究对象。

（2）消费者行为理论关于想买能买的需求量的定义是特指在个人可支配收入不变及其他商品价格不变条件下商品降价前后想买能买的量，并不是泛指任意时刻消费者想买能买的量。如果考虑任意时刻消费者的需求量，由于其他商品价格会发生变化，个人可支配收入会发生变化，个人对商品的偏好会发生变化，甚至原有的产品可能被新产品淘汰，这样的需求量不仅不能被第三方客观观测，消费者本人也不清楚任意时刻的商品需求量。

（3）表面上，消费者行为理论证明了需求定律，实质上，消费者行为理论中的需求定义和需求定律中的需求定义并不是同一概念。消费者行为理论中的需求是在其他条件不变假设下的瞬态需求，该需求不能引入时间的变量。需求定律中的需求是关于一个价格下的总需求，该需求是消费者给定价格消费量关于时间的加总，关于时间加总的需求量不要求也不可能要求个人可支配收入和其他商品价格不变。因此，消费者行为理论至多能证明商品一次性降价活动中两种价格变化与需求量负相关，但不能证明需求曲线总向右下倾斜。

萨缪尔森在他的第十八版《微观经济学》①第三章中给出一个假想社会在不同价格下对玉米片的所谓需求表，根据表上数据做出了一条向右下倾斜的需求曲线，并将需求定律表述为：当保持其他条件不变时，玉米片价格上升会使消费者趋向于购买更少玉米片。玉米片价格下降时玉米片的需求量会增加。由于萨缪尔森没有直接给出需求的定义，我们只能猜测其定义：（1）将一年内某价

---

①　Paul Anthony Samuelson，William D.Nordhaus.Microeconomics，McGraw-Hill，1992.

格下的玉米片真实发生的消费量定义为需求量,否定想买能买但在一年内没有真实消费玉米片也是需求量。(2)尽管强调其他条件不变,和消费者行为理论相比,取消了可支配收入不变的约束条件:年复一年的购买玉米片,必然有新增的可支配收入。(3)购买玉米片时,不要求比较一组商品的偏好,不要求根据偏好消费一组商品,不要求将每年的可支配收入都用于购买包含玉米片的一组商品。(4)对需求的定义引进了时间的约束:每一价格持续的时间相等。消费者行为理论讨论的是一次性消费行为,需求不会有时间性约束。萨缪尔森尽管强调所谓其他条件不变,但他关于需求的定义与消费者行为理论关于需求的定义并不相同。尤其是取消了可支配收入不变的约束条件,消费者行为理论无法证明需求定律。换句话说,消费者行为理论没有证明萨缪尔森举例的需求定律。

在保罗·克鲁格曼和罗宾·维尔斯撰写的《微观经济学》[1]教材中,描述需求定律的商品例子是曲棍球比赛门票。克鲁格曼完全不提消费者行为理论中关于其他条件不变的约束条件,直接给出了需求和需求量的定义:"需求表表示的是消费者对某种产品或服务在不同价格上愿意购买的数量","需求曲线是对需求表所做的形象呈示","需求数量是在某个特定价格上消费者实际愿意购买的量"。克鲁格曼给出的关于需求的例子是一个一次性消费的例子,韦恩·葛瑞兹基的告别赛门票是历史不可能重演的唯一门票。消费者行为理论研究一次性消费,克鲁格曼给出的需求例子与消费者行为理论研究的对象在一次性消费约束上完全相同。

---

① Paul Krugman, Robin Wells: Microeconomics, W H Freeman & Co, 2006.

不同之处在于,消费者行为理论研究的是个人一次性消费的行为,克鲁格曼呈示的是社会一次性消费的行为,它与消费者对门票的最高可接受价格有关:不论 1999 年 4 月消费者个人收入和其他商品价格是否变化,至少在消费者购买门票的那个晚上,由于消费的时间极短,可以认为其他条件不变的约束成立。但是,门票不是正常商品:如果门票降价,只需要一张门票的消费者不会多买降价后的门票,原可以高价获得此票的消费者,虽然票价下降导致个人相对收入增加,但接受此价的消费者增多,持高保留价格的消费者获得此票的概率反而变小。其实,不论门票价格怎样变化,只要门票的价格不超过消费者可承受的最高价格,在不考虑赠予因素的条件下,消费者个人关于门票的需求量与门票的价格无关。克鲁格曼通过门票案例所给出的需求定义与消费者行为理论对需求定义的区别是:(1)只承认实际购买量是需求量,否认想买能买的量是需求量。(2)只承认保留价格之下的商品才有需求量,否认有可支配收入就有需求量的结论。(3)消费者行为理论讨论的是个人一次性消费行为,在个人一次性消费行为中,消费者的需求仅与商品价格有关,与其他消费者的消费行为无关。克鲁格曼的举例是社会的一次性消费行为,消费者关于保留价格的竞争其实是消费者之间的竞争,消费者实际发生的消费行为,不仅与商品的价格有关,而且与其他消费者的消费行为有关。(4)消费者行为理论仅讨论正常商品的需求定律,但球赛的门票不是正常商品。(5)消费者行为理论中的需求是关于商品价格的需求,而克鲁格曼例子的需求是关于保留价格的需求。由于克鲁格曼例子中所定义的需求与消费者行为理论中所定义的需求不是同一个概念,消费者行为理论没有证明满足克鲁格曼所举例子条件的需求定律。

如果说克鲁格曼需求的例子暗含了保留价格的概念,哈尔·范里安在《微观经济学:现代观点》①的著作中明确地提出了保留价格的概念。范里安给出的例子是房屋租赁:接受高保留价格的消费者租住城内,接受低保留价格的消费者租住城外,并提出:将保留价格与接受该价格的人数联系起来的曲线就是需求曲线。范氏关于需求量的定义不是消费者实际消费或想消费能消费但实际上并不消费的商品量,而是接受保留价格的消费人数。表面上克鲁格曼和范里安对需求量的定义不一致,实际上克鲁格曼所定义的需求量也是保留价格上愿意买票的人数,并不加说明地将人数等同为购票数。由保留价格决定的需求和由消费者行为理论所决定的需求的差别是,保留价格理论认为一旦商品价格超过了消费者的保留价格,即使消费者手中还有可支配收入,消费者对该商品的需求应为零。消费者行为理论认为,只要消费者手中还有可支配收入,不论该商品的价格有多高,由消费者行为理论决定的需求不为零。

不论是萨缪尔森举的玉米片的例子,还是克鲁格曼举的门票的例子和范里安举的房屋租赁的例子都是社会需求的例子,曼昆在他撰写的第五版《经济学原理》②中给出了一个个人需求的例子。在该例中,消费者 Catherine 消费冰激凌蛋卷,并假定每一价格持续的时间为一个月。和萨缪尔森类似,曼昆仅接受在一个月中特定价格下实际购买的蛋卷量为个人需求量,蛋卷涨价至三美

---

① 　Hal Ronald Varian , Intermediate Microeconomics : A Modern Approach , 8th Edition.

② 　N. Gregory Mankiw (2006), Principles of Economics, 4th Edition. South-Western College Pub.

元的那个月,该消费者没买蛋卷,曼昆就认为该消费者的需求量为零。在范里安所举例子中,当房租达500美元无人租房时,也认为此价上的需求量为零。承认在某一段时间内实际消费量为零即需求量为零的结论,实际上是否定消费行为理论想买能买的需求定义。

迈克尔·帕金在他的第八版《微观经济学》教材①中对需求量的定义给出了另一种时间约束:"一种产品或服务的需求量是指消费者在某一既定时间内以特定的价格计划购买的数量。"注意到帕金讨论的既定时间不确定,消费者行为理论关于其他条件不变的约束条件就不一定满足,这意味着消费者行为理论无法证明帕金给出的需求定律。

上述关于需求的定义或例子个性凸显,理论工作者对千变万化的现实世界抽象出理论模型的基本要求是,找出研究对象的共性或主要特征,而忽略其个性。萨缪尔森玉米片和曼昆冰淇淋蛋卷的例子的共性是:承认价格是时间的函数,并假定价格关于时间是均衡的。但是价格关于时间均衡的假设条件往往与现实不符,一旦放弃此条件,萨缪尔森的玉米片和曼昆的蛋卷就有可能成为吉芬商品。以蛋卷为例,第一个月免费,C先生吃了12个,第二月蛋卷价为50美分,C先生吃了10个,如果第三月蛋卷不涨价,C先生也消费10个,将C先生在此时间节点上50美分所对应的蛋卷消费总量和免费时蛋卷消费总量描述在价格—需求量的函数图像上,该曲线必然向右上倾斜。克鲁格曼和范里安所举例子的共同特征是,其商品都具有不可再生的稀缺性,供应商之间并无竞

---

① Michael Parkin, Economics .10th EditionPrentice Hall.2011.

争,竞争发生在消费者之间。在这类例子中,将商品卖给保留价格最高的消费者是供应的基本原则,实行价格歧视也是必然选择。范里安认为将保留价格和接受此价格的人数画成曲线,此曲线必向右下倾斜。尽管范里安的结论是正确的,但保留价格与接受价格的人数的数据只是形成向右下倾斜的需求曲线的必要条件,保留价格和接受此保留价格人数做出的曲线并不是需求曲线。将一条保留价格与人数向右下倾斜的曲线转化为价格与商品需求量向右下倾斜曲线的充分条件是:每一个消费者对商品的需求量相同,但这一简单的假定条件并不必然满足。在克鲁格曼的例子中,如果接受高价票的人比接受低价票的人购买更多的票赠与他人,就会破坏这一简单的假定条件;在范里安的例子中,如果消费者以投资为目的,将部分或全部房子租下来并再出租,上述例子中由价格和接受此价格人数所构成向右下倾斜的曲线也就不会必然转化成向右下倾斜的需求曲线。第六章讨论和批判马歇尔对需求定律的证明时,已对商品价格与不同保留价格人数形成的向右下倾斜的曲线不能等同于一条向右下倾斜的需求曲线问题给出了一般性证明。帕金与其他学者的定义都不相同,我们无法将帕金关于需求的定义与其他学者关于需求的定义放在一起抽象其共性,但可以找出上述所有的需求定义的共性。分析上述关于需求的定义,不难发现不同学者的观点不同,同一学者在同一文献中观点也不同,但这些不同的观点有一个共同特征,即将一个价格下的消费量定义为需求量。只要将一个价格下的消费量定义为该价格下的需求量,不论各种需求的定义有多少差异,由于吉芬商品的存在,就不存在普适的需求定律。

上述分析表明,消费者行为理论与需求定律定义的需求和各位学者所描述的需求,不仅前提条件不同,而且需求的内涵和外延也不相同。只是因为消费者行为理论证明了在特定条件和特定定义下商品价格和商品的需求量出现了一次可能的价量负相关关系,就认为消费者行为理论证明了需求定律,这样的结论极不严肃。

二、需求的定义与需求公理

1. 需求的定义

西方主流经济学对需求的定义非常草率,但对需求曲线性质的认定极为执着。不论怎样定义需求,都坚持需求曲线总向右下倾斜。本节先讨论需求的定义,再讨论需求量关于价格的分类,从而讨论需求曲线的性质。

需求的概念似乎非常简单,简单到几乎不需要定义就可以理解的程度;需求的概念似乎又非常复杂,复杂到几乎所有主流教材或文献都无法统一定义,甚至复杂到无法客观观测的程度。我们认为,经济学是一门社会科学,它研究的对象是经济社会的一些现象,它所使用的概念也来自经济社会。表面上,这些来自经济社会的概念不难理解,不论是学者还是普通消费者都能对这些概念说三道四。实质上,学术的概念不同于经济社会的概念,学术研究必须对来自经济社会的概念予以严格的定义,使学术研究具有统一的严谨学术语言。经济学的一大缺陷就是过于随意的使用一些来自经济社会的概念,使得不同学者虽然使用同一概念,但表征对象的内涵和外延并不相同,从而产生学术上的歧义。需求的概念至少是一个容易引发歧义的概念,作为学术研究的对象,必须对概念中可能引发歧义的范畴予以规范,给出关于需求严谨、简单和可观察的定义。

规范需求的定义有两个出发点:一个出发点是需求是消费者的需求,而不是某价格下的需求。另一个出发点是需求必须是影响市场的需求,不应考虑对市场没有造成影响或在市场上观察不到的伪需求。

从消费者需求的角度出发,消费者行为理论中关于需求的"想买"约束是一个必然的约束。如果某消费者根本不想买此商品,当然不可能产生消费者的需求。尽管我们接受消费者行为理论关于"想买"是需求定义的约束的结论,但我们所接受的"想买"的约束与消费者行为理论关于"想买"的约束具有质的差别:(1)消费者行为理论中的"想买"仅仅是为了满足个人主观偏好的"想买"。我们认为消费者想买某件商品,除了与消费者的主观偏好有关之外,还与消费者衣食住行等客观需求有关。(2)虽然消费者行为理论对需求的定义中有"想买"的约束,不考虑所谓角点解,消费者行为理论要求消费者将可支配收入一次性购买一组主观偏好最大的商品组合,这组组合中已包含了所有商品,各种组合的差异仅在于各种商品的数量比例不同。在消费者行为理论看来,没有什么商品不想买,想买和不想买商品的差异只是购买商品数量的差异,因此,消费者行为理论对商品的需求实质上没有想买的约束,只有想买多少数量的约束。我们认为只要消费者买了某商品,而不论买的数量是多还是少,该消费者就想买此商品。不论消费者持有多少可支配收入,只要消费者不买某种商品,我们就认为消费者不想买此商品,消费者行为理论对想买的约束是一个量的相对约束,我们对需求想买的约束是一个买或不买的绝对约束。

　　从消费者需求的角度出发,我们也承认消费者行为理论中关于能买对需求的约束。没有足够的可支配收入,消费者的消费欲望不可能真正影响市场需求。但是,我们不接受消费者行为理论在商品无限可分假设条件下可以购买无穷小量商品的能买。如果消费者真的能购买无穷小的商品,其实质是否定了能买对需求的约束。我们认为只要消费者有足够的可支配收入购买一件以上的完整商品,并不要求消费者一定要买一组商品,也不关注消费该商品的支出是消费者的全部可支配收入还是部分可支配收入,消费者就满足了能买的约束条件。

　　从需求必须是影响市场的需求的观点出发,我们对需求的第三个约束是能买到。能买到约束是要将消费者希望买但市场无法提供的需求摒弃在严格的需求定义范畴之外。有两种需求是消费者认可但市场不认可的需求:一种需求是低于市场价格的商品需求,一种需求是供不应求的商品需求。商品供不应求会使一些想买能买此商品的需求变成不能实现的需求;而低于市场价格的需求更是消费者臆想的需求,这样的需求与市场经济无关。比如一元钱一栋的别墅或两元钱一架的波音飞机,消费者当然想买也能买,但在市场上买不到。可能有读者认为,消费者行为理论关于需求的定义中,能买就包含了买得到的含义,买不到就谈不上能买。我们认为,当然可以将能买赋予买得到的内涵,但消费者行为理论所定义的能买的需求与商品是否供不应求无关,也与商品价格的高低无关,赋予能买有买得到的内涵时就偷换了消费者行为理论关于能买概念的内涵。注意到商品的价格与供求关系有关,消费者能否以某个价格买得到某商品也与供求关系有关,在买得到的约束下,需求不再是独立于供给的需求,而是与供给有关的需求。

尽管在商品流通高度发达的市场经济上,产品的区域性已得到极大的改善,但仍有不少产品具有区域性的特点,因此,真正影响市场的需求不仅是时间的函数,也是空间的函数。

从需求必须是影响市场的需求的观点出发,对需求概念的第四个约束是真正买。对真正买的可能质疑是消费者既然想买、能买,市场上也能买得到,一个必然的逻辑推论是消费者一定会真正买,因此,真正买对需求的约束是一个多余的约束。我们认为,至少有两种情况使真正买不是需求的多余约束:一种情况与时间因素有关,今天市场的商品价格高于消费者接受的商品价格,不表明明天商品的市场价格也高于消费者接受的商品价格,今天供不应求使消费者买不到某商品,不表明明天消费者也买不到。消费者此时刻消费的商品量只能计入此时刻的需求,彼时刻消费的商品量只能计入彼时刻的需求量。五千年前人类对粮食的需求当然不会影响今天的市场,五千年后人类对粮食的需求也不可能影响今天的市场。尽管消费者想买,能买且买得到某商品,但在某时间区间内还没有买,这样的需求就不是影响该时间区间市场的需求。对需求予以时间约束的思想不难理解:考察消费的时间越长,社会中消费总量就越大是本思想的同义表述。一种情况与主观偏好的动态变化有关,比如,一个消费者原想购买苹果 4S 手机,当消费者到市场选择商品时可能会更心仪三星的 S4 手机,于是消费者原来想买、能买和买得到的苹果 4S 手机就成为不会影响市场的伪需求。

综上所述,以消费者为主体并且能真正影响市场的需求应是由受主观和客观偏好约束的想买、受可支配收入约束的能买、受供给方约束的买得到和受时间约束的真正买的需求。不想买或不能买的需求与想买能买但买不到或在某时刻之前没有真正买的需求的内在原因或有不同，但在市场上的外在表现完全一致，即在此时刻之前没有发生影响市场的消费行为，也根本给不出需求量的数据。为了避免在需求的研究上走向神秘主义道路，必须将想买能买但买不到或在某时刻之前没有真正买的伪需求不归于与时间有关的需求范畴。有意思的是，当我们真正将需求复杂的内涵和外延分析清楚后，物极必反，需求的概念反而变得非常简单：满足上述四个约束条件的商品需求量只能是该商品在某时间段内的成交量，而商品的成交量是一个与时间有关的可观测量。

2. 需求公理与需求定律

当我们理解了商品的需求量与商品的成交量有关的结论后，仅仅解决了需求量与时间的关系。要研究需求定律，还必须解决某一时间区间内需求与价格的关系。需求与价格有两种关系：一种关系是讨论某一价格下的需求量，这种关系是以价格作为需求的主体，主流经济学采用以价格为主体的价格与需求量的关系，如果采用这种关系，需求曲线不一定向右下倾斜。另一种关系以消费者为主体，讨论消费者在某价格下的需求量，以消费者为主体的需求曲线无条件向右下倾斜，从而成为需求公理。

为了理解两种关系下的需求曲线，不失一般性，我们举一个数值例子：设某消费者在价格为 7 元时买了 10 个苹果，5 元时买了 5 个苹果，3 元时买了 6 个苹果。根据以价格为主体的价格与需求量之间的关系，当苹果价格从 7 元降至 5 元时，消费者的需求量不升反降，从而成为吉芬商品。当苹果价格从 5 元降至 3 元时，消费者的苹果需求随着上升，从而满足马歇尔的需求定律。如果以消费者为主体研究价格与需求之间的关系,当苹果价格为 7 元时,消费者的苹果需求量仍为 10 个,当苹果价格下降至 5 元时,消费者又增加了 5 个苹果消费量,因此,5 元时消费者的苹果需求量为 15 个。同理,当苹果价格再降至 3 元时,消费者又增加了 6 个苹果的消费量,消费者在苹果价格为 3 元时的总需求量为 21 个。两种关系的差异是,前者仅考虑此价格下的需求量,而以消费者为主体时考虑的是消费者在此价格下想买、能买、买得到和真正买的需求量。以上述例子为例,消费者在 7 元价格时买的量是 10 个苹果,在 5 元时买的苹果是 15 个苹果,在 3 元时买的苹果为 21 个苹果。这 21 个苹果都是消费者的需求量。市场上经常可以观察到的一个现象是,当商品降价时商品的需求量会增加,正是这一现象误导了西方主流经济学家,使他们认为价格下降必然导致需求量增加。其实,西方主流经济学家关于价格下降导致商品需求量增加的结论并没有实质性错误,错误在于怎样定义需求量。如果以消费者为主体定义需求量,当某商品降价时,全社会只要有一个消费者买了一件此商品,全社会的需求量就增加。即使商品价格下降后全社会再没有买去一件商品,全社会的需求量尽管没有增加,但也没有减少,以消费者为主体定义的需求关于价格的曲线也不会向右上倾斜。正是在以消费者为主体定义需求的意义上我们认为需求定律是公理。尽管商品价格下降后商品的社会需求量至少不会减少,但是,这并不意味着该价格上的商品需求量会比未降价前的需求量增加。如果增加,一条向右下倾斜的需求定律成立,如果不增加,该商品就是吉芬商品,吉芬商品的需求曲线不会向右上倾斜。以价格为主体定义的需求是否与价格负相关是或然事件,我们无法做出一般性的判断。

三、动态非均衡价格理论

我们认为,是当期的供求关系影响着当期商品的价格,它与商品的社会总供给和总需求无关。由于社会的总需求和总供给实际上无法观测,由马歇尔建立的均衡价格理论就变成了除了上帝谁也无法证明或证伪的神学。马歇尔认为商品的均衡价格由一条与需求无关的向右上倾斜的供给曲线与一条与供给无关的向右下倾斜的需求曲线的交点决定,也只是马歇尔天赋人权的自由思想,这一思想与市场经济无关。本节,我们将给出"当期"的严格定义和当期的供给与需求的观察方法。一旦明确了当期概念的内涵与外延,一旦清晰了当期供给与需求的观察方法,与时间有关的动态价格理论并不比静态价格复杂,并会使马歇尔关于供求关系影响价格,供给与需求均衡决定价格的伟大经济学思想焕发出璀璨的光芒。

新古典经济学认为商品的定价是集约叫价,所谓集约叫价是指,一群企业家和一群消费者集约在一起,对某商品的价格进行讨价还价。企业家当然主张高价格,消费者则以低需求量予以回击,最后,双方在价格和需求量之间达成妥协,从而完成对商品的定价。严格意义上的集约叫价,参加叫价的企业应是全体企业,参加叫价的消费者应是全体消费者。每一个读者都很清楚,作为消费者的一员,我们从来没有被邀请参加某商品的集约叫价,这表明,严格意义上的集约叫价从来没有出现过。多少有些集约叫价意味的定价模式是拍卖模式,但拍卖模式也不是真正意义上的集约叫价模式,集约叫价与拍卖模式的本质区别在于,集约叫价模式是企业与消费者之间关于价格与需求之间博弈的均衡,拍卖模式的供给量已恒定,它博弈的不是价格与需求之间的均衡,而是消费者对给定商品量的保留价格之间的竞争。因此,拍卖模式尽管有集约叫价的意味,但本身并不是集约叫价模式,更何况拍卖定价不是市场上商品定价的主流模式。因此,集约叫价不过是经济学家臆想出来试图解释马歇尔均衡价格理论的一种模式,这种模式在现实市场中并不存在。

集约叫价模型要解决的是产品定价问题,集约叫价模型认为不仅商品的价格波动是供求关系造成的,商品的初始定价也是供求关系确定的。其实,当一种产品不存在,或一种产品存在但没有推向市场时,消费者不可能对市场上不存在的商品做出需求反应,因此,将产品推向市场的初始定价一定由企业完成。即使是多少有些集约叫价意味的拍卖模式,拍卖商品的所有者也要给出一个起拍价,而起拍价就是对商品的初始定价。一般而言,企业会根据成本、预期的利润并参考市场上类似产品的信息,采用加成定价的方式确定一个初始的价格 p_0。本文对 p_0 没有特别的约束,企业也许有其他的定价机制,我们在讨论商品动态价格理论时仅要求市场上有一个初始的商品市场定价 p_0,此价格由企业确定。

初始价格 p_0 能否被市场接受,必须受到市场的检验。检验的过程就是企业与企业之间,企业与消费者之间的博弈过程。但是,博弈的结果很难从商品的市场的数据中表现出来。当市场统计表明该商品的成交量发生变化时,我们无法判断是供方的原因还是需方的原因导致商品的成交量发生变化,在市场变化的任一时刻,成交量既是企业的供给量,又是消费者的需求量,供给和需求关于成交量永远处于动态平衡状态。因此,不论是货架上商品琳琅满目还是空空如也,我们都无法判断市场是处于供过于求,还是供不应求或供求均衡的状态。

　　尽管从市场数据无法动态分析供求关系,但企业家非常清楚动态的供求关系。他们特别关注两个时间量,一个时间量是生产一批产品所需的时间量,这一时间是相对稳定的时间量;一个时间量是销售一批产品所需的时间量,这一时间量与同行竞争企业有关,也与消费者行为有关,是一相对活跃的时间量。当这两个时间变量基本相等时,企业家会认为当期的供求关系处于均衡态,企业的初始定价被市场接受。当生产时间大于销售时间时,企业家会认为产品供不应求,并采用提价的策略以平衡供不应求的关系,也可以采用提高每批产品供应量以平衡供不应求的关系,甚至也可以采用所谓饥饿销售法不去改善供不应求的关系。饥饿销售法损失的是当期可能获得的更高利润,得到的是市场知名度,从而赢得品牌的无形资产。当企业生产一批产品的时间小于销售该批产品时间时,企业家非常清楚产品供过于求,并采用降价的策略,也可以采用减少批次供应量的策略,还可以通过加大营销宣传,让更多的消费者购买更多的产品,其中,广告宣传是解决供过于求问题的有力武器。我们看到,是企业家最早发现当期不均衡状况,也是企业家主动调整当期不均衡状况,其中,调整商品价格是调整供求关系不均衡的重要但不是唯一的手段。当产品供求关系出现不平衡时,价格是否调整,很大程度上与经济学家无关,而是与企业家有关,与经济学规律无关但与管理艺术有关。供求关系失衡是价格调整的必要条件,而不是价格调整的充分条件。经济学充其量只能给出价格调整的必要条件,而企业家可以决定是调整商品价格还是调整供给量,甚至可以决定当供不应求时不调整价格和供给量。当产品供过于求时也可以不调整价格和供给量,而是放弃该产品的生产,从而实现企业的结构调整和转型升级。企业家对供求不平衡的不同的调整方式会带来市场不同的收益和风险,正是由于市场上不存在经济学家所描述或臆想的价格与供给和价格与需求之间严格的一一对应的客观规律,才能凸显企业家在市场决策中的社会价值,才能凸显市场经济有别于计划经济的活力。如果市场经济规律都是严格的一一对应的函数关系,不仅企业家没有存在的价值,严格遵守一一对应函数关系的计划经济可能比市场经济更符合经济规律。

为了定量描述价格调整的必要条件,我们定义市场接受度 η,

$$\eta = \frac{产品的生产时间}{产品的销售时间} \tag{11.1}$$

本文所讨论的初始定价 p_0 和市场接受度 η 都是市场可测度的量,所谓市场的讨价还价和集约叫价不再是一个抽象的过程,由可测度的 p_0 和 η 就可以反映这一过程。当 η 等于 1 时,企业会维持目前的市场价格不变;当 η 小于 1 时,意味着产品滞销、设备闲置和资源的浪费,企业会有降价的冲动;当 η 大于 1 时,产品供不应求,企业会有涨价的冲动。η 有适度的弹性,而 η 的弹性反映的是商品价格的黏性。

我们认为,是当期的供求关系决定了商品的价格,我们可以从企业角度定义最小当期的概念:

$$最小当期=产品生产时间+产品销售时间 \tag{11.2}$$

在实证研究中,可以任意选取当期的单位,如周、月或年等等,但任选的当期至少要包含一个最小当期,否则从任选的当期中我们可能观察不到供求关系的均衡与不均衡的变化。

上述分析表明供求关系的均衡和不均衡影响了商品的价格,但影响商品价格的不是商品的总供给和总需求,而是某一时间内的当期供给和当期需求。是企业家确定了商品的初期定价,是企业家根据当期供求关系的不均衡和对市场未来的判断决定是否调整价格。由于调整价格并不是纠正供求关系不均衡的唯一手段。如果企业家不调整商品的价格,商品的价格将显示黏性或稳定性。如果企业家调整商品的价格,商品的价格将显示不稳定性或波动性。企业家调整商品的价格和供给量,当然有可能缓解不均衡的供求关系,但也有可能刺激市场使供求关系变得更加不均衡。当企业家调整商品的价格和供给量反而使市场的供求关系更加不均衡时,我们就观察到微观的吉芬商品或宏观的吉芬商品现象。当企业家调整商品的价格和供给量使供求关系达到均衡时,市场的无形之手在有效地管理市场,但这并不意味着调整均衡的供求关系会永远处于均衡状况。一旦市场出现了有利于企业家的条件,理性的企业家就会主动打破过去的供求均衡;一旦市场出现了有利于消费者的条件,理性的消费者也会对已有的供求均衡做出反应。虽然个体消费者消费时只能接受而不能改变商品的价格,但全社会与该商品消费有关的消费者自发理性的大数行动,会迫使企业家调整商品的价格。因此,市场供求关系的均衡是短期均衡,而供求关系的不均衡才是市场永恒的现象,是体现企业家理性和消费者理性的本质现象,也是市场竞争的本质现象。

西方主流经济学家非常清楚市场供求关系不均衡的现象,他们认为短期的商品价格不稳定,但长期观察,商品的价格将趋于稳定。正像主流经济学对自己提出的许多概念不予以明确定义一样,主流经济学也不对所谓短期或长期的概念予以明确定义。如果短期是指人生短短几十年,短期的价格不稳定将使我们观察不到长期的价格稳定。如果长期是指人类历史上下五千年,这样的价格稳定也与我们无关。事实上,市场经济历史已超过 200 年,如果将横坐标作为时间坐标,纵坐标作为 CPI 坐标,我们会发现 CPI 关于时间的函数是一个变化相当大的函数。主流经济学家认为的短期并不短,至少应有 200 年以上的历史。

第十二章　中国模式的普适性

经济和经济学的根本问题是供求关系问题,经济学不研究资源的绝对稀缺性,只研究资源的相对稀缺性,而资源的相对稀缺性不过是供求关系的同义表述。当供求关系均衡时,市场既不需要无形之手的管理,也不需要政府有形之手调控,更不需要微观或宏观的经济学理论去规范或指导。当供求关系失衡时,市场需要无形之手和有形之手的调控。调控的对象是失衡的供求关系,调控的目的是使失衡的供求关系重新恢复均衡。政府的宏观调控在调控对象和调控目的上与无形之手对市场的调控没有本质的差别,当且仅当企业微观调控和行业中观调控失灵使商品价格失去弹性时,政府有形之手才开始调控失衡的宏观供求关系,当且仅当商品价格恢复弹性,无形之手开始有效管理市场时,政府的有形之手将逐步退出对市场的宏观调控……

否定普适的需求定律并建立吉芬商品理论虽然可以为恶性通货膨胀和恶性通货紧缩现象奠定微观经济学基础,并不能必然得出市场需要政府调控的结论。要证明中国模式的普适性,就要找出市场无形之手和政府有形之手之间的内在逻辑关系,并依据此逻辑关系,为宏观调控划定边界。当市场出现价格波动而市场可以自我调节时,政府应秉承微观放开的原则,不去管也不应管无形之手可以完成的市场调节工作；当市场无形之手失灵时，依据无形之手和有形之手内在的逻辑关系，政府必然调控市场。本章，我们要从资源的绝对稀缺性和相对稀缺性，从市场的竞争力与资源的最优配置，从微观、中观和宏观调控等方面讨论无形之手和有形之手之间的内在逻辑，为宏观调控和中国模式的普适性奠定宏观经济学理论基础。

一、市场稀缺性与市场调控

西方主流经济学家从资源的有限性出发，认为任何市场资源都具有稀缺性，经济学就是研究市场资源稀缺性的科学。只有对稀缺性资源利用最有效的企业，才能利用稀缺资源生产出性能价格比更高的商品，从而淘汰对稀缺性资源配置效率低下的企业或行业，市场的自由竞争会有效的配置稀缺资源。依据资源的稀缺性和资源在竞争条件下配置的有效性这一逻辑关系，必然得出竞争市场配置资源要比政府有形之手配置资源更有效的结论，必然质疑宏观调控理论和宏观调控政策，也必然会质疑中国模式的普适性。

其实，市场竞争是彰显个人理性竞争，并不是关于珍惜资源稀缺的竞争。以理性作为前提的市场经济永远把个体利益放在第一位。当珍惜资源与个体利益一致时，企业和消费者会珍惜资源。当珍惜资源与个人当下利益不一致时，企业家和消费者不会去主动考虑资源的稀缺性，甚至还会浪费或破坏稀缺的资源。一般而言，企业会关注已买回来的资源的优化利用问题，关注的原因不是因为资源稀缺，而是因为企业成本，但不会关注公共资源的稀缺性。企业会关注短期稀缺性资源对企业的影响,不会关注长期性稀缺性资源对企业的影响。

西方主流经济学家坚持由市场配置资源,让出价高者得到资源,并认为这是让稀缺资源优化配置的重要举措。我们支持资源的市场配置,并认为这是市场公平竞争的必然结果,但不支持市场配置资源必定会导致资源的有效利用这一结论:出价高者并不一定是资源利用最优的企业,这不仅与出价高者的理性利益有关,而且还与企业利用资源的技术水平有关。企业出高价获取稀缺资源往往并不是为了珍惜资源的稀缺性,而是为了珍惜稀缺资源可能带来的高回报预期,是在公平竞争条件下被迫出高价。

有意思的是,认为无形之手比有形之手配置稀缺资源更为有效的主流经济学家们,恰恰忽视了什么是资源的稀缺性。在众多的经济学学术流派中,也没有一个流派真正研究资源的稀缺性。我们认为资源的稀缺性要区分绝对稀缺性和相对稀缺性。绝对稀缺性是指该资源的世界总量非常少,相对稀缺性是指资源供应量相对于需求非常少。绝对稀缺的资源不一定有市场价值,从而不一定具有资源的相对稀缺性。相对稀缺性与资源的总量没有必然关系,而是与资源当前的供求量有关。如果当期的资源的供应量少于当期的市场资源需求量,我们就称该资源具有相对稀缺性。一种商品供应量少并不意味商品的价格高;一种商品供应量大,并不意味着商品价格不高,影响商品价格的是商品供求关系;资源的相对稀缺性是市场供求关系的另一种表述,是从稀缺性角度描述供求关系。由于供求关系是与时间有关的动态关系,资源的相对稀缺性也是时间的函数。

资源的相对稀缺可分为短期性稀缺和长期性稀缺。短期性稀缺是指资源本身并不稀缺,只是由于某种外在的因素导致在一段时间内稀缺。资源短期性稀缺的典型例子是吉芬当年观察到的土豆。土豆是可再生资源,一般情况下土豆不是相对稀缺的资源,但连续几年的自然灾害导致土豆减产,使得土豆成为几年内的短缺资源和首次被观察到的吉芬商品。长期性稀缺资源的典型例子是石油。如果不发生战争和自然灾害,短期内石油并不是绝对稀缺资源。但是,世界探明和没有探明的可采石油储量只会越来越少,开采的难度越来越大,开采成本会越来越高。无形之手可以解决石油短期提高供应量的问题,但无法解决石油的长期绝对稀缺性问题。尽管石油价格可以上下波动,在没有找到性能价格比更优的替代品之前,石油价格呈现长期走高的趋势。

当市场出现相对稀缺性时,市场供不应求,市场的调控就拉开序幕。市场调控相对稀缺性的手段无非是提高资源供给和提高资源价格。如果资源具有绝对稀缺性,无形之手从提高商品供给角度解决商品相对稀缺性的努力就会付之东流;如果某资源或商品具有吉芬商品特征,吉芬商品的价量齐涨的性质,会导致无形之手从价格角度解决商品相对稀缺性的努力失灵。市场无形之手调控商品相对稀缺性的失灵表明市场已失去竞争,失去竞争的市场没有效率,不能用资源的稀缺性和市场竞争的有效性去质疑中国模式的普适性。当市场无法解决市场资源相对稀缺性时,政府有形之手对市场的调控就成为可能。

商品价值或商品的价格取决于商品的相对稀缺性或商品的供求关系是一个显而易见的道理,但从亚当·斯密时代开始,到边际革命的兴起,主流经济学家似乎都不理解经济学研究的并不是资源的绝对稀缺性,而是商品的相对稀缺性或商品的供求关系,这可从钻石与水的价值悖论和试图用边际理论解释此悖论中窥见端倪。钻石与水的价值悖论首先由约翰·劳提出,亚当·斯密在《国富论》中也提到这个悖论。该悖论认为,钻石对于人类维持生存没有任何价值,但市场价值非常高;水是人类生存的必需品,其市场价值却非常低,这种强烈的反差就构成悖论。该悖论有一个错误的前提:使用价值高的商品价格高。正是这一错误的前提,才会有钻石与水的价值悖论。

实际上,商品价格与商品的使用价值没有必然联系,它仅与供求关系或商品的相对稀缺性有关。水确实是人类生存的必需品并有很高的使用价值,但在正常情况下,供应充足的水不具有相对稀缺性,因此,水的商业价格不高。钻石虽然不是人类生存的刚性需求品,却是奢侈品。钻石生成的条件极为苛刻,再加上戴·比尔斯公司控制全球四成的钻石开采和贸易,以垄断的方式控制钻石的供应量,使得钻石的供求关系失衡而成为相对稀缺性商品。在正常市场上,钻石的价格远比水的价格高。在沙漠缺水的极端环境中,拥有钻石的消费者愿意用一克拉钻石去换取赖以生存的一口水,水的相对稀缺性高于钻石的相对稀缺性。商品的相对稀缺性不仅能解释在正常市场环境下钻石比水贵的事实,也能解释在极端缺水环境中水比钻石更贵的事实。正是由于亚当·斯密没有理解商品的相对稀缺程度决定商品的价格,而将商品的使用价值与商品的价格联系起来,才认为钻石比水贵是一个价值悖论。

依据资源的相对稀缺性或供求关系,钻石比水贵并不是价值悖论。但边际学派认为边际理论可以解决钻石与水的价值悖论,这就构成"悖论"的悖论:

（1）商品的使用价值是一个客观价值,而效用是消费者对商品的主观评价,商品的使用价值和商品效用是两个不能混淆的概念。钻石与水的价值悖论是商品的使用价值和商品价格之间的悖论,边际理论从不涉及商品的使用价值,也不承认商品的价格与商品的使用价值有关,边际理论不可能解决商品使用价值与价格有关的钻石与水的悖论。

（2）边际学派解释钻石与水价值悖论的一个观点是,商品的边际效用决定商品的价格,这是一个错误的观点。根据边际理论,在静态条件下,消费者手中所持某商品的数量越多,对新增该商品的主观偏好就越小,消费者对新增单位商品愿意支付的货币数量也越少。但消费者愿意为新增单位商品支付的货币数量与商品的价格无关,而是与消费者愿意为新增单位商品支付的最高商品价格或保留价格有关,消费者个人对某商品的保留价格与商品的价格不是同一个概念。边际学派在解释钻石与水的悖论中,错误地将消费者个人关于商品的保留价格和社会相对稀缺性确定的商品价格混为一谈,从而偷换了保留价格和商品价格的概念。在自由竞争的市场经济中,没有任何一个消费者能将自己关于商品的保留价格作为商品的价格强加给全社会。

（3）边际学派认为水是必需品,效用大,但数量极多,边际效用几乎为零,因此价格低。边际学派的这一解释不仅将商品的价格偷换成保留价格,还将个人商品的边际效用偷换成社会边际效用。其实,商品的效用和边际效用是消费者对某一商品的主观感受,同一消费者对同一商品在不同环境下的效用和边际效用不同,不同消费者在同样环境对同一商品的效用和边际效用也不同。没有任何理论可以为消费者对商品的主观感受制定统一的标准,因此,效用和边际效用是纯粹与个人有关的概念,不可能有社会效用和社会边际效用的概念。消费者个人关于某商品的效用和边际效用仅与个人所持该商品的总量和新增量有关,与商品的社会总量无关,与所持其他商品的总量和新增量无关。因此,不能讨论商品的社会存量导致的边际效用。在沙漠环境中,因缺水而面临生存危机的消费者不会因为社会水存量巨大而降低水的效用和边际效用。不能一般性地比较不同商品的效用和边际效用,如果真能比较不同商品的效用和边际效用,比如,真能比较钻石与水的效用和边际效用,这可能是边际理论的又一场革命。主流经济学家试图用边际理论解释钻石与水的悖论,不仅没有解释清楚钻石与水的悖论,反而暴露了主流经济学家在学术问题上的随意性。

二、理性与约束

亚当·斯密认为市场经济的优势在于理性,我们认为市场经济的优势并不是基于理性,而是基于理性的竞争,理性与基于理性的竞争不是同一概念。只有竞争的理性市场才有效率。市场竞争的本质是约束:竞争双方用各自的理性约束对方的理性。约束就是管理,竞争就是无形之手管理市场的手段,管理的对象就是供求关系,管理的方法就是微观和中观调控供求关系,管理有效的标志就是商品的价格富有弹性。

理性是市场活力的源泉,但不受约束的理性可能会成为破坏市场秩序的动力。发现理性是市场活力源泉的亚当·斯密尽管并没有明确提出理性需要约束,理性需要管理,但亚当·斯密提出失去约束的理性导致犯罪时,应由政府的有形之手予以约束,政府应当成为市场秩序的守夜人。亚当·斯密没有意识到,失去竞争的市场同样是理性失去约束的市场,是商品价格失去弹性的市场,是无形之手失灵的市场,这样的市场同样需要政府有形之手予以约束。

市场竞争首先是企业与消费者之间关于同一商品的竞争:理性的企业希望以更高的价格向市场提供更多的商品,理性的消费者希望以更低的价格消费此商品。一旦企业提高商品价格,消费者可以用减少消费量的方式与企业博弈,企业与消费者之间关于同一商品的竞争就是马歇尔试图用一条向右上倾斜的供给曲线和一条向右下倾斜的需求曲线所描述的竞争,是主流经济学高度关注和深入研究过的竞争。在企业与消费者之间的竞争中商品的性能不变,这样的竞争不可能导致产品的升级换代,不可能导致产业结构的调整,因此,这样的竞争除了能淘汰一些管理不善导致亏损的企业之外,对资源的有效配置贡献不大。其次,市场还会发生企业与企业关于同类商品的性能价格比的竞争。商品性能价格比的提高有助于产品升级换代,有助于产业结构的调整,只有企业与企业之间关于产品性能价格比的竞争,才有可能有效地配置资源。

在西方主流经济学中,为了简化问题,将所有的商品都看成是同质的商品,所有的企业都是同质的企业,所有的消费者都是同质的消费者。在"同质"的假设条件下,消费者的行为也同质为商品价量负相关的行为,微观经济学不会去研究市场失去竞争的吉芬商品现象,不会去研究恶性通货膨胀和恶性通货紧缩,不会去研究非同质但同类的商品性能价格比的竞争。当市场商品价格基本稳定时,主流经济学家会认为市场处在均衡的最优状态,市场已没有竞争。实际上,当市场价格不稳时,如果产品价格不断上涨,消费者对产品的需求量不降反升,该产品成为价量齐涨的吉芬商品,此时,产品供销两旺,理性企业无须为提高市场占有份额进行关于产品性能价格比的竞争,更没有必要挑起价格战。在恶性通货紧缩期,设备闲置、企业亏损,社会失业率上升,市场缺乏信心,面临生存困难的理性企业也很难挑起企业与企业之间关于产品性能价格比的竞争,更没有信心挑起价格战。正是由于市场价格基本稳定,才使企业与企业之间展开商品性能价格比的竞争。因此,当市场关于价格与需求量竞争的无形之手失灵时,市场关于产品性能价格比竞争的无形之手也会失灵。

不论是企业与消费者之间关于产品价格与需求的博弈,还是企业与企业之间关于产品性能价格比的竞争,都离不开价格的因素,两种竞争都与价格有关,在竞争的过程中,价格必定是一个因变量。该因变量可以通过博弈得到暂时的均衡而稳定,也可以通过再竞争导致失衡而变化。正是由于竞争使价格从不稳定到稳定,再从稳定到不稳定的不断变化过程,将市场经济的竞争本质表现得淋漓尽致。令人不解的是,研究市场竞争的新古典经济学用所谓充分竞争的理论假设,让商品价格在市场竞争过程中保持不变。西方主流经济学家将价格不变作为充分竞争假定的理由是,充分竞争意味着有不可胜数的小企业参加竞争,每一个参加竞争的企业都小到不足以影响市场,也无法改变市场商品的价格。因此,西方主流经济学关于充分竞争定义中的“充分”是指能参加竞争的企业都充分参加了竞争,而不是指企业与消费者关于商品价格与需求的充分竞争和企业与企业之间关于产品性能价格比的充分竞争。其实,一旦在市场竞争的过程中保持商品的价格不变,企业与消费者之间关于产品的价格与需求的博弈已经不复存在,企业与企业之间关于产品性能价格比的竞争也只剩下产品价格不变但产品性能不断提升的竞争,这种竞争与企业理性会发生冲突。主流经济学所定义的充分竞争充其量是在竞争市场中可能出现的关于价格竞争的暂时均衡,并不允许达到均衡后的市场再有竞争,价格不变的充分竞争假设本质上是不允许再竞争假设。

具有讽刺意味的是,不论什么流派的主流经济学家,都承认理性人假定和无形之手的作用,都基本秉承自由主义市场经济原则,但很少有人理解理性并不是市场的无形之手,基于理性的竞争才是无形之手。无形之手是管理者,自由市场是管理对象。只要无形之手还在管理市场,市场的竞争必然会破坏任何暂时的均衡。一旦市场失去竞争,市场理性依然存在,但市场无形之手已然失灵。

西方主流经济学也意识到充分竞争假设存在问题,但没有意识到充分竞争假设是在市场达到竞争均衡后不再允许竞争,而是认为充分竞争的条件太苛刻,市场不可能满足充分竞争的条件,市场上观察不到充分竞争的结果。实际上,一个行业或一件产品是否已充分竞争与有多少家企业参与竞争没有必然联系,而与该行业或该产品的投资回报率是否大于社会平均回报率有关。如果该行业或该产品投资回报率高,就会有企业在理性的召唤下参与此行业或此产品的竞争。如果该行业或该产品的投资回报率不高于社会平均投资回报率,不论参与该行业或该产品的企业有多少,关于该行业或该产品的市场竞争已是充分竞争,此时产品的价格呈黏性。充分竞争的市场随时可见,但已充分竞争的市场不可能永远不再发生竞争。

西方经济学为了给充分竞争假设披上合理的理论外衣,还为市场竞争制定了一个标准,这个标准就是帕累托改进。帕累托改进是指在没有人利益受损的前提下,至少有一个人获利的改进。进一步,主流经济学家还为帕累托改进设立了一个最优标准,这个标准就是帕累托最优。帕累托最优是指,一个系统在发生变化时,在不使任何人利益受损的情况下,不可能再使任何人获利。一个处于帕累托最优的系统是指不存在帕累托改进的系统。帕累托改进和帕累托最优的标准由意大利经济学家弗雷多·帕累托在研究经济效率和收入分配时引入,并用他的名字命名。帕累托改进和帕累托最优的市场竞争结果得到主流经济学的广泛认可。

我们认为,尽管帕累托改进和帕累托最优不失一个利己不损人的标准,但与理性人公理格格不入,与自由主义市场经济竞争的本质特征格格不入:(1)市场经济的本质特征是优胜弱汰的竞争,正是这种优胜弱汰竞争机制导致市场能够有效,正是这种优胜弱汰机制导致胜方受益,败方受损。在激烈的市场竞争中,根本找不到帕累托改进和帕累托最优的踪影。正如中国古典名著《红楼梦》所描述的那样:你方唱罢我登场。由于帕累托改进和帕累托最优不支持优胜弱汰的市场竞争,因此,帕累托改进和帕累托最优不关注市场的效率。(2)多数人福利没有变化而少数人急剧变好的改进符合帕累托改进,但这种改进会导致社会的贫富差距拉大。帕累托改进和帕累托最优也不关心社会的公平。

在西方主流经济学中有一个与帕累托最优有关的著名经济学定理,即福利经济学第一定理。该定理在市场完全竞争,没有外部性,没有市场交易成本和完全信息对称的假定条件下,证明了完全竞争市场的一般均衡满足帕累托最优。如果将市场的帕累托最优理解或定义成市场资源配置最优,则充分竞争的均衡市场就是满足市场效益最大化的市场。该定理的成立条件之一是市场不受外部力量的干涉,因此,政府无须也不能干预充分竞争形成的市场资源配置最优的均衡市场。其实,在新古典经济学的理论框架下,不用做数学分析,仅用逻辑就能证明充分竞争假设、均衡市场和帕累托最优是等价命题:充分竞争假设意味着商品价格不变,根据马歇尔的供给需求定理,商品的价格不变,消费者的需求量就不变,因此,企业与消费者关于价格与需求的竞争处于均衡状态。在市场均衡状态下,如果提高产品价格,必然导致消费者受损。如果降低产品价格,必定导致企业受损,因此,均衡的市场已不能再做任何帕累托改变,它已实现帕累托最优。反之,达到帕累托最优状态的市场一定是任何变量都不能改变的市场,从而是价格不变的均衡市场和充分竞争的市场。但是,均衡不变的市场没有竞争,由帕累托最优所约束的市场竞争不可能达到资源配置最优。价格不变、市场均衡和帕累托最优都是在市场竞争过程中可能出现的现象,但这些现象只是暂时的现象,并必将被市场竞争破坏。在市场竞争下,各种经济变量从失衡到均衡,再从均衡到失衡,从而呈现出勃勃的活力。西方经济学家们当然可以研究市场的均衡稳定现象,但更应关注竞争市场的不稳定现象。如果把市场均衡的稳定现象当成是市场经济追逐的终极目的,就会忽视市场竞争的本质特征,没有了竞争的经济不是市场经济,而是计划经济。

三、微观调控、中观调控与宏观调控

我们承认理性是使市场经济有效率的必要条件,但否认理性是使市场经济有效率的充分条件;我们承认理性的市场有可能导致竞争,但否认理性的市场必然导致竞争;我们承认激烈竞争的市场有效率,但否认没有竞争的市场也有效率。正是理性让市场充满活力;正是基于理性的竞争让市场动态有序;正是充分竞争的理性市场才能有效率。如果市场经济真的是纯粹的自由主义市场经济,市场无形之手可以自发且有效地管理一切,不仅仅政府管理市场的有形之手是多余之手,西方主流经济学指导或管理自由主义市场的各种理论或模型也是多余的理论或模型。西方主流经济学家坚持自由主义市场经济理念,反对任何因素约束或干预市场。他们认为无论市场经济状况多么恶劣,理性的市场总会走向复苏。理性市场的自我复苏比在政府干预下的市场复苏更有效率。极端的观点认为,政府的干预破坏了市场内在的规律,从而延缓甚至破坏了市场复苏。我们认为,社会只要有足够的耐心,市场确实可以自我出清。但如果市场波动极为剧烈,调整时间极为漫长,以泡沫破灭方式自我调整的过程对经济的破坏极大,社会难以承受泡沫破灭之苦,民众难以熬受生活之难,这样的出清对追求效率的市场经济没有意义。当西方主流经济学家强调任何时候市场都可以自我出清时,却忘了我们不是为了实施市场经济而实施市场经济,而是为了资源配置更有效率而实施市场经济。正如市场的交易费用高于企业的管理费用时,西方主流经济学支持具有计划经济色彩的企业参与市场经济一样,当用市场经济手段导致过热或过冷市场硬着陆的资源配置效率远低于用政府有形之手使过热或过冷市场软着陆时,我们支持有形之手干预市场。至于市场泡沫的产生和破灭会淘汰落后企业,支持先进企业,从而导致市场结构调整的结论更是谬论:当泡沫没有破灭之前,企业无须改变产品性能就可价量齐涨将产品推向市场,没有多少理性的企业不去赚取当前的利润,而是热衷于不停地改变产品的性能,这样的市场状况不会有助于企业对设备和产品的更新换代,不会有助于经济结构调整。当市场泡沫破灭时,全社会的企业都会遭受沉重的打击,其中投入越大的企业受到的打击越大,而热衷于生产设备更新换代和产品性能不断改善的企业,恰恰是投入更大,从而受打击更大的企业。覆巢之下安有完卵,经济危机之后,我们看的往往是市场经济的重造,而不是优秀企业得以发展,落后企业得以淘汰。我们不相信政府对市场的任何干预行为总使市场变得更差,不相信市场的硬着陆永远比软着陆有效率,不相信根本阐述不清什么是市场规律的学者关于政府干预会破坏市场规律的臆断,不相信根本不理解市场竞争就是对理性约束的学者反对对市场的任何约束的主张,不相信市场无须约束的自由主义市场的理论。中国实行市场经济后,遭遇过一次恶性通胀事件。正是这一事件,使政府意识到放开的市场经济还需要政府的宏观调控。正是中国的宏观调控,既避免诸如亚洲金融风暴和美国次贷危机等世界经济危机的剧烈冲击,也使中国平稳地走出了国内一次又一次的通货危机。正是中国的宏观调控,让主流经济学接受了软着陆的经济学新概念。正是中国的宏观调控,让中国模式充满了魅力。

　　一种观点认为,市场那么多理性的企业家和消费者都无法解决的经济危机,同样理性的少数政府管理者也不可能有所作为。持这种观点的学者将市场无形之手和政府有形之手的调控对立起来,其实,政府有形之手和市场无形之手对市场的调控没有本质差别:当产品供不应求时,企业会提高产品价格和产量微观调控市场。如果理性的消费者减少消费量以抗争企业的微观调控、则企业微观调控就能使供求达成均衡。如果企业持续提高产品价量仍不能调控产品供不应求的失衡,该产品不仅成为价量齐涨的吉芬商品,而且意味着无形之手对产品微观调控失灵。企业对产品微观调控失灵,必然导致与该产品有关的行业提高产品价量,行业价量齐涨的理性行为是中观调控行为。如果行业中观调控失败而导致多数行业持续价量齐涨,市场就出现价量齐涨的宏观吉芬商品现象或通货膨胀。宏观吉芬商品现象的出现意味着行业正在进行中观调控,而持续的通货膨胀意味着行业中观调控失灵,调控供不应求的失衡任务就成为全国性的宏观任务,政府对宏观调控责无旁贷。如果供求关系的失衡不仅仅是一国的现象,而是多国同时发生的现象,各国政府还会协同调控全球性的供求关系失衡。同样的道理,我们可以分析通货紧缩的微观调控、中观调控和宏观调控。政府的调控目标与市场微观和中观调标目标完全相同,都是调控市场的供求失衡。政府调控的目的不仅是从宏观角度帮助市场恢复供求均衡,更重要的是帮助已失灵的无形之手恢复管理市场的能力,使市场经济恢复竞争力。

　　政府有形之手有别于无形之手调控市场的特点在于:(1)政府消费和投资总量大,从而调控力度大。(2)政府可利用政策甚至法律的手段,调控的执行力强。(3)市场的调控主要是供方调控。政府减少投资消费的行为主要是需方调控,而政府的政策调控也可影响供方。(4)不论是微观调控还是中观调控,都是微观或局部的调控,政府的调控往往是带全局性的调控。(5)政府调控的原理就是价量负相关的原理,因此,宏观调控并不需要政府管理者比市场竞争者更聪明。

　　世界发达国家采用的宏观调控手段主要是货币政策和财政政策:当市场低迷时采用宽松的货币政策和财政政策;当市场过热时采用紧缩的货币政策和财政政策。就是这样简单的政府调控,也受到主流经济学的苛责。比如,弗里德曼认为,货币政策的变化不是政府对市场的调控,而是对原有错误货币政策的修正:多发货币导致通货膨胀,把多发的货币减下来,就是防止通货膨胀的货币政策。不少学者认为,调整财政政策就是政府用计划经济手段干预市场。这些观点对宏观调控的理解过于肤浅,中国模式的宏观调控比货币与财政政策调控概念在内涵和外延上都更丰富、更深刻。从调控手段分类,政府有计划经济手段、政策手段和市场经济手段。从调控因素分类,既可调控以价格变化为表征的商品供求关系,还可以调控以价格变化为表征的原材料供求关系,以利息变化为表征的货币供求关系,以工人工资变化为表征的劳动力供求关系和以汇率变化表征的进出口贸易的供求关系。

　　计划经济手段是指政府明确规定微观企业生产的产品、产品型号、产品价格和产品数量,明确规定消费者的消费配额。只要政府没有对微观企业或微观消费者进行定量调控,就不能将政府的调控看成是计划经济手段的调控,不能将政府对经济的任何调控都贴上计划经济的标签。如果将政府对经济的任何调控或决策都看成是计划经济的产物,就必然得出中国经济微观放开的政府决策也是计划经济产物的荒谬结论。政府的所谓货币政策和财政政策并没有对微观企业和微观的消费者实行定量调控,这样的调控不是计划经济手段的调控。在市场经济调控中,计划经济手段也不是一无是处的手段。比如,出现全球粮荒时,政府对粮食的强制收购和管制性消费,既可避免过于理性的市场发灾乱财,又可保证本国居民的最低生存粮食供给。

　　政策手段是指政府制定影响市场的政策。政府的政策手段有两个明显的特征,即政策适用的普适性和执行的强制性。不具备这两个特征的政府调控手段不能称之为政策手段。政府采用政策手段管理市场的原因是：(1)弥补市场经济的天然缺陷。以理性或自私为前提的市场，不会自觉地维护社会的公平。政府以所得税、遗产税、赠与税和其他税的强制性政策，将高收入者的部分收入用于社会教育、医疗、失业和养老等公共事业，实现社会财富的二次分配。理性的市场也不会自觉地关注环保事业，政府出台严厉的环保政策以保护碧水蓝天。政府的政策手段可以让理性的市场更关注效率，让政府有形之手更关注社会公平。(2)为刺激经济出台的政策。如，为刺激出口并避免国内国外重复征税的出口退税政策，为增加就业对小微企业的减税政策等等。(3)为保证经济持续发展出台的政策。如对替代能源的补贴政策和对高科技企业的奖励及减税政策。(4)适应各国国情的特殊政策。如中国的计划生育政策和印尼禁止原材料直接出口政策。政府调控市场的政策手段往往具有计划经济手段色彩。

西方主流经济学家认为宽松或紧缩的货币和财政政策是政府的政策调控手段，我们认为这一观点值得商榷。从财政政策角度分析，当市场低迷时，政府扩大自身的投资和消费，并没有强制所有企业都扩大投资，也没有强制所有消费者都加大消费，因此，政府在市场低迷期实行的宽松财政政策不是政策行为。同理，政府在通货膨胀期紧缩财政开支的行为也不是政策行为。从货币政策角度分析，在市场低迷期，企业会减少投资，消费者会减少消费，市场货币处于供过于求状况，货币的供过于求倒逼市场货币利息走低。央行降息不是政府强制性政策，而是货币市场倒逼的行为。在经济低迷期，央行也不可能对已供过于求的货币市场再实行所谓宽松的货币政策。宽松的货币政策与其说成是一种政策，还不如说是对货币供过于求局面的无奈描述。随着利息的下降,有可能刺激经济复苏,只有在经济复苏阶段才能实行宽松的货币政策。由于宽松的货币政策并不强制要求企业和消费者增加贷款,宽松的货币政策也不是政策行为。在经济过热期采用紧缩的货币政策确实具有政策调控的特征,但提高利息的行为是货币供不应求的市场倒逼行为,普适的紧缩货币政策则是一个错误的调控政策:经济过热,意味着市场产品普遍供不应求。解决供不应求病症的对症药方是支持企业加大供给,对症的货币政策应是加强供应链的货币信贷和控制消费信贷的靶向型货币政策。在靶向型而不是紧缩型货币政策调控下,供给货币的增加必然导致就业增加。在市场需求不变或需求增长率少于企业供给增长率条件下,企业供给的增加必然导致物价下跌。在靶向型货币政策支持下实现的物价下跌和失业率下降的现象明显与菲利普斯曲线关于失业与通胀负相关的结论相悖。反观紧缩的货币政策,对产品供应链的货币紧缩必然会增加失业和减少产品的供给。当供给减少率大于需求减少率时,产品物价还会上涨,这样的紧缩的货币政策会导致物价上涨和失业增加的所谓滞胀。正是 20 世纪 70 年代发生的滞胀现象,既给凯恩斯理论带来挑战和尴尬,又否定了菲利普斯曲线关于失业率与通货膨胀负相关的结论。随着紧缩货币政策加强,失业率会进一步上升。在失业的压力和紧缩货币政策对消费信贷的遏制下,市场需求将一路下行。下行的需求虽然可以让物价下行,但市场经济也将从繁荣走向萧条。市场从繁荣走向萧条并不是什么客观的周期性经济规律,而是紧缩性货币政策带来的恶果。比较靶向性和紧缩性货币政策:前者从提高供给角度缓解供不应求矛盾,并保持就业增加和市场繁荣;后者从压抑需求角度缓解供不应求矛盾,这将使市场出现滞胀,并最后走向萧条,两种货币政策谁优谁劣一目了然。

政府的市场经济调控手段是指政府以理性原则和市场一分子的角色影响市场。市场过热时,政府办同样的事要花更多纳税人的款。因此,政府减少投资与消费符合市场理性要求。市场萧条时,政府加大投资与消费,用纳税人更少的钱为纳税人办更多事符合市场理性的要求。注意到政府的财政收入占 GDP 的比重很大,政府的这一理性行为对市场的影响就很大。比如,当政府的财政收入占 GDP 的 20% 时,政府在市场低迷期增加 10% 的财政投入,就可使 GDP 增长约 2%。通货紧缩期的商品价格的一路下行的原因与市场信心有很大的关系,在股票市场,当股票价格上涨时,市场预期未来一段时期价格还会上涨,购买股票的货币不仅不会减少,而且还会迅速增加,从而形成所谓牛市。在熊市,虽然股票价格一路下行,但很少有人会购买更多的股票,不少投资者会抛售股票持币离开股市,从而形成买涨不买跌的股市吉芬商品现象。在商品市场,虽然商品已降价,如果消费者预期价格还会持续下行,消费者不可能增加需求量。一路下行的商品价格不仅没有刺激消费者增加消费的欲望,反而增强了价格还可能下行的预期。消费者对价格下行的预期和减少消费的行为使商品成为价量齐跌的吉芬商品,也使企业对市场持悲观态度而失去信心。如果消费者和企业对市场价格的走向有共同的预期,当本应对价格持相反态度而竞争的企业和消费者在市场低迷期成为同盟军时,需求定律就会失效,无形之手对市场的管理就会失灵,西方自由主义经济学家坚持的理念就不再是科学的结论,而是变成宗教式的信仰。在市场预期下行期,政府增加消费和投资不仅能使部分闲置设备得以恢复生产,部分下岗职工恢复就业,而且会影响甚至改变企业和消费者对商品价格下行预期,使市场逐步恢复信心。在恶性通货膨胀期,企业与消费者对价格会有共同的上涨预期,企业为此惜售而减少供给,消费者担心未来商品会涨价而增加当期消费,特别是增加以投资为目的的当期消费,此时市场就会出现价量齐涨的宏观吉芬商品现象。为了扼制恶性通胀,政府替代已失去竞争力的消费者,以减少政府需求的手段与企业不断上涨价格的理性行为博弈,迫使市场走向需求定律所描述的价量负相关之路,让市场无形之手恢复活力。当无形之手开始有效管理市场后,有形之手会退居幕后,扮演一个普通但权重的市场一分子。政府以市场手段调控市场的行为,不仅符合政府市场理性,更重要的是能提振市场信心。政府这一行为可用毛泽东的咏梅诗中的梅花来形容:俏也不争春,只把春来报。待到山花烂漫时,她在丛中笑。

虽然政府的宏观调控有助于仍然理性但失去竞争力的市场恢复竞争力,但政府哪怕是以市场手段进行的宏观调控也应受到下述约束:(1)在恶性通胀期,政府减少需求的总量应略大于企业价格上涨时消费者新增的消费量,既让企业受到价格上涨但需求量减少的市场竞争压力,又不让市场突然失速而走向衰退。(2)在通货膨胀期,当消费者受宏观调控影响或出于自身理性而减少需品的需求量时,政府的宏观调控应逐步退出。退出的节奏是政府加消费者的需求总量总体上呈下行趋势,但不能让市场失速,直到市场恢复正常价格水平。(3)当市场走向衰退时,政府用增加需求的市场方式调控市场,但控调的强度不大于使市场恢复潜在产能的强度。如果政府调控的强度太大,一旦政府退出调控,市场可能会因为政府调控导致的新增产能闲置而再次走向通货紧缩,并使市场患上宏观调控依赖症。(4)政府用于宏观调控的项目应是市场或社会真实需求的项目,宏观调控仅仅是改变投资的时间节点。如果为拉动需求而拉动需求,投资拉动需求的项目虽然可节约成本,但项目本身可能造成资源的更大浪费。(5)当市场需求开始上升时,政府应逐步退出宏观调控。当政府已退出宏观调控,市场在需求拉动下使企业产能超出原有产能,并使产能持续增长,是我们乐观其成的现象。市场需求增长是经济增长的原动力,也是唯一健康的经济增长方式。单纯靠政府投入拉动的增长是不可持续的增长,也是一种低效率的增长方式。

从宏观调控的因素分析,调控因素无非是供给与需求两个因素。细分市场可以有产品、原材料、货币、劳动力和进出口五种供求关系,其中最重要的是产品供求关系,其他供求关系仅与产品的成本有关。如果产品成本没有变化,我们不必关注与产品成本有关的供求关系变化。如果与产品成本有关的供求关系发生了变化,甚至发生了较大变化,只要产品的价格还稳定或还富有弹性,政府、消费者和经济学家也同样不必关心与产品成本有关的供求关系的变化。关心这些供求关系变化的是企业家:在产品供求关系稳定的条件下,如果与成本有关的供求关系的变化总体上使产品成本下降,企业家会乐观其成。如果与成本有关的供求关系的变化总体上使产品成本上升,但受需方和同业竞争约束,产品价格依然稳定,企业不得不痛苦地用加强成本管理和减少产品利润的方式自我消化这些成本。如果这些供求关系的变化逼迫企业对产品减量提价,从供方角度破坏供求均衡关系,就会导致成本推动型通货膨胀。当市场出现了成本推动型通货膨胀时,要具体分析是什么供求关系变化导致的通胀,并且根据这些供求关系变化的原因提出对症的宏观调控对策。不能像凯恩斯那样,把影响宏观变量的变化都归因于银行利息,不能像弗里德曼一样,将所有通货现象都归因于货币。战争或自然灾害导致的原材料价格上涨,从而导致的成本型通货膨胀与利息或货币数量没有必然的联系,工会或政府迫使企业给工人加薪导致的成本推动型通货膨胀也不是凯恩斯的利息模型或弗里德曼的货币主义可以解释的现象。即使政府实行宽松的货币政策,通货膨胀现象是否与货币有关,要区分货币是投向金融市场还是商品市场。如果多发货币投向金融市场,诸如股票这样的金融产品价格可能上涨,但与产品价格变化没有必然的联系。如果货币是投向产品市场,还要区分是投向生产领域还是投向消费领域。如果是生产环节货币增多,我们得不到物价一定上涨的结论,也得不到弗里德曼多发货币必然导致通货膨胀的结论。如果多发的货币是消费货币,商品价格是否上涨也不是一个必然现象,而是一个或然现象,它不仅与消费增长有关,还与供给有关。如果产品的供给不能满足市场增多的需求,产品价格确实可能上涨。如果需求增多后供求依然平衡,产品价格不可能上涨,如果市场还供过于求,产品价格还可能下跌。正是在货币数量或利息不是导致通货膨胀或通货紧缩唯一原因的意义上,本书不仅从理论上否定凯恩斯理论和弗里德曼货币主义,也从经济学思想上否定这两个西方主流宏观经济学的观点。正是在货币数量和利息不是通货膨胀或通货紧缩唯一原因的意义上,政府可宏观调控的因素远不止货币和财政政策两个因素。

我们认为经济学所研究的问题其实非常简单,就是研究供求关系。经济学不研究没有市场需求的绝对稀缺性资源,仅研究有市场需求的资源的相对稀缺性,所谓相对稀缺性不过是资源供不应求的同义表述。通货膨胀不过是一篮子商品在加权意义下供不应求的宏观现象,成本推动型通货膨胀不过是原材料或人力资源供不应求造成的通货膨胀;进口推动型通货膨胀只不过是进口原材料或商品供不应求时的表征;利息变化不过是表征货币供求关系的变化,工资的变化不过是表征劳动力市场供求关系的变化;汇率变化不过是表征进出口商品的供求关系变化,而失业率不过是从就业角度表征劳动力市场供求关系,边际理论不过是寻求供求关系的静态均衡点。经济学研究关注的供求关系的热点也很简单,就是关注动态的非均衡供求关系。当供求关系均衡时,市场的无形之手正在有效地管理市场,市场无须政府干预,无须经济学家干预,经济学的各种模型充其量是在非常简化的条件下理解均衡的供求关系,而不是指导如何实现均衡的供求关系。当市场偏离均衡的供求关系且不能再回到均衡点时,市场就会出现价量正相关的吉芬商品,甚至出现恶性通货膨胀或恶性通货紧缩的宏观吉芬商品现象。非均衡的供求关系才是政府应当关注甚至干预的热点问题,才是经济学家应当重点研究的热点问题。遗憾的是,无论是微观的比较静态均衡理论还是宏观的比较静态均衡理论,只研究静态或比较静态的均衡经济学问题,都不关注动态的非均衡供求关系,不研究动态的非均衡经济学问题。在此理论框架下,根本无法理解动态的非均衡的吉芬商品和宏观吉芬商品现象,根本无法理解政府对长期的恶性的动态非均衡供求关系干预的必要性和可能性,根本无法理解无形之手与有形之手的共性和个性,根本无法理解坚持宏观调控的中国模式。

西方主流经济学家普遍认为经济学现象非常复杂,经济学的研究也非常复杂,以致西方弗里德曼认为根本找不到与现实一致的理论假设条件,以致西方主流经济学家普遍研究均衡的比较静态理论。我们认为,研究非均衡的动态供求关系的方法非常简单,就是用统计的方法去统计商品微观、中观和宏观的供求量。西方主流经济学家和我们关于经济学研究的复杂性的认知有如此大的差距,是因为西方主流经济学家试图从或然性的市场现象中找出必然性的规律,试图用均衡理论研究所有经济学问题。正是在均衡理论无法研究非均衡问题的意义上,我们否定西方主流经济学的均衡理论。正是在必然性理论无法研究或然性现象的意义上,我们否定西方主流经济学的必然性理论模型。

我们的具体建议是:(1)将基本公平的法律体系和基本完善的信用体系作为市场经济赖以生存的前提条件,将法律和信用问题和市场经济的供求关系问题分开研究。宏观经济学在研究通货膨胀时之所以陷入困境而不能突破,就是因为宏观经济学不仅将货币信用问题与供求关系问题混淆起来,而且认为供不应求的通货膨胀问题就是货币信用问题。我们当然可以研究法律体系和货币信用体系对供求关系的影响,我们也应研究在法律体系和货币信用体系基本完善条件下供求关系的问题,两者不可偏废。(2)直接从微观企业角度统计商品供应和需求的变化情况,从中找到供求关系变化的轨迹。这包括但不限于:1)统计产品的生产周期与产品的销售周期,我们提出来的动态均衡价格理论也要依赖这一统计数据。如果企业产品的生产周期大于产品的销售周期,产品供不应求,反之则供过于求。2)统计产品的库存情况。企业为了保证市场产品供应不断货,往往会有一定量的产品库存。当产品库存量保持稳定时,产品的供求关系处于均衡状况;当产品库存增多时,产品供过于求;但产品库存减少时,产品供不应求。3)统计企业产能和产量差。当这一差值增加时,产品供过于求;当这一差值减少时,产品供不应求。当这一差值为零时,产品供求均衡。差值的减少率可以作为新增产能的重要参考值。除了微观企业的统计数据外,不少宏观数据统计也会为供求关系变化情况提供重要的信息,比如 CPI 变化率、失业率、货币周转率和信贷增加率等等。(3)研究影响供求不均衡的原因。从原因入手解决供求不均衡的矛盾来影响市场经济的走向。研究影响供求不均衡的原因也要分清主次,也要分析可能存在的多种原因,不能一旦出现通货膨胀都以多发货币说事,不能一旦出现通货紧缩就采用宽松的货币政策了事。

　　注意到市场经济的根本问题只是供给与需求的关系问题,真正需要宏观调控的只是严重的供不应求和供过于求问题。本书第十三章将研究供不应求的通货膨胀问题,第十四章将研究供过于求的通货紧缩问题。

第十三章　通货膨胀理论与对策

　　弗里德曼的货币理论是供给货币恒等于需求货币的理论,该理论无法研究多发货币导致的通货膨胀问题。导致通货膨胀的根本原因是一篮子商品在加权意义下的供不应求,政府多发货币只是产品供不应求的需方原因之一,不能将所有的通货膨胀之因都归因于货币。货币的本质是信用,只要市场还接受货币的储备信用,只要市场还接受货币的交易信用,市场的通货膨胀就与货币发行量没有必然的联系。本章对各种可能导致通货膨胀的原因提出了应对之策。其实,通货膨胀与五大供求关系是否平衡都有关系,即使不仔细分析弗里德曼的货币理论,仅从供求公理出发就明了:产生通货膨胀的原因不仅仅是多发货币,原材料、劳动力和产品本身的供不应求,都有可能引发通货膨胀……

　　通货膨胀问题是各国政府高度关注的问题,也是西方主流经济学广泛研究的问题,更是社会低收入人群不得不面临的问题。中国模式的宏观调控要调控的两个目标之一就是恶性通货膨胀。

　　西方微观经济学认为商品的价格与需求量呈负相关关系,受消费者需求量的影响,商品的价格可以波动,但波动的幅度有限,因此微观经济学不研究通货膨胀问题,至少不研究商品价格波动极大的恶性通货膨胀问题。

经济学家约翰·梅纳德·凯恩斯是马歇尔的学生,是 20 世纪最伟大的经济学家。但凯恩斯不再局限马歇尔新古典经济学以价格和完全竞争为核心的一般均衡体系,而是主张总量分析方法,从总收入、总就业、物价总水平的宏观视角分析经济现象。他在 1936 年出版的《就业、利息和货币通论》,奠定了宏观经济学基础,并在不断修正、补充、发展和完善中,逐步形成了一个影响深远的经济学理论学派,该学派被称为凯恩斯主义。其经济学思想已为西方经济学界普遍接受,并成为各国政府制定政策的理论依据。遗憾的是,由凯恩斯创立的西方宏观经济学根本没有微观基础,西方微观经济学和西方宏观经济学成了各成系统但互不关联的两大理论体系。

西方宏观经济学引进了货币的概念,并将通货膨胀问题与货币问题联系起来,认为通货膨胀问题本质上是货币问题,忽视了商品价格是由商品供求关系决定的微观经济学结论,并试图在诸如供给货币等于需求货币,产品市场与货币市场一般均衡的条件下研究非均衡的通货膨胀问题。这样的理论既不能研究产品供不应求的通货膨胀问题,也不能分析多发货币造成的货币信用体系缺失问题。

关注总量分析的西方宏观经济学只关注到通货膨胀的共性,即一篮子代表商品加权平均价格上涨的共性,忽视了通货膨胀的个性,即每次通货膨胀产生的原因。导致通胀的原因可能是 1845 年英格兰长达五年的自然灾害导致的粮食减产,可能是 1637 年荷兰郁金香泡沫,可能是 14 世纪欧洲鼠疫,可能是 19 世纪 40 年代中国政府错误货币政策,可能是 19 世纪末俄罗斯的休克疗法,还有可能是本世纪初全世界 37 个国家爆发的粮食危机。如果要将

200年来通货膨胀或通货紧缩的故事收集成册,学者可以写出若干本专著。仅从总量分析研究通货膨胀,不关注造成通货膨胀的具体的微观原因,就无法区分各种各样微观原因造成的通货膨胀,也就无法有的放矢地制定与微观原因有关的通货膨胀政策和措施。

本章将从市场经济信用体系的建立与缺失,信用体系基本完备条件下的通货膨胀产生的原因和应对之策及弗里德曼货币理论批判等方面,建立我们的通货膨胀理论。

一、信用体系的建立与缺失

为理解货币在市场经济中的作用和性质,我们从物物交换的市场经济入手。研究货币不从货币出发,而是从没有货币的物物交换市场出发,似乎有些奇怪。其实任何一门学科的研究和发展都应从基础问题出发,由浅入深、由表及里、由此入彼、因循渐进。当我们将物物交换市场的规律研究清楚后再引入货币,货币的作用和性质就会跃然纸上。这种研究方法不仅符合市场发展的历史逻辑,也符合因循渐进的学术研究逻辑。

早期市场以物物交换为主,如两头牛换一匹马。简单的物物交换没有使用一般等价物,没有使用通货,当然也就不存在通货膨胀或通货紧缩问题。物物交换市场有两个特点,一个特点是以物换物的比例可能发生变化。在现代市场中,由于引进了货币信用体系,商品与商品的交换不再是以物换物的方式进行,而是用商品与货币交换的方式进行。交换的方式是使货币单位成为商品的价值尺度,使商品价格成为商品与货币的交换比例。现代市场关注点不再是商品与商品之间交换比例的变化,而是商品的价格变化或者是商品与货币交换比例的变化。西方主流经济学家引进通货的概念试图描述商品价格的变化或者是商品与货币交换比例的变化,从而有了通货膨胀和通货紧缩的概念,但没有改变市场物物交换的本质。物物交换比例可能发生变化的这一特点反映在现代市场,就是商品的价格会发生变化。如果单纯地观察商品的价格变化或商品与货币交换比例变化,这一变化既与商品供求关系有关,也与货币供求关系有关,我们无法区分商品价格上涨是商品供求原因还是货币供求原因,但可以用两商品的价格之比剔除掉货币的供求关系影响,直接研究两商品之间交换比例的变化。

以物换物的另一特点是交易双方接受交易结果。接受的原因是:(1)基于商品的使用价值:双方都需要对方的商品,使用价值是交易的物质基础。(2)基于社会分工:养马者更善于养马,饲牛者更善于饲牛,社会分工是商品交换的前提。(3)商品个人价值:养马者认为他为养一匹马的付出不大于饲养两头牛的付出,饲牛者认为用两头牛换一匹马合算,这是物物交换定量的个人价值基础。(4)商品社会价值:在商户所掌握的市场信息范围内,一匹马换两头牛已是市场交换的最高比例,养马者不难用一匹马换来的两头牛再从市场上换回一匹马,一匹马换两头牛是市场认定的公允比例。物物交换使交易双方都满意的特点反映在现代市场就是交易双方都接受商品的定价。

根据马换牛的案例,可以引进物物交换市场商品信用的两个概念:一个概念是商品的交易信用。所谓商品的交易信用是指该商品与其他商品交换的比例。另一个概念是商品的储备信用。商品的储备信用是指该商品将来会作为交换商品交换出去的交易信用。商品交易信用与储备信用的关系是,商品的交易信用是即期交易信用,商品的储备信用是远期交易信用。

物物交易的最大缺陷是要求交易双方有对方想要并愿意交换的商品。为克服物物直接交换的缺陷,市场引进一般等价物,一般等价物相当于一个中间商品,所有其他商品拥有者都将自己的商品换成这一中间商品,并可以用此中间商品去换取其他商品。一般等价物经历了三种形态:即商品形态,与某种商品挂钩的信用凭证形态和与任意商品都不挂钩的纯粹信用凭证形态。

充当一般等价物的商品自然具有两个功能,一个功能是主流货币理论定义的价值尺度,即用一般等价物的单位作为价值尺度的单位,并用一般等价物与其他商品的交换比例作为其他商品的价值尺度。另一个功能是主流货币理论定义的支付手段。本书将一般等价物的价值尺度与支付手段定义为一般等价物的交易信用,支付手段强调的是一般等价物的功能,交易信用强调的是一般等价物具有支付手段的原因。

用交易信用取代一般等价物的支付手段和价值尺度不是标新立异,而是认为信用是一般等价物的本质特征,并且可以用信用的概念统一表述表面上互相独立的价值尺度、流通手段、支付手段、储备手段和世界货币五种货币职能:一般等价物具有流通手段是因为它具有即期和远期交易信用;具有支付手段是因为它具有即期交易信用;具有储备手段是因为它具有远期交易信用;商品的价值尺度是指该商品与一般等价物交换的比例,而交换比例同样与交易信用有关;世界货币是指一般等价物的国际信用。由于各国采用不同的货币,各国货币在各国商品交换中的交换比例不同,由此引入汇率的概念。汇率是一国货币与他国货币交易信用的比例。

引进一般等价物概念后,可以用一般等价物概念重新定义商品交易信用和储备信用:商品交易信用是指与一般等价物即期交换的比例,即商品的市场定价。商品的储备信用是指与一般等价物未来进行交换的比例,即商品的未来市场定价。由于一般等价物的储备信用与未来的商品交易价格有关,市场不能直接给出储备信用的具体数据,但可以根据商品价格变化的趋势,预测商品储备信用的变化趋势。

根据物物交换的两个特点和关于商品信用的两个概念,可以得到关于货币的两个结论:(1)商品的交易信用是时间的函数。注意到一般等价物本身或者是商品,或者是与某商品挂钩的货币,或者没有与某商品挂钩,但可以在市场上按市场价换取各种商品的货币,一般等价物同样具有商品的属性。由此引申的结论是:一件商品的价格不可能永远不变,价格变化的原因既与商品的供求关系有关,也与一般等价物的供求关系有关。就像我们不能将用牛交换马的比例变化单纯地归因于牛或单纯地归因于马一样,不能将商品价格变化都归因于货币。(2)养马者用一匹马换来两头牛,并在未来用两头牛再换马时,不因多换一匹马而感谢原养牛者,也不因换不回一匹马而责怪原养牛者。由此引申的结论是:商品持有者应对商品的储备信用负责,货币持有者应对持有的货币储备信用负责。不能因为过去用一匹马换来的货币现在买不回一匹马而责怪政府多发货币,也不需要因为过去用一匹马换来的货币现在能换回两匹马而感谢政府。不能将商品或货币的储备信用的盈损归因于原商品持有者或货币发行者。

用物物交换比例定义的商品的交易与储备信用会随以物换物

的对象不同而不同,由此定义的交易和储备信用是相对信用,或者称不同比较对象的信用。用商品与货币的交换比例定义的商品交易与储备信用是绝对信用,或者称同一比较对象的信用。有意思的是,当我们将货币作为价值尺度,将各种商品的交易信用和储备信用变成用货币价值尺度度量的绝对意味的信用时,由于单位货币换取各种商品的比例不同,货币本身的交易信用和储备信用依然是相对信用。为了定量研究货币的交易信用和储备信用,主流经济学家采用将货币与一篮子代表商品加权平均交换比例来定义货币的交易信用和储备信用,这个比例就是 CPI。注意到 CPI 中的价格既与所选代表商品品种有关,也与所选商品的价格有关,我们可以用 CPI 定量描述货币购买力或货币即期和远期的交易信用,但并没有从根本上改变货币的信用是相对信用的性质,也没有改变货币购买力的变化既与货币发行量有关,也与商品供求关系有关的结论。

分析货币交易信用和储备信用,可以得到三个重要结论:(1)货币持有者要么使用货币的即期交易信用,要么使用货币的远期交易信用,二者必居其一,同一货币的两种信用不能同时存在。(2)虽然持币者不能同时使用货币的交易信用和储备信用,但社会总货币可以一部分用于交易信用,一部分用于储备信用。如果货币的储备信用不稳定,市场宁可选择持物或物物交易的方式,不会接受货币的交易信用,货币的交易信用也会受到冲击,甚至会使货币的交易信用完全丧失。(3)企业和消费者应对自己所持货币的购买力负责,这是货币的微观问题。政府应对货币的信用体系负责,这是货币的宏观问题,两个责任不能混为一谈。宏观层面的货币购买力是指社会货币购买力,讨论社会货币购买力实质上是在讨论货币的交易信用和储备信用,是在研究货币信用体系的稳定问题。货币的即期交易信用和远期储备信用的共性是信用,信用的本质是被信任,信任和被信任具有很强的主观意味,信任仅与信任方和被信任方有关,不可能用一个严格的判据来描述信任。货币的信用仅与货币的发行方和使用方有关,也很难用所谓供给货币与需求货币的关系来描述货币的信用。一种观点认为,与黄金脱钩的货币信用来自于国家的立法和政府的信用,我们认为这种观点并不全面。政府信用和国家立法确实是货币信用的重要支柱之一,另一个重要支柱是社会对货币储备信用的信心,两者缺一不可。中国古代的钱庄为远行的商人发行银票,并让银票持有者在异地同一钱庄或联手钱庄用银票兑换白银。由于这些钱庄卓有信用,商人和商人之间并不一定到钱庄兑换白银进行交易,而是用钱庄发行的银票直接进行商品交易。钱庄发行的银票其实就是银本位的货币。钱庄的银票可以作为货币并不是基于国家的立法和政府的信用,而是来自社会对钱庄信用的认可。反观由国家立法和政府信用做保障并与黄金挂钩发行的 1948 年中国金圆券,由于社会缺乏对金圆券储备信用的信心而被抛弃。1988 年中国的零售价格指数上升 18.5%,而一年期的存款利率仅为 7.2%,于是,人们就提取存款,购买实物保值,使得银行储蓄余额迅速下降,货币的储备信用迅速贬值。尽管当时的货币交易信用并没有受到严重冲击,但人们将货币换成实物的行为已预示着货币信用体系将要受到冲击。面对中国市场经济的第一场危机,中国政府采取包括按物价指数保值储蓄在内的一系列宏观调控手段,不仅将那场经济危机及时化解,使消费者和企业继续接受人民币的交易信用和储备信用,而且使世界各国逐渐接受人民币的交易信用和储备信用,人民币已成为世界货币中的重要成员。

　　社会学中解决信任问题的方式是民意测评或民主投票,货币信用问题同样依赖民意测评,只不过这种民意测评每时每刻都在进行:只要市场还接受货币的交易信用,只要企业和消费者还接受货币的储备信用,或者更形象地表述为只要消费者还泰然自若地在钱夹中放有现钞和信用卡,即使市场已出现严重的通货膨胀,这样的货币信用体系就仍然是被社会信任的信用体系。一旦市场不接受货币的交易信用,一旦企业和消费者不接受货币的储备信用,企业和消费者就会尽快将货币的储备信用转化为交易信用,或尽快地将货币转化为商品。企业和消费者尽快将货币转换成商品的行为既是对自己所持货币信用自我负责的行为,也是对货币信用体系投不信任票的行为。当货币持有者信任国家发行的货币时,货币持有者不必为所持货币的交易与储备信用操心。当货币持有者不信任国家所发货币时,持币者挤兑银行并将货币转换商品的行为就会冲击国家货币的信用体系。

　　由于商品不同增长速度导致了商品的长期信用或储备信用发生变化,一个自然的想法是可以用增长速度较慢的商品作为一般等价物,注意到贵金属的稀缺性,贵金属就成为一般等价物的不二之选。货币历史表明,世界贸易发达国家都采用过贵重金属作为一般等价物。早在公元前 525 年,雅典出现了德拉克马银币,中国的春秋战国时期,黄金作为一般等价物进入流通领域。即使在采用了现代货币作为一般等价物的国家,也在相当长的历史时期内将货币与黄金挂钩。二战结束前夕,44 个国家在美国新罕布什尔州布雷顿森林的度假宾馆召开了"联合国货币金融会议",通过了以美国"怀特计划"为蓝本的《布雷顿森林协议》,建立了美元与黄金挂钩,各国货币与美元挂钩的布雷顿森林体系,这种将货币与黄金挂钩的制度称为"金本位制"。1971 年 8 月,美国国库没有足够的黄金与美元挂钩,全世界的黄金总量也不足以将黄金与已发行的美元总量按兑换比例挂钩,美国政府无力兑现美元按固定比例兑换黄金的承诺,宣布停止履行美元兑换黄金的义务。1976 年 1 月,在牙买加首都金斯敦的国际货币会议上达成了浮动汇率合法化,黄金非货币化为主要内容的牙买加协定,将曾经辉煌一时的布雷顿森林体系废止,黄金等贵金属也退出一般等价物几千年的历史舞台。①

　　早在布雷顿森林体系解体前,美元发行的货币总量与美国央行所拥有的黄金已不成比例,布雷顿森林体系解体后,依仗着美国雄厚的经济实力,与黄金脱钩的美元仍然毫无悬念地继续充当国际第一货币角色,这表明货币的交易与储备信用完全可以脱离黄金等贵金属,成为没有任何商品使用价值但有信用的一般等价物。如果说布雷顿森林体系是让货币与单一商品黄金固定挂钩的金本位体系,与黄金脱钩的货币就是与包含黄金在内的所有商品浮动挂钩的货币体系。货币的交易信用不再是能买进或卖出多少克黄金,再根据黄金与其他商品的供求关系决定其他商品的价格,而是直接以货币能买进或卖出任意商品作为货币的交易信用,货币作为一般等价物的"一般性"反而得到加强。

　　也许是贵金属本身就具有良好的储备信用,也许是一旦纸币信用体系出现重大缺失时,古今中外几乎都一致地选择放弃

---

① 参见庞冀甲、陈思进著:《货币的逻辑》,中国友谊出版公司 2014 年版。

纸质信用货币,而改用金、银、铜等贵金属作为一般等价物,不少学者建议用金本位货币体系取代现有的与黄金无关的货币信用体系,以克服日益严重的通货膨胀问题。这些学者忘了正是贵金属产业发展太慢,没有足量的黄金支持迅速发展经济的信用体系,才使全世界放弃金本位的布雷顿森林货币信用体系;这些学者忘了一般等价物交易信用和储备信用的信用不能同时使用的特性。实际上,如果市场使用的是一般等价物的交易信用,该货币的储备信用就已消失。在市场承认纸质货币甚至电子货币的交易信用时,纸质货币在交易瞬间是否与黄金挂钩对货币交易信用没有实质性影响。很少有消费者用一美元购买一件商品时会想到自己支付的是多少克黄金,很少有企业收到一美元并将商品交换给消费者时会想到自己收到了多少克黄金。在消费者和企业眼中,用一美元购进一件商品只是完成了一次等价交换行为,与美元是否与黄金挂钩无关。不论是用黄金作为一般等价物,还是用与黄金挂钩的货币作为一般等价物,或是用与黄金不挂钩的货币作为一般等价物,其交易信用没有差别。如果市场使用的是一般等价物的储备信用,货币的交易信用就已消失。黄金和纸币的区别仅仅在于黄金用于交易时即具有交易信用,黄金不用于交易时就具有一定的储备信用。纸币作为交易媒介与黄金没有任何差别,但作为储备时储备信用可能会贬值。如果货币仅用于储备信用,货币持有者完全可以将货币换成黄金,也可以将货币兑换成比黄金储备信用更好的商品,还可以用于投资,以获得比储备黄金更高的投资回报。

货币的两种信用用于不同的市场,货币的交易信用月在商品市场,交易目的是换取商品;货币的储备信用用在金融市场,交易的目的是将货币的储备信用转化成货币的交易信用,持有储备信用货币者通过金融市场获取储备信用的投资回报,并承担相应的市场风险。将货币储备信用转化成交易信用的最简单的金融工具就是银行存款。存款者将货币存入银行时使用的是货币的储备信用,存款利息即为银行支付给存款者货币储备信用的回报。当银行获取存款者存款时,不会再使用货币的储备信用,而是将存款贷给希望使用货币交易信用的贷款者,银行获取将货币储备信用转化成货币交易信用的存贷款利息差,并承担贷款的相应风险。复杂的金融工具不会将货币的储备信用直接转化为货币的交易信用,但不管金融工具或金融产品多么复杂,都不会改变金融市场的作用是将货币的储备信用转化成货币的交易信用的本质特征。

西方主流经济学研究通货膨胀的宏观经济学指标主要是居民消费价格指数 CPI,可以从商品和货币两个角度解读 CPI。从商品角度解读,CPI 描述的是商品价格变化;从货币角度解读,CPI 描述的是单位货币购买力的变化。还可以从时间角度区分为短期 CPI 和长期 CPI,短期 CPI 关注的是货币的交易信用,长期 CPI 关注的是货币的储备信用。从商品角度分析,研究长期 CPI 问题必定涉及期初 CPI 和期末 CPI 值。当企业与企业之间进行产品性能价格比竞争时,商品的期初与期末性能有可能发生变化,除非确保统计长期 CPI 时能排除商品性能改变的因素,期初和期末两次统计产品的价格其实在统计不同产品的价格,由不同产品的价格来分析同一产品价格变化没有意义。从货币角度分析,如果货币持有者使用货币交易信用,该笔货币已按交易时的货币购买力完成了货币与商品的公允交换,再讨论该笔货币的期末购买力问题已经没有意义;如果持币者使用了货币的储备信用,由于货币储备信用有回报,持币者期初所持货币量与期末所持货币量不相等,讨论期初期末单位货币购买力变化问题同样没有意义。因此,长期CPI的变化既无法准确反映商品价格的变化,也无法准确反映单位货币购买力的变化,从而无法成为研究通货膨胀的严谨的宏观经济学指标。正像一个企业家将对自己的企业盈亏负责一样,一个货币持有者也应对货币的购买力变化负责。不论他是选择将货币放在手里还是选择投向金融市场,不论他是选择高风险高回报金融产品还是选择低风险低回报金融产品,都是持币者在他所掌握信息下的个人理性选择。他不必为他的正确选择感谢他人,也不能为他的错误选择指责他人。

至此,我们以物物交换出发,证明了通货膨胀并不都是货币原因,它既与商品的供求关系有关,也与货币供求关系有关。而多发货币只是导致商品供不应求的原因之一。下面,我们将批判主张多发货币是导致通货膨胀唯一原因的弗里德曼的货币理论和货币主义。

二、弗里德曼货币理论和货币主义批判

在西方宏观经济研究上,试图与凯恩斯比肩的经济学家是弗里德曼,试图与凯恩斯主义[1]比肩的西方宏观经济理论是弗里德

---

[1] Keynes,J.,The General Theory of Employment,Interest Rate and Money.London:Macmillan,1936.

曼的货币主义。①

　　1958 年,英国经济学家 W.菲利普斯在《1861—1957 年英国失业和货币工资变动率之间的关系》②一文中,不加证明的给出了失业与通货膨胀负相关的菲利普斯曲线。菲利普斯曲线的逻辑是当市场出现了通货膨胀时,意味着产品供不应求,企业应努力提高产量供给市场,这就会使社会失业率减少。20 世纪 70 年代,西方主要发达国家出现了前所未有的通货膨胀和失业率同时高企的离奇现象,主流经济学将这种离奇的现象称为滞胀。滞胀现象违反了菲利普斯曲线所描述的规律,凯恩斯主义既拿不出解释滞胀的理论,又找不到解决滞胀的方法,凯恩斯主义的主导地位受到严重挑战。其实,凯恩斯主义诞生的背景是 1929—1933 年以英国为首的市场经济形成的长期萧条,当时常用的摆脱危机的金融货币政策失灵。凯恩斯主义是为应对市场长期萧条兴起的理论,而不是为应对通货膨胀而兴起的理论,该理论不能有效地解决与通货膨胀有关的滞胀问题并不奇怪。

　　由弗里德曼倡导并建立起来的货币主义学派一方面猛烈抨击凯恩斯主义,一方面提出自己的理论:只有在货币当局过快地增加货币供应量的情况下,通货膨胀才会发生。为了防止和控制通货膨胀,唯一有效的办法就是严格控制货币供应量。弗里德曼的货币主义很快就成为西方经济学的主流学派,弗里德曼本人成为自由主义市场经济的旗手。作为研究通货膨胀兴起的货币主义没有

---

① 参见弗里德曼:《货币数量论———一种重新表述》,芝加哥大学出版社1956 年版。

② 参见威廉·菲利普斯:《1861—1957 年英国失业率和货币工资变化率之间的关系》,《经济学》,1958 年。

从理论上解释滞胀现象并提出解决滞胀的应对之策,反而因攻击凯恩斯主义不能解决滞胀问题而声名鹊起,如此离奇现象,不能不说是西方经济学的悲哀。

1. 需求货币函数

弗里德曼货币理论中的一个重要研究对象就是所谓需求货币和与需求货币相关的需求货币函数,其实,在理性的市场,不论是政府、企业还是个人,对财富的渴求无上限,对可支配收入的渴求无上限,对拥有合法货币的渴求无上限,根本没有办法定义什么是需求货币,更没有办法定义与需求货币相关的需求货币函数。但货币数量论的理论工作者们对需求货币的概念有一种执着的偏好,他们根本不定义什么是需求货币,但总在研究需求货币。

货币数量理论的早期著名经济学家是美国的费雪(I. Fisher),他在《货币的购买力》①一书中完成了他的货币数量理论。由于他研究的视角主要集中在现金数量上,所以又被人们称为现金交易数量说。在此书中费雪提出了著名的货币数量方程式

$$MV = PQ \qquad (13.1)$$

式中,M 表示商品流通中所需的货币数量,V 代表货币的流通速度,P 代表交易中各种商品的加权价格,Q 代表商品数量。费雪认为,货币流通速度 V 和商品数量 Q 是外生变量,不受货币数量变动的影响。决定货币需求数量的因素只剩下价格 P,货币数量与一般物价水平之间存在着一种精确的同方向、等比例的变

---

① Irving Fisher, The Purchasing Power of Money, its Determination and Relation to Credit, Interest and Crises, 1911.

动关系。货币数量与物价正相关是各种货币数量学说所共有的基本观点,也是弗里德曼货币理论的基本观点。但不论是费雪公式本身还是西方主流经济学家对费雪公式的理解都有严重错误:(1)式(13.1)其实是企业生产产品总量为 Q 所需要的生产货币,式中的 P 不是商品的加权价格,而应是生产产品的成本。两者的差即为单件产品的利润,利润可正可负。(2)假定货币流通速度、产品成本和市场需求不变,如果新增生产环节的需求货币,必然导致供给 Q 增加,并可能导致价格下跌。因此,从动态供求均衡价格理论分析,M 与商品价格负相关。(3)货币流通速度 V 可表示为:

$$V = \frac{360 \text{ 天}}{\text{生产时间 + 销售时间}} \qquad (13.2)$$

即产品的生产时间和销售时间越短,生产环节的货币流通速度就越快。注意到当技术条件不变时,产品的生产时间是一个常数,但销售时间与供求关系有关。产品供不应求,产品的价格上涨,产品的销售时间变短,从而导致货币流通速度变快,因此,V 不是外生变量,而是与商品价格正相关的内生变量。(4)当产品供不应求时,理性的企业家会提高产品价格和产品供求量,因此,Q 不是外生变量,而是与产品价格正相关的内生变量。正是由于费雪和主流经济学家不理解费雪公式的 P 不是产品的价格,而是产品的成本,V 和 Q 不是外生变量,而是与商品价格正相关的内生变量,费雪公式关于需求货币与价格正相关的结论误导了货币数量学派,也误导了弗里德曼。

　　凯恩斯注意到费雪公式中的 M 没有包含金融市场滞留的货币,他认为货币的总需求函数可描述为

$$M = M_1 + M_2 = M_1(y) + M_2(r) = ky - hr \qquad (13.3)$$

式中 M 为货币的实际总需求量，M_1 为与商品交易有关货币需求量，M_2 是与金融市场有关的货币需求量，y 为社会总收入，r 为储备货币的利息。式（13.3）表明，需求货币由商品市场与金融市场的需求货币组成，商品市场的需求货币 M_1 仅与收入有关，金融市场的需求货币仅与利息有关。式（13.3）第三个等式中的减号表明市场的总需求货币量少于商品市场的需求货币量，这无疑是一个错误的等式。

遵循凯恩斯的思路，不难给出与收入有关的商品市场和金融市场货币数量的一般性公式。注意到社会的总收入 y 只有交易和储备两种用途，当全社会的消费总量为 hy 时，用于金融市场的储备总量应是 $y - hy$，其中 h 为消费系数，于是有

$$M = M_1 + M_2 = hy + (y - hy) \equiv y \qquad (13.4)$$

式（13.4）表明，如果用收入 y 表征需求货币，需求货币恒等于收入。注意到政府、企业和消费者对正常收入的渴求无上限，凯恩斯用社会总收入定义需求货币没有任何学术和实际意义，式（13.4）并不是真正意义上的需求货币公式，而是在货币供给总量 y 下的商品市场和金融市场货币的分配公式。

凯恩斯不仅将社会总收入与需求货币挂钩，而且简单地认为商品市场的需求货币仅与收入有关，金融市场的需求货币仅与利息有关。事实上，当金融市场投资回报高时，消费者会尽可能地将收入投资于金融市场，当金融市场投资回报低时，消费者更愿意使用货币的交易信用，因此，M_1 不仅是 y 的函数，也应是 r 的函数。社会收入的货币无非是用在商品交易市场和金融市场，当商品交易市场的需求货币与收入有关时，金融市场的需求

货币同样应与收入有关,商品市场需求货币与金融市场需求货币关于收入呈现此消彼长的关系,因此,M_2 也应是收入 y 的函数。凯恩斯关于 M_1 仅与收入有关,M_2 仅与利息有关的结论不成立。

可能是注意到费雪关于货币数量论的理论没有考虑金融市场的需求货币而不全面,凯恩斯货币数量论的理论考虑了金融市场的需求货币,但对影响需求货币变量考虑不全面,弗里德曼给出与 7 个变量有关的需求货币函数,并由需求货币函数定义需求货币。弗里德曼关于需求货币 M_d 的定义是①

$$M_d = f(P, r_b - \frac{1}{r_b}\frac{dr_b}{dt}, r_e + \frac{1}{p_e}\frac{dp_e}{dt} - \frac{1}{r_e}\frac{dr_e}{dt}, \frac{1}{p}\frac{dp}{dt}, w, Y, u)$$

（13.5）

式中 f 为需求货币函数,r_b 为固定收益的证券利率,r_e 为非固定收益的证券利率,w 为非人力财富占个人财富的比率,y 是实际永久性收入,u 为影响持有货币效用的其他随机因素。

表面上,弗里德曼的需求货币函数比费雪和凯恩斯考虑了更多的外生变量因素,但弗里德曼的需求货币函数更不严谨:

（1）利息 r

凯恩斯需求货币公式中的利息 r 可理解为金融市场加权平均回报率,弗里德曼将 r 细分不同金融产品的回报率,反而有挂一漏万的失误。比如,银行存款利息和国债利息既不是证券固定收益利率,也不是证券非固定收益利率,式(13.5)漏掉了银行存款利息和国债利息。弗里德曼意识到需求货币函数应考虑银行存款利息

① 参见［美］弗里德曼:《货币数量说的重新表述》,芝加哥大学出版社 1956 版。

的影响,在他的其后著作《美国和英国的货币趋势》①中,将需求货币函数重新定义为

$$\frac{M_d}{P} = f(r_b, r_e, r_m, \frac{1}{p}\frac{dp}{dt}, y, w, u) \qquad (13.6)$$

式中 r_m 是银行定期存款利息。但是,弗里德曼认为,银行存款利息变化相当缓慢,该变量对需求货币函数的影响极不显著,从而可以从式(13.6)中省略。注意到调整银行存贷利息是央行调控通货膨胀和通货紧缩的有力工具,恶性通货膨胀和紧缩期银行存款利息变化相当大,如果在需求货币函数的自变量中忽略银行存款利息的影响,实际上是不考虑恶性通胀情况,不考虑 r_m 变化的弗里德曼需求货币函数不能用来研究通货膨胀问题。

(2)永久收入 y

永久收入假说是弗里德曼对经济学的"伟大"贡献。永久收入假说基于如下事实:一个消费者可用未来收入抵押贷款用于当期消费或投资。一个消费者的消费水平不仅与消费者手中持有的收入有关,而且与消费者的未来收入有关,按弗里德曼的说法,即与消费者的永久收入有关。弗里德曼的这一经济学贡献是否正确与怎样定义永久收入中的"永久"有关。如果永久性收入是指一个消费者一生的真实收入,一个日后成为世界级富豪但现在刚起步的年轻人,他的消费水平不可能比肩未来富豪的消费水平。如果永久收入是指以个人现有收入为基础,将未来

----

① 参见[美]米尔顿·弗里德曼、安娜·丁·施瓦茨著:《美国和英国的货币趋势》,中国金融出版社1991版。

若干年的可预期收入贴现至现在使用,永久收入是金融市场惯用的融资手段。注意到永久收入的复杂性和不确定性,市场不可能提供全社会永久收入的数据,也无从观察永久收入与需求货币函数的关系,更不用说用永久收入实证得出弗里德曼关于需求货币函数是稳定的结论,甚至不清楚需求货币函数稳定的确切数学和经济学的含义,弗里德曼关于永久收入导致需求货币稳定的结论没有依据。

（3）$r_b - \dfrac{1}{r_b}\dfrac{dr_b}{dt}$

尽管大师可以高深莫测,我们相信弗里德曼也不理解 $r_b - \dfrac{1}{r_b}\dfrac{dr_b}{dt}$ 是什么意思。根据弗里德曼的思想,他无非是想表述需求货币不仅是各种利息的函数,而且是利息与时间导数的函数。不失一般性,可以按弗里德曼的思路将式（13.5）改写成如下更具学术规范的形式

$$M_d = f(P, r_b(t), r_e(t), r_b^{'}(t), r_e^{'}(t), w, Y, u) \qquad (13.7)$$

式中 $r_b^{'}(t) = \dfrac{dr_b}{dt}$, $r_e^{'}(t) = \dfrac{dr_e}{dt}$ 。在不清楚需求货币函数的具体形式的条件下,讨论诸如 $r_b - \dfrac{1}{r_b}\dfrac{dr_b}{dt}$ 这样如此复杂的函数自变量或复合函数没有任何学术意义。其实,仅仅对 $r_b - \dfrac{1}{r_b}\dfrac{dr_b}{dt}$ 做量纲分析,就可证明 $r_b - \dfrac{1}{r_b}\dfrac{dr_b}{dt}$ 不成立:r_b 与 dr_b 同量纲,$\dfrac{1}{r_b}\dfrac{dr_b}{dt}$ 是时间倒数的量纲,量纲分析理论认为两项相加减的前提是两项同量纲,不同量纲的东西不能相加减,与货币量纲有关的数和与时间倒数量纲有关的数相减没有意义。根据量纲分析理论,虽然无法否认需求货币

可能与利息和利息关于时间的变化率有关,但可以否认需求货币

与 $r_b - \dfrac{1}{r_b}\dfrac{dr_b}{dt}$ 有关。同样的理由,可以否定需求货币函数与自变

量 $r_e + \dfrac{1}{p_e}\dfrac{dp_e}{dt} - \dfrac{1}{r_e}\dfrac{dr_e}{dt}$ 有关。有意思的是,弗里德曼在式(13.6)中

已不考虑 $r - \dfrac{1}{r}\dfrac{dr}{dt}$ 这样的自变量。

（4）$\dfrac{1}{p}\dfrac{dp}{dt}$ 与弗里德曼需求货币函数的最终形式

$\dfrac{1}{p}\dfrac{dp}{dt}$ 是价格关于时间的导数除以价格,它表示商品价格关

于时间的相对变化率。弗里德曼认为,只有当 $\dfrac{1}{p}\dfrac{dp}{dt}$ 长时间剧烈

变动时,才会对需求货币产生显著影响。经验指出,这种情况很

少发生,因此,可以将式(13.7)中的 $\dfrac{1}{p}\dfrac{dp}{dt}$ 略去。其实,在恶性通

胀和恶性通缩期,价格关于时间的导数是一个剧烈变化量,忽略

$\dfrac{1}{p}\dfrac{dp}{dt}$ 对需求货币的影响就是忽略恶性通胀和恶性通缩情况。

这种忽略可能会给理论模型带来数学分析的方便,但违背了理

论分析的主旨。

按照基本稳定的自变量对需求货币影响不大的类似思路,

弗里德曼还可以随心所欲地将他的需求货币函数中增加的若干

内生变量去掉,注意到 r_b 和 r_e 都是金融资产收益率,两者受大致

相同因素影响而高度正相关,可以用 i 统一表示金融资产的收

益率。

弗里德曼得到的最终需求货币为

$$\frac{M_d}{P} = f(y, i) \tag{13.8}$$

并声称在实证中摸索建立了如下方程

$$\frac{M_d}{P} = aY^b i^c \tag{13.9}$$

式中 a、b、c 为常数。

为了得到式(13.9)中 a、b 和 c 三个常数,主流经济学在实证中本末倒置地将 M_d 作为已知量。由于并不知道什么是需求货币,试图用需求货币反过来确定需求货币函数系数的道路根本走不通。为此,主流经济学家将需求货币的概念偷换成广义货币 M_2。由于广义货币 M_2 可以通过统计得到,从而可以通过式(13.9)确定 a、b 和 c 三个系数。遗憾的是:1)广义货币 M_2 与需求货币不是同一概念。如果广义货币 M_2 就是需求货币,广义货币 M_2 已经存在,市场不需要再新增货币。如果央行新增货币,根据广义货币 M_2 的定义,新增货币是广义货币 M_2 的一部分,不论央行新发多少货币,供给货币都恒等于需求货币。市场不再需要增加供给货币和不论增加多少供给货币,供给货币都等于需求货币的两个结论相悖,广义货币 M_2 与需求货币没有必然联系。其实,广义货币 M_2 是已知量,将广义货币作为收入和利息的函数既无理论意义,也无实际意义。2)即使在已有数据下证明广义货币 M_2,永久收入和证券利息呈现式(13.9)的关系,也没有任何理论证明今后所有的数据都能使广义货币 M_2,永久收入 y 和证券利息 i 满足式(13.9),尤其是根本找不到全社会的永久收入数据,西方主流经济学家也无法对式(13.9)进行实证研究。比如,弗里德曼本人在 1959 年认为,需求货币的收入弹性为 1.8。1970 年他修改为 1.0—2.0,并将其分为 1.0—1.5 和 1.5—2.0 两段。弗里德曼在《美国货币史(1867—1960)》一书中,弗里德曼对货币流通速度做了实证研究,他认为美国货币流通速度基本保持稳定。弗里德曼的这一结论受到同行的批判。我们可以认真对待西方主流经济学的实证数据和关于数据的质朴结论,但不必认真对待由此得到的"实证"公式,这些实证公式充其量只是一堆数据的简单线性拟合,由此拟合的实证公式不一定能揭示各变量之间的因果关系,更不一定能揭示各变量之间的定量的因果关系。3)不用实证 a、b 和 c,用简单的逻辑就可以证明式(13.9)不成立。事实上,如果式(13.9)成立,则对任意的 y 和 i 都应成立,特别地,当 i 为零时,式(13.9)也应成立,此时需求货币应为零。实际上,市场上如果利息为零,货币持有者或许会减少对金融市场的货币投入,但在商品市场上的货币投入不为零,即需求货币不应为零。上述证明我们用了逻辑学上的归谬法。其实不用归谬法,用简单的逻辑分析也很容易证明式(13.9)不成立:注意到式(13.9)给出的需求货币不仅是商品市场的需求货币,也包括金融市场的需求货币。如果说商品市场的需求货币与商品价格成正比还有道理,但认为金融市场的需求货币也与商品价格成正比就没有道理。式(13.9)认为不论是商品市场的需求货币还是金融市场的需求货币都与商品价格成正比,这一结论不可能成立。

2. 弗里德曼货币理论

认为解决了需求货币问题的弗里德曼,在 1970 年发表的《货币分析的理论结构》[①]中提出了他的货币理论,他认为不论是凯恩斯的收入支出模型,还是简单的货币数量论,或者他的货币理论,可以用下述的六个方程表示:

$$\frac{C}{P} = f(\frac{Y}{P}, r) \tag{13.10}$$

---

① 参见弗里德曼:《货币分析的理论结构》,《政治经济学杂志》,1970 年 4 月号。

$$\frac{I}{P} = g(r) \tag{13.11}$$

$$\frac{Y}{P} = \frac{C}{P} + \frac{I}{P} \tag{13.12}$$

$$M_d = P \cdot L(\frac{Y}{P}, r) \tag{13.13}$$

$$M_s = h(r) \tag{13.14}$$

$$M_d = M_s \tag{13.15}$$

式中，Y 是名义货币收入，P 是一般物价水平；r 是利息；C 是消费总额，I 是投资总额，M_d 是需求货币，M_s 是供给货币，f 是消费函数，g 是投资函数，L 是需求货币函数，h 是名义货币的供给函数。

弗里德曼认为六个方程不能决定七个未知数，因此需要补充一个方程。弗里德曼称补充的方程为失踪方程，该方程应是实际产量（Y/P）不变，即

$$\frac{Y}{P} = y_0 \tag{13.16}$$

而凯恩斯认为应使价格水平固定不变，即

$$P = P_0 \tag{13.17}$$

我们认为由七个联立方程确定的货币数量理论在数理逻辑上不成立，理由如下：

（1）弗里德曼勉强凑出了与关于七个未知数有关的七个方程，但七个方程中含有四个函数，任何数学理论都没有告诉我们怎样从代数联立方程中求解未知函数。如果不知道四个函数的具体形式，即使有七个联立方程，也无法求解出七个未知数。如果已经知道四个函数的具体形式，由于函数的自变量是外生变量，没有联

立方程可以约束外生变量,外生变量和内生变量处于一一对应的关系之中,该七个方程也没有七个未知数。

（2）代数方程可分为不定方程与普通方程。如果一组代数方程有 N 个未知数,同时有 N 个互相独立且没有矛盾的方程,这样的方程就是普通方程,普通方程的解是确定解。如果一组方程有 N 个未知数,但只有 M 个约束方程,其中 M<N,这组方程称为不定方程,不定方程的解是非确定解。由式（13.10）至式（13.15）生成的六个方程组有七个未知数,七个未知数中事先任选一个未知数作为不定方程的"自变量",式（13.16）表明弗里德曼选择实际产量作为不定方程组的自变量,由此得到的结果是需求货币、供给货币、商品价格等六个变量与实际产量 y_0 的函数关系,但得不到需求货币、供给货币与商品价格的函数关系。凯恩斯选择商品价格 P_0 作为不定方程组的自变量,由此得到的是需求货币、供给货币与商品价格的函数关系。如果六个方程加一个失踪方程是为了研究货币与价格的关系,凯恩斯的选择比弗里德曼的选择更为正确,弗里德曼找到的失踪方程使他无法研究供给货币与商品价格的关系。

（3）七个方程分别分析也许都有成立的理由,但七个方程放在一起,就成了相互矛盾的方程组。比如,将式（13.14）代入式（13.15）,再将式（13.15）和式（13.16）代入式（13.13）,可以得到:

$$h(r) = P \cdot L(y_0, r) \qquad (13.18)$$

上式左边仅与利息 r 有关,右边不仅与利息 r 有关,而且与商品价格有关,式（13.18）不可能对任意的价格 P 成立,七个方程组在经济学假定条件下无法保持内在的一致性。

(4)根据弗里德曼需求货币的定义,商品价格 P 是外生变量,包含需求货币函数在内的七个联立方程组,不可能改变 P 是外生变量的性质。因此,弗里德曼货币理论只能研究商品价格变动对需求货币和供给货币的影响,不能研究供给货币对商品价格的影响。注意到七个方程中的第六个方程是均衡方程,该方程约束七个方程组不能研究供给货币大于需求货币的经济现象,更不能找到供给货币大于需求货币时会引发通货膨胀的理论依据。实际上,如果把在市场上扮演各种角色的货币都看成需求货币,一旦央行向市场发行货币,这些发行货币就会分别扮演不同角色而成为需求货币的一部分,使供给货币永远等于需求货币;如果只把部分扮演支付功能或储备功能的货币定义为需求货币,则需求货币永远不会与供给货币均衡。供给货币与需求货币要么立即均衡,要么永不均衡。永不均衡,弗里德曼的货币理论失效;立即均衡,并不是因为需求货币与供给货币竞争达到均衡,而是任意供给货币都是需求货币,需求货币的概念已无意义,弗里德曼的货币理论同样失效。

3. 货币主义

弗里德曼的货币理论是供给货币恒等于需求货币的理论,弗里德曼的货币主义是多发货币导致通货膨胀的理论,弗里德曼的货币理论和货币主义不是一回事。

或许是观察到滥发货币确实可能导致通货膨胀的现象,或许是因为通货膨胀现象就是用通货描述的现象,弗里德曼坚持认为通货膨胀是多发货币造成的,通货膨胀现象本质是货币现象。由于货币就是通货,弗里德曼的观点可表述为通货膨胀现象本质就是通货现象,不难看出,弗里德曼的这一观点是正确的废话。我们认为,商品物价上涨唯一原因就是商品供不应求,这已是微观经济学供给需求理论已经解决了的问题。可以从商品和货币数量两个角度描述商品供不应求现象。从商品数量角度描述供不应求现象,就是商品供给数量小于商品需求数量;从货币数量角度描述供不应求现象,就是在某一时间段内生产商品的供给货币数量少于购买商品的需求货币数量。不能因为由货币描述了通货膨胀,就认为货币是导致通货膨胀的唯一原因,其理由如下:

(1)现代市场经济引进货币之后,作为价值尺度可以用货币描述几乎所有的经济学现象,但不能认为货币就是产生这些现象的原因或唯一原因。就像现代科学和现代经济学引进数学工具一样,可以用数学工具描述许多自然科学和经济学现象,但不能认为数学是产生这些现象的原因或唯一原因。可以用货币数量描述商品供不应求现象,但不能认为货币就是产生通货膨胀的原因。

(2)并非有多少货币就产生多少商品消费。宏观上,金融市场滞留的大量货币,企业家将货币用于商品的供给,这些货币都不会用于商品的消费。微观上,消费者不会因为持有多少货币就产生多少商品的需求,而是在有商品需求时使用可支配收入,并在没有消费需求时使用货币的储备信用。用社会总商品量除社会总货币量来确定商品价格的方法过于简单和草率。

(3)即使实行宽松的货币政策,央行所发货币一定不大于市场所需货币。当消费者、企业和政府自有资金不足以支持消费或投资需求时,会考虑向银行贷款。由于贷款需要提供足够的信用抵押物并向银行支付贷款利息,贷款者不可能向银行申请超出消费或投资需求的贷款,因此,银行贷款总额必定小于社会消费和投资总额所需货币。当银行接到社会贷款申请时,银行首先贷出的是自有资金,其次贷出的是社会存款,还可以利用信用证、银行保函和银行承兑汇票等工具发行具有银行信用的"货币"。当银行上述头寸都不足以支持社会投资和消费贷款时,商业银行才会考虑向央行借钱。当央行接到商业银行贷款申请时,实行宽松的货币政策的央行可能会满足商业银行的贷款申请,实行紧缩货币政策的央行不可能满足商业银行的全部贷款申请。离开了商业银行的借贷渠道,央行无法发行货币,离开了市场的需求,央行无法多发行货币。即使实行宽松的货币政策,央行新发货币一定不大于商业银行的申请贷款总额,央行新增货币一定小于市场需求货币。正是因为离开市场需求央行无法新增货币,在通货紧缩期,实行宽松货币政策的央行将面临货币贷不出去的尴尬。

(4)政府的第一理性,遏制了政府多发货币的理性。弗里德曼为政府多发货币提供了一个理论解释:"自远古以来,无论是国王、皇帝还是议会,都试图用增加货币数量的办法作为进行战争所需资源的手段,或建立不朽功绩或达到其他目的的手段。他们经常受到这种诱惑,每当他们真这样做时,通货膨胀就会接踵而至。"其实,不仅仅是理性的政府希望有更多的可支配收入,理性的企业和消费者也同样希望有更多的可支配收入,理性市场对货币的渴求没有上限。但是,企业和消费者对可支配收入渴求的理性受到另一个理性的约束,即君子爱财,取之有道,不能通过非法手段获取不义之财。不违法的理性成为企业和消费者普遍接受的第一理性。在一个法制制度基本健全的社会,尽管政府有渴求货币的理性,政府也要依法依规获取合法的货币,而不是为一己之私,破坏基本稳定的法律和货币信用体系。社会对政府的质疑在于,政府是法律法规的建立者,又是法律法规的执行者,政府作为市场经济的守夜人是否会监守自盗。其实,政府除了受法律法规的约束之外,政府还要受一个更为理性的约束:保持政府的执政地位。在保持政府执政地位的理性约束下,政府不会一方面多发货币破坏稳定的货币信用体系,一方面又用紧缩的货币政策和财政政策对付通货膨胀。美国政府庞大的财政赤字和中国政府不断增多的国债的事实就否定了政府多印货币供自己消费的质疑。正像理性的企业和消费者不谋求非法收入但仍然有人谋求非法收入一样,在特定的条件下政府也确实会监守自盗。但市场经济理论既不研究企业和消费者的犯罪行为,也不应研究政府的监守自盗行为。

下面,我们将从供求关系角度而不是货币数量角度研究通货膨胀问题,并提出应对各种通货膨胀的政策和措施。

三、产生通货膨胀的原因和应对之策

通货膨胀的共性是市场过热,研究市场过热的原因必须具体问题具体分析,并有的放矢地提出不同应对之策,不能简单地用紧缩政策退烧了之。

1. 货币原因

货币作为市场经济的一般等价物,它只不过是为物物交换的市场交易提供方便的信用工具。对它的基本要求是具有"等价"的信用,从信用的角度分析,可将市场的等价交换原则看成是等信用交换原则。不论是货币的交易信用还是储备信用,只要市场还接受货币的信用,货币就可以当之无愧扮演一般等价物的角色。

　　尽管货币在市场流通领域扮演一般等价交换物的原则是等信用原则,但是,政府、企业或消费者试图用自己所拥有商品信用和商业信用获取新的货币贷款时,贷款额并不等于抵押的商品信用或商业信用,而是低于抵押商品或商业信用。我们称贷款额低于抵押品信用的原则是谨慎信用交换原则,并定义谨慎信用度。谨慎信用度是指政府、企业和消费者贷款额与抵押物信用额之比,即

$$谨慎信用度 = \frac{贷款额}{贷款抵押信用额} \qquad (13.19)$$

　　如果企业或消费者向银行贷款到商业银行向央行借款层层实行谨慎性信用交换原则,央行根本不可能多发超过市场需求的货币。采用谨慎信用原则和谨慎信用度来确定银行对企业或消费者的贷款额度是商业银行早已熟知的手段,这一手段也是商业银行并传导至央行控制货币发行量的有效手段。但是,这一调控货币发行量的手段没有引起主流经济学的高度重视,他们认为银行利息才是调节货币发行量的手段。其实,银行利息是从货币需求角度调节货币发行量,而谨慎信用度是从货币供给角度调节货币发行量。

　　当央行根据谨慎信用原则向市场发行新增货币时,是否会加剧通货膨胀是一个与供求关系有关的问题。一般而言,当新增货币都投向商品消费领域,且企业的供给不能满足新增货币的商品需求时会加剧供不应求的矛盾,从而推动物价上涨。但不能简单地回答新增货币是否产生通货膨胀问题,可以肯定回答的是,新增货币不一定导致通货膨胀。正是由于货币与通货膨胀的复杂关系,我们不应从货币角度研究通货膨胀问题,而应从供求关系角度研究通货膨胀问题。特别是当市场还接受货币的交易信用和储备

信用时,没有必要将通货表征的产品供不应求的问题归结为通货问题。

2. 出口结汇

作为弗里德曼货币主义的支持者,中国的主流经济学家常常把中国的通货膨胀问题和中国政府的强制性结汇联系起来,他们认为中国的强制性结汇导致中国政府多发货币,并导致中国的通货膨胀。但市场数据并不支持这一观点。1998 年,中国出口产值不足 1500 亿美元,到 2003 年,中国出口总额已达 4382 亿美元,2007 年出口总额突破万亿美元大关,至 2014 年中国的外汇储备已突破 4 万亿美元大关,改革开放 30 余年来,进出口贸易顺差一直高速增长,由强制结汇得出多发货币引发通货膨胀的必然结论是,中国的 CPI 也一定高速增长。反观国内 CPI 的变化,中国国家统计局的统计数据表明,除了 2008 年前后有明显的通胀外,中国经济大多数时间处于低通胀或通货紧缩状况。特别是 2002 年至 2005 年期间,国内出口总额年增幅已超过 30%,但 CPI 不仅没有上扬,而是稳定在非常低的水平。这些数据表明,国内消费品价格波动与出口结汇之间没有必然联系,我们不能在进出口顺差总额不断增长的前提下,CPI 没有明显同步增长时就忘了出口结汇,CPI 一有增长就想起出口结汇,随心所欲地将出口结汇作为 CPI 上扬的替罪羔羊。

从理论上分析出口结汇对多发货币的影响,讨论关键不是结汇,而是"强制",结汇是国际贸易中常用的手段,强制结汇才是中国特有的现象。为研究强制结汇对多发货币的影响,要区分出口产品的成本和利润。从成本角度分析,如果原材料来自于境外,企业必然从银行购买外汇来采购原材料,当商品出口后结汇时,采购境外原材料的购汇和出口产品的结汇将部分对冲,是否强制结汇对对冲汇部分没有影响。如果原材料来源于国内,由于世界各国出于主权的考虑都要求国内消费用本币,原材料采购必须用本币导致的结汇与国家是否强制结汇无关。因此,不论企业是从境外还是从境内采购原材料,对出口产品的成本的强制性结汇和非强制性结汇没有实质性的差别。如果不考虑强制结汇,只考虑结汇,出口产品成本所占有的人民币在产品出口之前已经在市场上流通,结汇回来与成本有关的人民币只是市场货币的一次周转,国内市场上并没有新增人民币,与成本有关的结汇不会形成国内市场的新增货币。如果说进出口顺差有可能导致新增货币,新增货币的唯一原因是出口产品利润。从利润角度分析,要区分本币升值和贬值两种情况。如果本币相对外币升值,不论政府是否强制结汇,除了企业有特殊理由要持有外币外,理性的企业都会主动要求尽快结汇,是否强制性结汇对结汇没有实质性影响。如果本币相对外币贬值,政府的强制性结汇会对企业的利润或发展造成一定的负面影响。但是,除非企业永远持有外币,企业结汇越晚,银行付出的本币就越多,政府对企业出口利润的强制结汇只会减少基础货币的发行量,不会增多基础货币发行量。我们强调出口产品利润有可能导致新增货币,而不是多发货币的理由是,社会财富增加所导致的货币增加是市场需求的结果,而不是政府多发货币的结果。如果真的认为出口利润产生的新增社会财富而发行的货币是政府多发货币,中国改革开放30余年来产生的极大财富和相应的巨量货币就是一场流动性过剩的游戏,这显然是一个无法接受的结论。

我们否认进出口顺差强制结汇是导致政府多发货币的原因,

但并不否认出口可能是导致通货膨胀的原因:

(1)需求的原因:出口增多肯定是国际市场的需求增多,供给方能感到市场需求的增强,一旦市场供给满足不了国际市场需求,出口导致原材料需求增长必然导致通货膨胀。如果供给方不仅能满足国际国内市场的需求,而且依然保持供过于求的局面,则不管强制结汇新增多少货币,都不会导致物价上扬,只会导致物价下跌。

(2)出口增收的原因:一般而言,商品出口量增多,出口企业的利润会增多,从事出口产品生产和服务的从业人员会增多,社会总收入也会增多,这确实是导致通货膨胀的需方因素。但单纯从需求增长无法判断是否产生通货膨胀,通货膨胀还与供给方因素有关。中国改革开放30余年的经济总量发生巨变,30余年的消费总量也发生巨变,但消费总量的高速增长并没有带来CPI的高速增长,不能从出口总量增加导致社会总收入增长得出通货膨胀必然增长的结论。

(3)国际货币的信用体系:企业将产品出口至境外,境外支付外汇给出口企业,出口企业再向银行结汇,商品的出口涉及国内和国际两个市场和两种以上的货币。我们可以用一个等效的模型将出口企业的国内与国际市场和国内与国外货币分开,从而分析国内国外货币的信用或购买力问题。我们的模型是企业将商品卖给银行,并从银行得到商品的成本和利润,这是一个纯粹的国内贸易。同时,银行将从企业买得的商品卖给国际市场,并从国际市场获得外汇,银行将商品卖给国际市场并得到外汇的行为是一个纯粹的国际贸易行为。从这个等效模型可以清楚地看到,银行之所以有如此之大的商品需求,是因为国际市场有如此之大的商品需求。银行之所以敢于发行如此多的货币购买与出口有关的商品，是因为银行持有等额的外汇作为货币的信用基础。如果外汇与黄金挂钩，银行发行的购买出口商品的本币通过外汇与黄金挂钩；如果外汇不与黄金挂钩，银行发行的购买出口商品的本币通过外汇与国际市场的商品挂钩，其本币的交易信用和储备信用不会受到挑战。

有一种观点认为，当人民币升值时，中国庞大的外汇储备就会贬值，这种观点是不理解外汇的本质而得到的错误观点。外汇储备是否贬值与用什么货币单位计量外汇储备无关，仅与外汇购买外汇国商品的购买力有关。当我们用升值的人民币计量外汇储备时，外汇储备的总量会下降；当我们用某种贬值的货币计量外汇储备时，外汇储备总量就会上升，这种升值或贬值仅与计量单位有关，与外汇的购买力没有必然的联系。外汇只能用来购买国外的商品和服务，只要外汇所在国银行给出的银行长期存款利息或发行国债的利息不低于该国的通货膨胀率，购买国外一篮子商品的外汇购买力就不会下降，外汇储备就不会贬值。

导致人民币升值的根本原因是中国的进出口贸易顺差太大，国际市场对中国产品的需求远大于国内市场对国际产品的需求。贸易顺差也不是纯粹无形之手管理下形成的顺差，而是与有形之手管理有关的顺差。比如，美国和欧洲对中国先进产品、设备和技术的禁运，政府人为操控汇率等等，都会直接影响进出口贸易顺差。中国进出口贸易顺差的纯粹市场原因是，中国的出口产品价格太低，中国的进口产品价格太高，从而造成国际上对中国产品的需求和中国对国际产品的需求不平衡。当人民币升值时，中国的出口产品在国际上就变贵，中国的进口产品在国内就变便宜，于是,国际市场对中国产品的需求就会减少,中国对国际产品的需求就会增多,中国进出口贸易的顺差就会减少。市场汇率的变化是调节进出口贸易顺差的手段,也是应对进出口贸易导致通货膨胀的手段。人民币升值使中国出口产品变贵,是导致国际市场物价上涨的因素,人民币升值使中国进口产品变便宜是导致国内市场物价下跌的因素。

3. 政府原因

占 GDP 总量 20%左右的财政收入使政府成为市场最大投资者和最大消费者。政府投资和企业投资的区别是,企业的投资会加强商品供给的力度,但政府的投资不会生产产品,因此,政府投资和政府的消费都是商品需求的行为。

历史实践表明,双紧的财政和货币政策是应对通货膨胀的有效政策。适度从紧的财政政策和对政府实行货币紧缩政策是从抑制市场需求角度缓解市场供不应求的矛盾。普适的紧缩货币政策不仅抑制市场需求,而且抑制市场供给。如果普适的紧缩货币政策对供给的影响要大于对需求的影响,就会出现通货膨胀和失业率双双上升的滞涨现象。我们的建议是,应对通货膨胀要采用靶向性货币紧缩政策,该政策对供给方实行降低贷款利息和提高谨慎信用度的宽松货币政策,对需求方采用升高银行利息和降低谨慎信用度的紧缩货币政策。在靶向性政策的刺激下,市场的供给将增多,市场就业率上升,真实 GDP 增长,供不应求的矛盾将得以缓解,物价将呈下降趋势。

政府多发货币确实是产生恶性通货膨胀的原因之一,历史上不止一次出现政府多发货币造成恶性通货膨胀的现象,出现这一现象的原因是政府已出现巨大的财政困难。尽管政府清楚多发货币会动摇自己的执政地位,政府为解燃眉之急,试图通过多发货币渡过难关。具有讽刺意味的是,一旦政府不顾执政理性而多发货币,政府不仅不能解决燃眉之急,反而会由于市场放弃货币的交易信用和储备信用,导致政府的货币信用体系崩溃,政府为自用多发的货币成为不能购买任何商品的一张漂亮的废纸。货币信用体系破灭造成的最低危机是政府要重塑新的货币信用体系,最高危机是政府丢掉执政地位。市场经济理论不研究政权更换或货币信用体系重塑问题,也无法应对政府置第一理性不顾而造成的恶性通货膨胀问题。

4. 投资品原因

具有商品和投资品双重特征的投资品是导致恶性通货膨胀的重要因素。企业家供给投资品是为了赢得当期利润,消费者购买投资品是希望获得未来的投资收益。市场对投资品普遍持买涨不买跌的心态,投资品往往导致企业和消费者对价格的理性预期一致,企业与消费者之间关于投资品的价格与需求量的博弈已不复存在,市场无形之手就会失灵。具有商品和投资品双重特征的商品持续价量齐涨,投资品不仅形成了吉芬商品,而且也形成了经济泡沫。经济泡沫没有破灭之前,市场景气供销两旺;一旦泡沫破灭,生产过剩的经济危机就不期而至。

除了具有商品和投资品双重特征的投资品外,股票、金融衍生品等不具有商品特征的金融投资品也往往是买涨不买跌的投资品。金融投资品不在 CPI 统计的一篮子商品之中,虽然它的价格变化不会直接影响 CPI,但也会产生投资性泡沫。特别是金融投资品采用杠杆原理,金融投资品的泡沫风险要比商品投资品泡沫风险大得多。

应对投资品泡沫的前提是怎样认定投资品是否已产生泡沫。我们认为当商品类投资品物价上涨幅度大于剔除此投资品之外一篮子商品的 CPI 上涨幅度时，就应认定该商品已产生泡沫，泡沫值不小于该投资品物价上涨幅度与 CPI 上涨幅度之差。判断金融投资品是否产生泡沫的依据是投资品的回报率。当投资品的回报率高于同期银行贷款回报率时，应认定该投资品已产生泡沫，泡沫值不小于该投资品回报率与同期银行贷款回报率之差。

在投资泡沫破灭之前，价量齐涨的投资品受到投资者和消费者的双方追捧，市场的无形之手无法对投资品形成的恶性通货膨胀实行有效的调节。当投资品泡沫破灭时，市场无形之手对投资品实行了硬着陆式的调控，不论是投资品的价量齐涨所形成的恶性通货膨胀还是投资品泡沫破灭导致的硬着陆式的通货紧缩，市场的无形之手都束手无策，因此，投资品价量齐涨所形成的恶性通货膨胀应由有形之手予以调节。调节的手段是：

（1）如果用投资品的市值作为抵押品的信用额值，并采用统一的谨慎信用度值给市场贷款，投资品的泡沫就会传导至货币信用体系。一旦投资品泡沫破灭，货币信用体系也会受到投资品泡沫破灭的冲击。为了保证货币信用体系的稳定，对投资品信贷要实行去泡沫谨慎信用原则，对与投资品相关联的金融衍生品信贷还要实行去杠杆原则。具体做法是降低投资抵押品的谨慎信用度。降低投资品谨慎信用度的方法相当于对投资品实行了比其他商品更为严厉的货币紧缩政策，这也是一种靶向性调控政策，降低的幅度变化为政府宏观调控留下了空间。当银行对投资品采用更为谨慎的谨慎信用度时，可以避免投资品泡沫冲击货币信用的稳定性。即使投资品泡沫破灭而实现所谓硬着陆，货币信用体系依然稳定。由于政府或市场不必为货币持有者投资的失败而承担责任，也不必为货币持有者投资成功而获取奖励，从市场整体分析，投资品的投资成功和失败很大程度上是一个零和游戏，市场也会基本保持稳定。

（2）政府不可能用财政收入购买投资品，没有必要对已产生泡沫的投资品实行紧缩的财政政策。但是，政府投资平台为提高投资收益可能会购买投资品，甚至会购买已经产生泡沫的投资品。虽然政府投资平台短期内购买价量齐涨的投资品可能产生较高的利润，但会承担太大的风险。政府的有形之手不能为眼前利益趋之若鹜，不能与市场无形之手一起将投资品置于泡沫破灭的尴尬境地，政府应要求政府的投资平台不为投资品泡沫推波助澜。

（3）为了遏制投资者对投资品的投资欲望，政府应对尚未交易但已产生泡沫的投资品征暴利税或所得税，即按市场现值和购买原值之差征收投资品的暴利税或所得税。对已交易的投资品征收暴利税或所得税是市场上已有的征税方式，这种方式虽然有助于社会第二次分配公平，但不会改变投资者投资的风险和已经获利的现实。如果在投资品未交易之前，仅仅根据投资品的市场价和购入价之差征所得税或暴利税，会大大增加投资者的投资成本和投资风险，从而遏制投资者对投资品的投资欲望。

5. 突发事件原因

自然灾害、战争或突发性灾害是造成恶性通货膨胀的另一个重要因素，尤其是连续几年的自然灾害或战争会造成供给短缺、物价飞涨、民不聊生。吉芬当年观察到的土豆价量齐涨的吉芬商品现象就是爱尔兰连续几年的自然灾害造成的。突发性事件导致了生产商品资源的绝对稀缺，而市场对这些资源的需求具有刚性，市场的无形之手无法从供给和需求两个方面缓解由突发性事件造成的供不应求的矛盾时,市场就会出现恶性通货膨胀。

以粮食为例讨论政府应对突发性事件导致通货膨胀的手段:为了应对突发性短期粮食稀缺,政府可利用丰收之年的粮食储备予以调节;也可利用进口粮食予以调节;极端情况下甚至可以放弃市场经济模式,采用远比计划经济更强调控能力的战时供给制:由政府控制全部粮食资源并按人口数统一配给粮食,不允许商家借粮荒囤货居奇发国难财。战时供给不能保证每个人都得到足够的粮食,但能确保不让国民因饥饿而死亡。

中国这样的大国,要保有与人口相适应的耕地面积是保证大国人口粮食安全的国策。18 世纪 50—70 年代,以魁奈和杜尔哥为代表的法国古典政治经济学派提出重农主义,魁奈的代表作《经济表》①是对重农主义的全面总结。杜尔哥是继魁奈之后的重农主义的重要代表人物,他的《关于财富的形成和分配的考察》是对重农主义的重大贡献。重农主义认为商业流通不创造任何物质财富,只是变更交易地点和时间,工业也不创造物质,只是变更或组合已存在的物质财富的形态。亚当·斯密的《国富论》提出了分工理论,认为分工可以提高劳动生产率。有分工就有交易,因此,分工和交易也能创造财富。亚当·斯密社会分工与贸易理论成为反击重农主义的重要武器,并使重农主义退出历史舞台。我们认为重农主义忽视流通和工业对财富的贡献无疑是错误的,但重农主义重视农业和农业是社会一切收入的基础的基本思想并无错误。对经济学历史上出现的所有理论或主义应采取批判性继承

---

① 　参见［法］魁奈:《魁奈经济著作选集》,吴斐丹译,商务印书馆 1979 年版。

的态度,去其糟粕,留其精华。中国保留与人口相应的基本耕地的政策既是对中国历史上重农的总结和对重农主义思想的继承,又是中国政府宏观调控粮食市场的重要举措。中华人民共和国的奠基人毛泽东对重农思想曾写道:"手中有粮,心中不慌,脚踏实地,喜气洋洋",这是对重农思想的艺术表达,也是防止出现吉芬当年观察到的土豆价量齐涨现象的有力措施。

6. 成本推动原因

产品成本提高必定推动产品涨价,西方主流经济学将产品成本提高导致的通货膨胀称为成本推动型通货膨胀。成本可细分为人工成本、原材料成本、货币利息成本和汇率变化成本。细分成本是为了清晰地表述成本推动型通货膨胀问题并提出应对之策。实际上,四种成本变化与通货膨胀的关系错综复杂,不仅推动通货膨胀的四种成本原因不能完全分开,甚至因果关系也不能完全分开。比如,增加个人收入,特别是增加低收入人群的收入,必然会导致商品需求增加。在劳动效率不变的假定条件下,个人收入的增加必然会导致商品的人工成本增加,因此,增加个人收入会从成本和需求两个角度推动商品物价上涨。当商品需求增加时,为缓解供不应求的矛盾,必然要增加供给,必然要提高就业率,必然要增加原材料的需求。就业率的增加会导致劳动力市场的供求关系发生变化,又会进一步推动人工成本上升等等。如此复杂的关系,绝不是简单的成本推动就能说得清的问题。政府的有形之手不可能将此复杂关系安排得井井有条,西方主流经济学的几个模型也不可能将如此复杂的关系描述得清清楚楚。因此,我们不考虑果对因的影响,不考虑因与因之间的影响,仅将成本推动的因看成是单纯的因的前提下研究成本推动型通货膨胀问题:

（1）人工成本

本书将人工成本定义为单位时间的真实人工成本,由此定义的人工成本具有生产商品人工成本的共性,忽略了具体商品形态的个性,并扣除物价上涨导致人工成本上涨的反果为因的影响。人工成本推动的通货膨胀有如下特点:1) 长期性:社会人均收入的普遍提高是发展经济的根本目的,由人工成本推高的物价上涨是发展经济成功的标志。由收入增加引发的通货膨胀是一个长期的趋势,这个趋势不会逆转也不应逆转;2) 轻微性:企业普通员工的收入增长是一个缓慢的过程,由人工成本推动的通货膨胀应与缓慢增长的收入同节奏,人工成本推动型通货膨胀不会是剧烈的恶性通胀;3) 不稳定性:市场经济的本质特征之一就是不稳定,竞争或博弈性的市场经济体系不可能是稳定的经济体系。人工成本推高通货膨胀是一个长期的趋势,但短期的人工成本也会出现波动;4) 利好性:轻微通货膨胀预期有助于刺激企业投资和消费者消费,社会劳动收入的普遍提高又为消费者的消费增长提供了有力保障。5) 非公平性:社会平均劳动收入的普遍提高不能保证所有消费者的真实收入会同步提高,更不能保证社会的低收入人群的真实收入会同步提高。

　分享经济发展成果的公平问题是西方主流经济学和现代管理学尚未解决的难题之一,我们希望给出市场公平问题的最低标准:社会低收入人群的实际收入增长水平不仅要高于通货膨胀水平,还要略高于社会平均收入增长水平。市场经济的发展只要满足此最低标准,就不会使贫富差距越拉越大,就不会使社会变得越来越不公平,就不会使社会变得越来越不稳定。我们提出的最低标准与帕累托提出的可以允许真实收入不变的最优标准有根本的区别,正是在反对将贫富差距越拉越大的意义上,我们不接受帕累托最优的福利标准。

为了解决低收入人群分享社会经济成果的问题,我们建议设立公平收入价格指数。该指数由两部分统计数据组成,一部分数据是低收入人群的名义收入数据,并根据此数据计算出低收入人群的名义收入增长率;另一组数据是建立低收入居民消费价格指数。该指数与 CPI 的差别是其代表商品仅与低收入消费者消费的商品和服务有关,与中、高收入消费者消费的商品和服务无关。由低收入消费者消费商品的价格变化统计出来的低收入居民消费价格指数,不仅能与低收入人群对通货膨胀的真实感受一致,也能为研究低收入人群生活水平变化情况提供科学依据。有了低收入人群的名义收入和居民消费价格指数,我们可以定义公平收入价格指数 β ,

$$\beta = \frac{低收入人群名义收入增长率}{低收入人群居民消费价格指数增长率} \qquad (13.20)$$

如果公平收入价格指数小于 1,表明低收入人群的实际生活水平下降。如果公平收入价格指数等于 1,表明低收入人群的实际生活水平不变;如果公平收入价格指数大于 1,表明低收入人群的实际生活水平上升。

当低收入人群的实际生活在下降时,由谁来解决和怎样解决分享社会发展成果不公问题就成为一个重要问题,第一种解决方案是由市场的无形之手解决。但是,公平收入价格指数是事后统计结果,它的任意结果都是市场博弈后的结果,当它小于 1 时,意味着无形之手已使低收入人群的实际生活生平下降,不能本末倒置地指望无形之手可以解决低收入人群实际生活下降问题。第二种解决方案是由有形之手强制市场解决。我们认为,市场经济的逻辑是理性逻辑,当我们从计划经济转向市场经济时,就必然要受理性或自私的前提,由有形之手强制市场解决分配公平问题,就是在扼杀市场理性,实际是在扼杀市场经济。我们的建议是,让市场在理性原则上充分竞争,在公平竞争机制下重点关注市场在优化配置资源上的优势和高效率创造财富的能力,不能也不应强制理性的市场解决分配的公平问题。第三种解决方案是由有形之手更多的关注分配的公平。关注的手段就是调节企业和个人收入的所得税,必要时还可征收遗产税、赠与税,甚至可以征收通货膨胀税和暴利税。政府通过税收所得,减少高收入人群的收入,并以此收入补贴低收入人群的收入。无形之手关注市场效率,有形之手关注市场分配公平。

微观企业为提高市场竞争力,会通过更加有效的管理和技术创新努力提高生产效率,在真实 GDP 不变的条件下,提高劳动生产效率固然有助于降低产品的人工成本,带来的副作用是失业率会上升。增加就业是政府的宏观调控目标,为解决劳动效率的提高带来的失业率上升问题的应对之策是,或者促进经济发展,让真实 GDP 增长率大于劳动效率增长率;或者强制性减少员工的工作时间,增加社会的休闲时间。经济发展的一个目标当然是追求更多的社会财富,但追求社会财富并不是发展经济的终极目标,改善人们生活,提高生活品质才是发展经济的终极目标。增多没有后顾之忧的休闲时间无疑是生活品质提高的表现。休闲时间增多有助于为休闲服务的第三产业的兴起和创造新的就业机会。其实,很少有人主观上只愿意工作而不愿意休息。只有当人们的收入足以维持自己相对体面的生活,只有社会和政府保障体系能免除人们对未来生存和发展的焦虑，人们就不会只当金钱的奴隶，而会追求高品质的生活。因此，一个国家第三产业的兴起和人们主动休闲时间的增加，是该国社会进步的表现。

政府不仅要关心低收入人群的收入与通货膨胀的关系，更要关心失业人群的生存问题。但是，主流经济学信奉并没有理论基础的菲利普斯的结论，即认为失业率与通货膨胀率之间存在此消彼长的关系，政府无法同时解决失业和通货膨胀的问题，市场也无法理解通货膨胀和失业率同步增长的滞胀问题。我们认为，菲利普斯关于失业与通货膨胀的此消彼长的关系很大程度上是一个错误的关系，滞胀是可以理解的市场现象：

1）当劳动效率不变和真实 GDP 增长时，社会总产品和总服务数量增长，这意味着有更多的工人生产产品和更多的服务人员提供社会服务，失业率和真实 GDP 的增长负相关。注意到，真实 GDP 的增长意味着产品供给增加，供给增加绝不是通货膨胀率上升的理由，因此，当真实 GDP 增长时，失业率一定下降，但通货膨胀率不一定上升，两者没有必然联系。

2）当名义 GDP 增长但真实 GDP 没有增长时，在劳动效率不变的条件下，失业率不会下降，且市场产品供不应求。理性的企业家当然愿意以更高的价格向市场提供更多的产品。但供给方或者受制于产品原材料的绝对稀缺性，或者受制于紧缩的货币政策，或者受制于固定资产的投资周期，不可能不受限制的提高产品的供给数量。当企业提供产品供给量受限时，市场供不应求矛盾没有得到根本解决，于是，失业率没有下降，但通货膨胀率依然上升，通货膨胀率的此长并不一定带来失业率的彼消。

3）当名义 GDP 和真实 GDP 都增长时,市场的通货膨胀率上升,市场失业率下降,这种现象才是菲利普斯曲线描述的现象。

4）当市场名义 GDP 增长但真实 GDP 负增长时,通货膨胀率会上升,失业率也会上升,这就是滞胀现象。滞胀并不是一个奇怪的经济现象,菲利普斯曲线才是一个奇怪的曲线。只是将并不正确的菲利普斯曲线奉为正确的理论时,滞胀现象才变成市场经济的怪胎。否定了菲利普斯曲线的普适性,滞胀就成为市场经济中的一个可以理解的现象。

如果政府要调控失业率,就要提供支持实体经济发展的政策和空间,政府要调控通货膨胀率,政府也要支持实体经济发展,从而提高商品和服务的供给。政府或市场不必为通货膨胀和失业率的所谓负相关的关系而困惑,而是要研究制约发展实体经济的困难或要素。一旦实体经济发展起来,在市场需求保持不变的前提下,通货膨胀率一定下降,失业率一定下降,市场不会从通货膨胀走向通货紧缩,也不会出现滞胀现象。

（2）原材料成本

导致物价长期上涨的第二个成本因素是生产商品原材料的长期稀缺性。随着获取稀缺原材料的难度增大,为获取单位原材料的人工劳动量也随之增加,再加上单位时间人工成本增加,导致原材料成本有不断走高的趋势。从学术角度要严格区分人工成本和材料成本导致的通货膨胀,就要在生产单位原材料的成本中扣除单位时间人工成本的变动因素。西方主流经济学家将原材料价格上涨和人工成本上涨导致的通货膨胀称为成本型推动通货膨胀,但是,由人民真实收入不断提高导致的成本推动型通货膨胀是社会和政府乐观其成的通货膨胀,这类通货膨胀不仅对社会发展没有坏处,而且是社会发展追求的目标。由原材料长期稀缺性导致的长期物价轻微上涨的通货膨胀虽然有刺激投资和消费的积极作用,但此类通货膨胀会降低人民的真实收入和生活水平。如果让此类通货膨胀长期存在,会危及社会经济发展和人类生存。政府应对此类通货膨胀的对策是支持和鼓励替代和再生资源的研究和生产,用替代和再生资源解决原材料的长期稀缺性。鼓励的方式是减免税的间接补贴和财政贴息等方式的直接补贴。

一种观点认为,不论是政府财政补贴还是税收补贴都是政府保护落后产能的行为,都不利于资源的优化配置,这种观点源自于亚当·斯密的分工理论。亚当·斯密关于劳动分工的思想不仅用于国内分工,而且用于国际分工。该理论认为,自由贸易会引起国际分工,国际分工的基础是利用一国独有的先天自然禀赋和后天的有利生产条件,使该国在生产和对外贸易上处于比其他国家有利的地位。如果各国都按照各自有利的生产条件进行分工和交换,各国的资源、劳动力和资本得到最有效的利用,将会大大提高劳动生产率及增加社会财富。这个理论是按各国绝对有利的生产条件进行国际分工,也称为绝对成本理论。中国保有与人口相适应的耕地面积的宏观调控政策和对清洁能源等项目的补贴显然不符合亚当·斯密的国际分工理论。

亚当·斯密的分工理论将分工作为前提,将流通贸易作为分工的必然推论,亚当·斯密的国际分工理论是将自由贸易作为前提,将国际分工作为国际自由贸易的必然推论。亚当·斯密的分工理论和国际分工理论表面上是一脉相承的同一理论,实质上是两个因果关系完全颠倒的两个理论。将分工理论变成国际分工理论有失偏颇:1)自由贸易从来就是一种理想而不是现实,影响这一理想成为现实的障碍就是国家主权。迄今,西方发达国家还对中国实行高端技术产品的贸易禁运,也很难想象具有分工优势的产粮大国遭遇天灾导致自身粮食供应出现困难时,还会按自由贸易的原则将粮食供应给中国或其他不具有产粮优势的国家。尤其是国与国之间出现政治乃至战争纠纷时,自由贸易的大旗不会迎风飘扬。中国作为粮食需求大国不可能将国家粮食安全押宝在亚当·斯密的国际分工理论上,而是依据重农主义的思想用保障耕地有效面积的方法调控国家的粮食保障。2)国际分工理论带来的最大弊端是国际分配不公。处于国际分工低端的国家或地区,虽然向世界其他国家贡献了自己的天然资源,但许多国家贫穷依旧,国际分工理论并没有给他们带来财富和希望。相反,一些天然禀赋资源并不突出的国家或地区,如新加坡和中国香港,不断发展经济,不断提高国家或地区竞争力,已经进入世界发达国家或地区的行列。计划经济时代的中国也曾产生过"造船不如买船,买船不如租船"的国际分工理论的观点,在改革开放的前20年,更是利用人口红利的国家优势,使中国经济获得高速发展。但是,如果中国仅仅依靠人口红利,当人口红利被用完时,中国将放慢甚至停止增长。欣慰的是,中国政府并没有躺在自己的比较优势上睡大觉,而是不断促进企业转型升级。中国政府非常清楚,利用分工理论获得的市场资源可能要比转型升级获得的市场资源来得容易,但由国际分工理论获得的利益只是短期的利益,国家的长期利益是发展,落后就要挨打。因此,中国政府利用政府的有形之手,支持企业转型升级,政府的措施包括但不限于:税收优惠。对清洁能源等高新技术企业所得税实行三年免税,两年减半和长期低所得税率政策;对企业设备的更新改造给予财政补贴;对批准的单项研究项目予以科研补贴;对企业的技术投资贷款予以政府贴息;鼓励民间资本以风险投资或直接投资的方式投入高新技术企业,并在证券市场上设立创业板,为民间资本的风险投资设立退出窗口。3)国际分工理论无法解决先进的军事技术和基础科技技术的进步。中国政府从计划经济时代开始,就自力更生地致力于军事和基础科技的研究,由此取得举世瞩目的成就,这不仅增强了中国的军事实力,也增强了中国的科技实力。其实,不仅处于国际分工低端的国家不能因为国际分工而忽视国力的发展,处于国际分工高端的国家同样不能忽视发展。国家的先天禀赋是苍天垂青,而国家的后天禀赋则只能靠自身努力。国力竞争如逆水行舟,不进则退,没有任何一个国家可以躺在国际分工理论的床上睡大觉而永远保持国家的竞争优势,处于低端的国家则要比发达国家付出更多的努力追赶甚至超越发达国家。正是由于中国在开放市场赢得今天国际分工优势的同时,还利用宏观调控手段支持企业获得明天的比较优势,在人口红利优势逐步丧失后,中国依然是推动世界经济发展的发动机。4)如果说严格按照国际分工理论会阻碍发展中国家向发达国家进步,严格按照国际分工理论也会使发达国家出现结构性失业:毕竟高端制造业和服务业不是劳动密集型行业,毕竟不是所有的劳动者都接受过为高新技术产业服务的教育和具有从事高新技术服务的能力。我们的建议是,政府可以将结构性失业人员的失业补贴用于中低端产业的工人工资补贴。从本国政府角度分析:花同样的费用,既可以解决低端人才的生存问题,又解决了低端人才的就业问题,肯定比单纯解决低端人才的生存问题更有吸引力。从国际贸易角度分析:由政府补贴方式生产的低端产品主要用于国内市场,并以解决低端人才就业和生存作为主要目的,不会引起国际贸易纠纷。如果一国将政府补贴生产的产品出口至他国,他国完全可以实行惩罚性关税予以应对。从市场资源配置有效性角度分析:只要当本国和他国生产同类产品的实际人工成本基本相等时,企业的竞争才是关于产品性能价格比的竞争,才能促使企业更加注重企业管理和技术创新,才能使市场更加有效地配置资源。

从静态角度,由分工理论得出政府补贴是保护落后产能的结论不无道理:一个企业,一个行业如果在市场有竞争力,当然无须政府的补贴,只有缺乏市场竞争力而政府又想扶持的企业或行业才需要政府补贴。但从发展角度,代表人类未来发展方向的产业在当下可能无法与传统产业竞争,代表国家未来发展方向的产业当下可能无法与他国产业竞争,政府应保护关乎人类发展、国家进步的产业。国际分工理论的错误就是只着眼于现在,没有考虑国家和人类的未来。

(3)进口原材料成本

当进口原材料和进口商品价格上涨时,会引起国内物价上涨,主流经济学将进口原因导致的通货膨胀称为进口输入型通货膨胀。应当承认,西方主流经济学关于进口输入型通货膨胀的观点至少从会计学角度是正确的:进口原材料成本上升,必然导致产品的成本上升,从而导致由进口原材料生产的产品价格上涨。从经济学角度分析,进口原材料成本推动通货膨胀的观点就值得商榷:1)从国际市场分析,原材料的供不应求才是导致国际市场原材料价格上涨的原因,国内对原材料需求的增加正是国际上原材料需求增加的因,国际原材料价格上涨可能是国内需求增长的果;2)从国内市场分析,进口原材料是提高国内市场原材料的供给,供给的增多只会缓解原材料供不应求的矛盾,从而遏制原材料价量齐涨的趋势。因此,将进口原材料价格上涨说成是进口输入型通货膨胀的观点是将因果关系本末倒置。一般而言,国内外原材料的涨价、劳动力市场工资的上涨、货币市场的利息和汇率的上升,都可能是会计学角度产品成本提高的因素,也可能是供给需求角度产品市场供销两旺带来的结果。不能将从会计学角度得到的成本上升因素必然看成是物价上涨的因。只有当某种原因使国内原材料供给减少导致的通货膨胀才能看成是成本推动型通货膨胀,只有当国外原材料供给减少导致的进口原材料上涨,才能看成是进口输入型通货膨胀的因。正是中国大规模的高速发展,带来了对世界资源的渴求,正是中国对世界资源的渴求,导致国际原材料价格上涨,正是高比例的国际原材料或资源进入中国,有力地缓解了中国国内对钢材、石油和原煤等大宗商品的供不应求的资源相对稀缺性矛盾。正是中国经济发展对国际大宗商品的渴求,使中国成为世界经济的发动机。宏观调控国际原材料价格上涨的应对之策与原材料稀缺导致的通货膨胀的应对之策完全相同:鼓励企业发现更多的原材料资源,充分利用再生资源和研究可替代资源,并努力提高资源的利用效率。

(4)货币成本

出现通货膨胀的根本原因是供不应求的供求失衡,调控通货膨胀的根本手段是加强商品的供给,并适度抑制投资性需求泡沫。实行的货币政策应当是支持供给而适当抑制需求的靶向性货币政策。实行无靶向的紧缩货币政策,必然导致商品供给市场的货币供给紧张,供不应求的货币市场必然推高市场利息,从而从成本角度为通货膨胀推澜助波。我们并不否认紧缩的货币政策能有效地抑制通货膨胀,但对供给方的货币紧缩必然导致企业减产和工人失业,对需求方的货币紧缩政策必然导致市场需求疲软,甚至走向衰退。尽管对供给方的紧缩货币政策可能会使本来供不应求的市场变得更加供不应求,从而出现所谓滞胀,但当紧缩的货币政策使供给的减少速度低于需求的减少速度时,市场出现的供求均衡或供过于求的失衡就会使物价降下来,但普适的货币政策是杀敌八千自损一万的政策,也是从货币角度推高产品成本的政策,更是将繁荣的市场带入萧条的政策。普适的货币紧缩政策远比靶向性货币紧缩政策操作简单,但操作简单的普适货币紧缩宏观调控手段往往不尽如人意。

第十四章　通货紧缩理论与对策

　　凯恩斯理论本质上是通货紧缩理论,凯恩斯理论认为通货紧缩不过是周期性经济规律的一个不可逾越的阶段,该理论并不支持政府对市场的宏观调控。支持政府宏观调控的理论不是凯恩斯理论,而是凯恩斯主义。我们认为解决通货紧缩的方法不仅仅限于凯恩斯主义提出的方法,刺激经济增长才是解决通货紧缩的根本方法。索罗经济增长理论和熊彼特创新理论虽然都涉及经济增长问题,但他们的理论仅关注市场供给,而忽略了市场需求,从而是错误的理论。从供求关系的均衡和非均衡角度出发,历史上几乎所有的经济学派都为经济增长提供了有效的对策。其实,从供求公理出发就可以证明,仅仅用利息这样一个变量,不可能解释所有经济现象,也不可能全面分析通货紧缩问题……

　　在表面上,不论是西方微观经济学还是西方宏观经济学,都很少研究通货紧缩。在西方宏观经济学中,经济周期性理论涉及到通货紧缩问题,但周期性理论只是将通货紧缩当作经济周期性规律的必然表现,并没有将通货紧缩作为主要研究课题。20世纪30年代初,市场萧条和失业日趋严重,传统经济学关于可以借助市场自动调节机制达到充分就业均衡的理论受到严重挑战,为了克服萧条和失业,凯恩斯出版了《就业、利息和货币通论》,该书中的理论模型不仅涉及到失业均衡问题,也涉及到充分就业均衡和超充分就业均衡问题,这表明,凯恩斯不仅想解决萧条和失业等经济过冷问题,还想统一解决通货膨胀等经济过热问题。但不论凯恩斯有怎样的雄心,《就业、利息和货币通论》是通过提高有效需求增加就业的理论,这就给凯恩斯主义打下了通货紧缩理论的深深烙印。实质上,以凯恩斯主义为基础的宏观经济学就是通货紧缩经济学。

尽管凯恩斯理论主要是研究通货紧缩的理论,但我们并不接受凯恩斯的理论模型,并有条件的接受凯恩斯的政策主张。在此基础上,本章将批判性吸收各学派的有关观点,提出我们的通货紧缩理论和应对之策。

一、凯恩斯理论与凯恩斯主义

研究通货紧缩面临的一个尴尬问题是如何定义通货紧缩。通货紧缩首先是一个试图用通货描述的现象,但通货紧缩又不是一个单纯用通货就可以描述的现象。受较多经济学家支持的定义是物价下降即为通货紧缩。这种定义的好处是简单明了,坏处是市场成功地克服通货膨胀的过程就是通货紧缩过程。仅仅用物价或通货这样一个指标,我们无法区分价格持续下跌是调节通货膨胀成功的结果还是通货紧缩现象,因此,不能用单纯的物价下跌指标描述或定义通货紧缩。

凯恩斯没有明确给出通货紧缩的定义,但他定义了潜在产能、失业均衡和充分就业均衡。所谓潜在产能是指企业尚未完全发挥作用的生产总能力。所谓失业均衡是指社会总产能没有完全发挥作用下的失业均衡。所谓充分就业均衡是指社会产能全部发挥作用时劳动力就业均衡。我们利用凯恩斯关于潜在产能的定义给出通货紧缩的严格定义：当市场需求少于潜在产能时，市场就进入通货紧缩期。当市场需求少于潜在产能且物价持续下跌时，市场的通货紧缩状态还在恶化；当市场需求少于潜在产能且物价已稳定，市场的通货紧缩已趋于稳定；当市场需求少于潜在产能且物价开始上升时，市场的通货紧缩状况得到改善。只有当潜在产能完全发挥作用时，市场才没有通货紧缩现象。同样的道理，物价持续上涨有可能是经济从低迷状态向正常状态恢复的现象，不能用通货简单地定义通货膨胀现象。只有当市场需求大于潜在产能且物价持续上涨，才可以认定市场已发生通货膨胀且还在持续恶化。

可能是受周期性经济规律理论的影响，凯恩斯除了讨论产能低于潜在产量的失业均衡问题外，还讨论产量大于长期潜在产量的所谓超充分就业均衡问题。凯恩斯对超充分就业均衡的描述是，当已有的社会产能全部发挥作用且商品仍然供不应求时，企业会让设备和工人超负荷生产，超负荷生产所形成的就业均衡就是超充分就业均衡。凯恩斯认为，当社会已有产能还没有发挥作用时，受总供给和需求的影响，市场会由失业均衡转为充分就业均衡，再由充分就业均衡转化为超充分就业均衡；当经济繁荣达到一个顶峰时，宏观经济会由超充分就业均衡转为充分就业均衡，再由充分就业均衡转化为失业均衡。不难看出，凯恩斯的就业理论是凯恩斯版的经济周期理论，这一理论由图 14.1 表示。我们认为，当经济处于通货紧缩期时，潜在产能的概念有意义；当经济处于通货膨胀期时，企业确实可能采取超负荷生产方式提供更多的产品，但不可能长时间采用超负荷生产方式提高供给，而是通过增加投资来扩大产能。因此,在经济上升期,潜在产能是永远等于实际产能的动态概念,潜在产能的概念没有意义。GDP 围绕固定潜在产能上下波动的凯恩斯周期理论不成立。

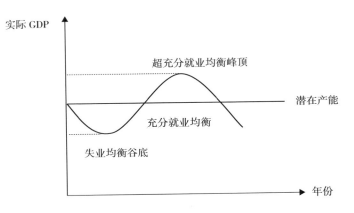

图 14.1　经济周期波动

　　作为西方宏观经济学的缔造者,凯恩斯不愿意去考虑产品、原材料和劳动力这样的微观问题;作为货币数量论的杰出代表之一,凯恩斯希望用货币和与货币供求关系有关的利息描述所有的西方宏观经济学规律。其实,仅仅用货币、价格和利息,经济学家甚至无法准确定义通货膨胀和通货紧缩,更不可能仅仅用货币或利息就揭示经济学的全部规律。本章节不准备对凯恩斯理论进行全面的分析和批判,仅批判与凯恩斯 IS-LM 模型有关的理论错误:

　　1. rI 曲线

　　rI 曲线是指利息 r 和投资 I 的关系曲线,它是凯恩斯理论推导 IS 曲线的重要曲线。凯恩斯的 rI 曲线如图 14.2 所示,图中纵坐标代表内生变量的投资 I,横坐标代表外生变量的利息 r。可能

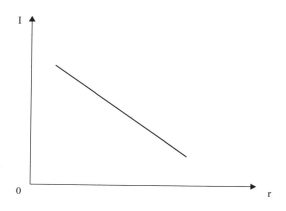

图 14.2 投资函数曲线

是受经济不景气时央行降息以刺激经济复苏的影响,rI 曲线是一条向右下倾斜的曲线,rI 曲线表达的经济学思想是利息的下行导致投资增大,利息的上行导致投资减少。其实,真实市场条件下的利息不是外生变量,而是由货币供求关系决定的内生变量。在市场萧条期,投资和消费低迷,市场货币供过于求,市场利息必然走低。在市场繁荣期,投资和消费旺盛,货币供不应求,市场利息必然上升。投资的因和利息的果呈正相关关系,这一关系正好与 rI 曲线表征的利息与投资负相关的关系相反,两者的因果关系也正好本末倒置。

正如不能用通货定义通货膨胀和通货紧缩的概念一样,也不能用简单的货币供求关系讨论利息与投资的关系。利息不过是产品市场向金融市场分利的比例。利息越高,金融市场获利越多,但这并不意味着产品利润会随利息的上升而下降。产品的利润不仅仅取决于由利息形成的金融成本,还取决于产品的供求关系和其他成本。如果产品供不应求导致利润上涨的幅度大于货币供不应求利息上涨的幅度,企业的产品利润会不降反升,企业的投资也会不降反升。如果产品供求导致产品利润低或亏本,利息再低,企业也不可能增加投资。

经济学家善用边际的概念,但在利息与投资关系上忽视了两者的边际关系。事实上,当利息上升时,只要企业还有利润,投资总量还会上升,当其他条件不变时,利息上升会导致产品的金融成本增加,从而会使企业对新增投资持谨慎的态度。随着利息的上升,企业的利润会减少,新增投资也会减少,借用边际的概念,即投资关于利息边际递减。利息和投资曲线不应是图14.2 所示的一条向右下倾斜的线性函数曲线,而应是如图14.3所示的一条向右上倾斜的非线性曲线,该曲线与边际效用函数曲线类似。效用理论有所谓餍足点,投资函数也有餍足点:当利息升高导致产品无利润时,企业不愿意无报酬为银行打工,此时的投资增量应为零。

2. 总需求曲线

总需求曲线是凯恩斯理论推导 IS 曲线的另一条重要曲线,可能是受微观经济学中的需求定律的影响,凯恩斯认为社会总需求曲线向右下倾斜,如图 14.4 所示,图中,P 代表总价格水平,Y 代表总产量,AD 代表总需求曲线。

注意到凯恩斯理论中的总需求量并不是某一产品的微观需求加总,而是指国民生产总值,我们分四种情况分析价格与 GDP 的关系并批判凯恩斯的总需求曲线:(1)价格稳定期,真实 GDP 增长,且名义 GDP 等于真实 GDP,此时的总需求曲线是一条如图14.5 的 AD(1)所示与横轴平行的直线。(2)通货膨胀期,名义

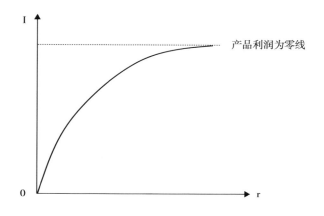

图 14.3　边际投资递减的 rI 曲线

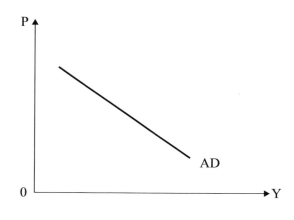

图 14.4　总需求曲线

GDP 大于真实 GDP。由于产品供不应求,企业会想方设法向社会提供更多的产品,社会总产量 Y 增长。价量齐涨的总需求曲线是如图 14.5 中的 AD(2)所示的向右上倾斜的曲线。(3)通货紧缩期,总价格水平 P 下跌,且社会总产量 Y 也会下降。通货紧缩期的总需求曲线 AD(3)在形式上与 AD(2)完全相同,但 AD(2)和 AD(3)分别描述的是价量齐涨和价量齐跌的宏观吉芬商品现象。(4)通货膨胀末期,商品价格依然上涨,不停上涨的价格会削弱社会购买力,使社会总需求开始下降,此时的社会总需求曲线才是凯恩斯描述的总需求曲线,一般情况下,凯恩斯给出的总需求曲线并不成立。

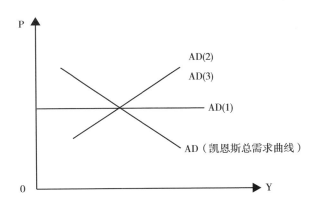

图 14.5　四种情况下的总需求曲线

凯恩斯给出的总需求曲线与马歇尔的需求曲线的共性是都认为市场需求与价格负相关,该曲线富有价格弹性。如果马歇尔的需求曲线总向右下倾斜,价格弹性将遏制价量正相关的吉芬商品。如果凯恩斯的总需求曲线总向右下倾斜,价格弹性将防范恶性通货膨胀和恶性通货紧缩,这意味着凯恩斯理论既不需要研究通货膨胀,也不需要研究通货紧缩现象。注意到支持社会总需求曲线总向右下倾斜的凯恩斯理论,恰恰是研究有效需求不足的通货紧缩理论,这就构成了凯恩斯理论体系的悖论。

　　一个这样的总需求曲线,却得到了西方主流经济学家的承认,西方宏观经济学试图用财富效应、利息效应和开放效应说明总需求曲线总向右下倾斜的原因。其中,财富效应和利息效应都是将财富留给未来的效应:财富效应是直接将当期可支配收入留给未来,利息效应是指未消费的当期可支配收入还会给未来带来利息的收入。不论财富效应还是利息效应,都是要求当物价上涨导致当期生活水平下降时,再进一步减少当期支出,让当期生活水平进一步下降。

　　开放效应是指,当本国物价上升时,进口产品变得相对便宜,本国消费者就会用进口产品取代本国产品,外国居民会用本国产品取代进口产品,从而导致净出口减少的效应。开放效应减少需求与需求的定义有关:西方主流经济学认为需求与净出口正相关,当净出口减少时,总需求就会减少。但总需求与净出口正相关的定义是错误的定义:出口的产品是满足他国的需求,出口越多,只能解释为他国对本国产品需求增加,不能解释为本国需求增加。反之,进口增加反映本国对他国产品的需求增加。在本国对本国产品需求不变的条件下,进口产品的增多,表明国内的需求增多。因此,净出口与国内总需求没有必然的联系。比如,假定出口总量和国内总供给不变,此时进口增加一倍,这意味着净出口减少,但国内总需求上升。净出口的减少和国内总需求增加的结论与开放效应的结论正好相反。在凯恩斯的需求理论与开放效应相关理论中用国内生产总值的概念取代了总需求的概念。由于出口的产品总值显然是国内生产总值的一部分,但出口产品与国内总需求无关。进口产品与国内生产总值无关,但与国内总需求有关。国内生产总值与总需求并不是同一概念。正是因为凯恩斯混淆了国内生产总值和总需求的概念,才得出开放效应使总需求曲线向右下倾斜的结论。

3.IS-LM 理论

凯恩斯理论的基本模型是 IS-LM 模型。IS-LM 模型与 IS 和 LM 曲线有关。IS 曲线如图 14.6 所示,图中的横坐标代表国民收入,纵坐标代表利息,IS 曲线是在 r-Y 坐标下一条向右下倾斜的关于商品市场利息和国民收入的曲线。

在凯恩斯理论中,IS 曲线由错误的总需求曲线和利息与投资的 rI 曲线导出,即使这一推导过程没有错误,前提错误的理论必然导致结论错误。

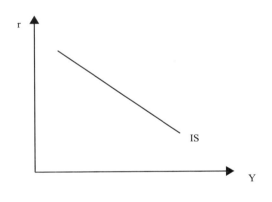

图 14.6　IS 曲线

LM 曲线如图 14.7 所示,图中横坐标代表国民收入,纵坐标代表利息,LM 曲线是由货币市场得到的在 r-Y 坐标下向右上倾斜的曲线。

不论是 IS 曲线还是 LM 曲线,利息是其外生变量,国民收入是内生变量。注意到凯恩斯 IS-LM 模型中两条曲线的内生和外生

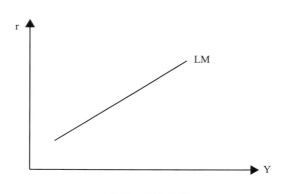

图 14.7   LM 曲线

变量完全相同,不论用任何理由或技巧,都不可能同时得到一条既向右上倾斜又向右下倾斜的国民生产总值与利息的曲线,IS-LM 模型本身就是悖论。在 IS-LM 模型中,如果纵坐标仍为利息坐标,横坐标为利润坐标,将 IS 曲线理解为产品利润和利息负相关曲线,将 LM 曲线理解为金融利润与利息正相关曲线,将两曲线的交点理解为产品与货币利润均衡点,则 IS-LM 模型是一个正确的模型。IS-LM 模型的错误是将横坐标的利润变量偷换成国民收入。

经济上行时,国民生产总值将上升,政府不可能在经济景气期采用宽松的货币政策。适度从紧的货币政策和繁荣的市场经济必然导致货币供不应求,从而导致利息上升。经济下行时,国民生产总值下降,政府为提振经济,往往会采用适度宽松的货币政策。在货币供给增多和需求减少的双重压力下,货币市场的利息将下降。因此,与市场有关的 IS 曲线不应是一条向右下倾斜的曲线,而应是如图 14.3 所示的一条向右上倾斜且边际递减的曲线,图 14.6 给出的 IS 曲线是错误的曲线。

LM 曲线成立的逻辑是假定国民收入增加,市场的需求货币就会增加,从而利息增加,其中,国民收入是内生变量,利息是外生变量。但凯恩斯认为利息增加会导致国民收入增加,这就犯了反因为果,因果关系本末倒置,内生和外生变量本末倒置的逻辑错误。如果凯恩斯的 LM 曲线成立,将利息提高一万倍,中国 GDP 可超美国五千倍,发展经济也不难:提高利息即可。如此荒谬的结论,必然从反证角度否定 LM 曲线。事实上,产品利润与利息负相关,金融货币利润与利息正相关,在其他条件不变时,利息是产品与金融货币利润的内生变量。如果其他条件不变,当总利润不变时,随着利息的增高,产品利润会减少,企业生产产品的意愿会减弱。当总利润全部成为金融利润时,企业生产产品的意愿为零,国民收入应为零。其实,国民生产总值不仅与利息有关,而且与产品供求关系、货币供求关系、劳动力供求关系、原材料供求关系和进出口净值有关,不可能仅仅用一个外生变量利息就可以描述国民生产总值的规律,任何试图将利息作为国民收入唯一外生变量的理论都是错误的。

4. 总供给曲线批判

西方宏观经济学试图用多种模型证明存在一条向右上倾斜的供给曲线,并认为总供给理论是西方宏观经济学最有争议的领域之一。我们认为,宏观供给曲线之所以富有争议,是因为西方主流经济学家没有区分主观供给曲线和客观供给曲线。主观供给曲线是指与消费者需求无关的企业供给曲线,是一条还没有与消费者博弈且与时间无关的曲线。客观供给曲线是指与消费者博弈时实际形成的供给曲线,是一条与时间和需求有关的曲线。由于实际成交量既是企业供给量,也是消费者的消费量,成交价是供需双方都接受的价格,客观供给曲线其实就是与时间有关的客观需求曲线。由于供给和需求曲线完全重合,用与需求有关的客观供给曲线和与供给有关的客观需求曲线求均衡解无解,由同一组实证数据不可能同时证明需求曲线向右下倾斜和供给曲线向右上倾斜。不论用什么模型,不论用什么技巧,任何试图证明客观或动态供给曲线总向右上倾斜的理论都是伪论。

西方宏观经济学试图用工资粘性模型证明供给曲线总向右上倾斜。该模型认为当企业与工人签劳动合同时有对商品的预期价格,发工资时要面对商品的真实价格。该模型假定工人工资是外生变量,工资低时用工多,工资高时用工少。由于工资粘性,当物价上升时,工人的名义收入不变,但实际收入下降,于是企业就会雇更多的工人。工人的增多使产出增多,从而得到物价上涨供给增多的向右上倾斜的宏观供给曲线。其实,物价上涨意味着产品供不应求,理性的企业会雇更多的工人以提供更多的产品,此时的供给曲线确实会向右上倾斜。但是,当企业普遍雇更多工人时,受劳动力市场供给关系的影响,新雇工人的工资必定上升,受同工同酬的约束,已雇工人的工资也会随新雇工人工资的上升而上升,工人工资不可能呈粘性。一个否定工资粘性假设条件的典型事例是在通货紧缩期,工人的工资已经很低,但政府还在为失业率下降而担忧,该模型是一个错误的模型。

西方宏观经济学试图证明供给曲线总向右上倾斜的另一个模型是否认工资粘性但承认商品价格粘性的模型。价格粘性模型已假定价格不变,本质上不可能用来分析商品价格与供给之间的函数关系,更不可能证明两者之间存在正相关的函数关系。为了在价格粘性假定条件下证明一条向右上倾斜的供给曲线,该模型只有偷换价格概念。比如,该理论引进了符合理论假定条件的不变价格 P ,同时又引进了最优价格 p 和预期价格 P_e ,其中 p 和 P_e 是可变价格。在证明过程中,可以让 P 和 p 、 P_e 代表不同的价格,也可以令 P 、 p 和 P_e 相等。于是,价格 P 一会是粘性不变的价格,一会是代表预期价格 P_e 或最优价格 p ,这样的理论证明纯粹是偷换概念的证明。

除了用工资粘性和价格粘性模型证明总供给曲线之外,还有基于不完全信息的所谓工人错觉模型和不完全信息模型。工人错觉模型认为企业掌握了价格信息,工人没有掌握价格信息;不完全信息模型是认为市场的所有参与者都没有掌握完整的市场信息,这两个模型的共同点是都否定工资粘性和价格粘性假定。本书不是研究凯恩斯理论的专著,也不准备对各种模型一一分析或批判。我们要强调的是,宏观经济学试图用各种相互矛盾的理论假设证明存在一条普适的向右上倾斜的动态供给曲线,这样的证明不可信。

西方宏观经济学没有区分凯恩斯理论和凯恩斯主义,并把两者混为一谈,我们认为凯恩斯理论和凯恩斯主义不是同一概念。凯恩斯主义认为市场萧条是有效需求不足,而解决有效需求不足的手段是政府干预。但从凯恩斯的理论中不仅得不到凯恩斯主义的结论,甚至可以得到反凯恩斯主义的结论。市场萧条,设备闲置和失业率上升的现象是市场有效需求不足造成的,市场有效需求不足导致市场萧条是一个事实,而不是一个理论的必然推论。凯恩斯理论中没有需求变量的位置,因此,不能认为有效需求不足导致市场萧条是凯恩斯的理论贡献。其实有效需求不足不过是供过于求的同义表述,并没有更多的理论新义。从凯恩斯理论出发,至少在以下几个方面得出反对政府对市场的干预的结论:(1)凯恩斯理论认为市场存在三种短期均衡,即失业均衡、充分就业均衡和超就业均衡。凯恩斯理论认为三种均衡会依次自发转化,从这个理论模型中我们只能看到自由主义市场经济理论的色彩,看不到政府干预市场的必要性。(2)凯恩斯理论用 IS-LM 模型得到一个荒谬的"挤出效应",该效应认为,如果政府增加购买,就会将企业的投资挤出来。凯恩斯的挤出效应成立的理由是,在货币供应不变条件下,政府购买增加导致利息上升,利息上升挤出了企业投资。挤出效应之所以荒谬,是因为凯恩斯理论中的利息是外生变量,但挤出效应中的利息变成了投资的内生变量;当讨论利息上升导致企业投资减少的挤出效应时,利息又成为投资的外生变量。其实,即使政府的投资导致市场利息的上升,由于政府的投资增加了市场的有效需求,企业不仅不一定会减少投资,甚至会因为供求关系变化导致产品利润升高而增加投资,"挤出效应"并不是一个必然的效应。从挤出效应得到的推论是:1)企业减少投资和政府加大消费会导致物价上升,企业减少投资会导致失业率上升,因此,如果真有所谓挤出效应,政府加大投资和消费的行为必然导致滞胀。为防止滞胀,政府不能干预市场。2)政府干预会增加市场有效需求,但企业减少投资和失业率上升导致的消费萎缩会使市场有效需求减少,从凯恩斯理论得不出政府干预必然导致市场有效需求增加的结论,即无法从凯恩斯理论中得到凯恩斯主义的必然结论。

我们认为,市场萧条、失业增多和设备闲置确实意味着有效需求不足,解决有效需求不足的理论应当是经济增长理论。经济繁荣时为保持市场繁荣当然需要经济增长,经济不景气时更需要经济增长。

二、索罗经济增长理论批判

在西方主流经济学中,经济增长被定义为一个国家的总产出水平不断提高,而通货紧缩意味着总产出水平不断下降,将通货紧缩与经济增长理论放在一起研究,颇有一些讽刺意味。我们认为经济增长的目的是为了满足人们日益增长的物质和精神文化的需要。市场繁荣期,一个国家当然希望经济不断增长;市场萧条期,一个国家更希望市场走出萧条,因此,我们将经济增长定义为总产出水平的相对增长。我们关于市场繁荣期经济增长的定义与西方主流经济学的定义一致,即国家的总产出水平不断提高,这表现为任意一个时间节点上的总产出水平都是该节点以前的历史新高。繁荣期的经济增长意味着更多的新设备投资和更多的工作岗位虚位以待。萧条期的经济增长的定义与繁荣期经济增长的定义本质上完全相同,都是指国家各项经济指标环比增长,但在环比增长的萧条期,国家总产出水平不是历史最好水平。萧条期设备闲置,就业率下降,市场本身具有恢复性增长的全部条件,万事俱备,只欠东风,欠的是市场需求恢复性增长的东风。不难看出,萧条期的经济增长理论更应关注市场的需求,繁荣期的经济增长理论更应关注投资和由此可能带来的通货膨胀及市场泡沫。

其实,不仅一国的市场经济发展理论要区分萧条期和繁荣期,国与国之间的差异也需要不同的经济发展理论:萧条期的发达国家市场还有存量设备和失业的熟练工人,低收入国家比萧条期的发达国家的市场状况还要差;中等收入国家有中等收入陷阱,能否走出这个陷阱是中等收入国家迫切需要解决的问题;发达国家则面临着百尺竿头更进一步的发展问题。做一个不确切的类比:低收入国家面临的问题更像萧条市场面临的问题;发达国家面临的发展问题,更像是繁荣市场所面临的问题,面临如此复杂的经济发展问题,不可能有统一的经济增长理论或经济增长模型。

1956 年索罗(Solow,R.M.)①和斯旺(T.Swan)②各自独立地提出了一个经济增长模式,被合称为索罗—斯旺模式,但更多的西方主流经济学教程或文献仅仅提索罗模式。此后,许多西方经济学家开始关注新古典增长模式研究,如丹尼森(Denison,E.)③、肯德里克(Kendrick,J.)④、卡斯(Cass,D.)⑤及库普曼斯(Koopmans,T.)⑥等人分别从理论与实证方面,不断修正并扩展索罗模式,在20 世纪中期形成蔚为大观的"新古典增长理论的大潮"。

1. 索罗经济增长理论的非增长性

索罗经济增长理论的前提假设之一是边际产量递减。根据边

①　Solow,R.M.(1956):A Contribution to the Theory of Economic Growth,in:Quarterly Journal of Economics,vol.70,1956,pp.65-94.

②　T.Swan,Economic Growth and Capital Accumulation,The Economic Recor,1956,PP.334-61.

③　Denison,E.Why Growth Rates Differ:PostwarExperiencein Nine Countries,Washington.DC:Brookings Institution,1967.

④　Kendrick.J.W.,1961,Productivity Trends in the United States,National Bureau of Economic Research,Princeton University Press.

⑤　Cass,David(1965):Optimum Growth in an Aggregative Model of Capital Accumulation.In:Review of Economic Studies 32(July):233-240.

⑥　Koopmans,T.C.,1965,"On the Concept of Optimal Economic Growth",in The Econometric Approach to Development Planning,Amsterdam,North-Holland.

际产量递减假设,产量最大化受制于固定的不变生产要素,不变生产要素越大,最大产量越高,用边际产量递减假设的经济增长理论充其量只是让原有不变生产要素充分发挥作用的经济增长理论或恢复性经济增长理论。该理论给出的增长上限即原有固定不变生产要素在边际产量递减理论的投入产出均衡意义下完全发挥作用的产能上限,达到此上限后经济不可能增长。因此,索罗增长理论是反经济增长的理论。

萧条期市场不能从萧条走向繁荣的根本原因是凯恩斯主义主张的有效需求不足,而不是企业不追求边际产量递减条件下的投入产出均衡的所谓利润和产量最大化。在萧条市场,企业更关心的是需求的增加,索罗增长理论中根本没有考虑市场需求的因素,即使作为恢复性增长理论,索罗理论也解释不了经济为什么会有恢复性增长。繁荣市场的经济增长不仅仅是让原有生产要素发挥作用,还要新增投资满足繁荣市场日益旺盛的市场需求。在繁荣市场,企业不会考虑原有生产要素是否充分发挥效用,而是会考虑新的投资机会和由此可能带来的风险。仅让原有生产要素产能最大化的索罗经济增长理论也解释不了繁荣市场的经济增长问题。贫穷国家走向富强之初的原有不变生产要素几乎等于零,没有原有的生产设备,没有原有的熟练工人,就像毛泽东形容刚刚成立的新中国:一穷二白。当时中国全部的钢产量不足以给中国妇女每人生产一枚发夹,最简单的工业产品钉子要靠进口,当时被称为洋丁,火柴也要靠进口,当时被称为洋火。不容争辩的事实是新中国成立 65 年来,特别是改革开放 30 余年来,中国走向了复兴,索罗理论解释不了中国这类贫穷国家走向富强的事实。索罗经济增长理论也许勉强能用存量资产利润最大化原理解释二战后德国和日本等战败国战后的迅速复兴,但解释不了二战的炮火其实已摧毁了这些战败国大部分存量资本和设备,并使这些国家负债累累,这些国家也没有多少原有不变资产但仍然迅速恢复经济的事实。索罗经济增长理论也许能勉强解释原只有较低资本的拉美发展中国家陷入"第三世界债务危机"而衰退的事实,但解释不了英国超过荷兰,美国超过英法,鸦片战争后西方发达国家超过中国和中国改革开放以来成为世界第二大经济实体的事实。

2. 索罗理论边际产量递减悖论

本书第十章已否定了边际产量递减理论,索罗经济增长理论恰恰是将边际产量递减理论作为前提条件,根据逻辑学我们已经知道,前提错误的理论其结论一定错误,索罗经济增长理论悖论在于,该理论不仅用了错误的边际递减理论作为理论的前提条件,同时又否认边际产量递减理论的前提条件和规模利润为零的结论。索罗经济增长模型将资本或设备当作可变生产要素,将劳动力当作不变生产要素,但索罗模型仅讨论单位劳动力的边际产量递减问题。如果将索罗理论看成是一个劳动力的经济增长模型,这样微观的模型解决不了西方宏观经济经济增长问题。如果将西方宏观经济增长模型看成是一个劳动力经济模型的加总,这即意味着劳动力要素不是不变生产要素,而是可变的生产要素。当两生产要素均可变时,边际产量递减规律不成立,因此,索罗增长模型的前提条件不成立。同时,索罗模型不接受边际产量递减理论中规模利润为零的结论,而是接受规模报酬不变假定。所谓规模报酬不变假定是指,当两生产要素同时增长时,满足边际产量递减规律的产品产量和利润也同比增长。如果边际产量递减理论接受规模报酬不变的结论,由边际递减理论确定的投入产出均衡的最高产量和最大利润就没有意义。颇具讽刺意味的是,索罗经济理论不论承认还是否认边际产量递减理论关于规模利润为零和系统存在最优的结论,都会将自己推向尴尬的局面:如果承认规模利润为零时,系统达到最优,则无论是增加投资还是增加就业,都不可能使经济再增长,索罗经济增长模型变成了增长受限模型。如果不接受系统存在最优,由于人是同质的人,设备是同质的设备,每一个人的最大产量应相同,即人均 GDP 完全相同。于是,一个国家的总 GDP 仅取决于人口,人口越多,GDP 总量越大。很明显,这样的结论是错误的。错误的原因就是索罗理论既承认边际产量递减规律,又承认规模报酬不变规律,将两个互为矛盾的结论作为理论的前提条件,必然会推演荒谬的结论,而荒谬的结论又可以反证理论前提的错误。

3. 折旧与经济增长的关系

索罗模型在边际产量递减的假设条件下,不去讨论 GDP 增长的方式,而是讨论投资和折旧的均衡,索罗模型的潜台词是,如果折旧的设备得不到补偿,市场的生产能力就会下降。但索罗的潜台词弄混了几个概念:(1)折旧是一个会计学的概念,设备或固定资产折旧计入产品的成本,其折旧的所有权归投资者,折旧作为投资成本从生产中扣除,并以货币的形式积累起来,以备将来用于固定资产的更新。因此,设备的更新无须新的投资,只有新增设备才需新的投资,投资与折旧无须也无法均衡。(2)折旧与设备的生产能力没有必然联系。比如,盖厂房的土地投资折旧期为 50 年,但土地为生产产品提供的支持能力并没有因为折旧而变弱。一般而言,要折旧的设备并不意味着是待维修的设备,不需要维修的已折旧设备,生产能力不会变弱。(3)在索罗模型中,不变的生产要素是单个人,资产或设备是可变生产要素,由于人不可能折旧,讨论人的折旧没有意义。资产和设备虽然可以讨论折旧问题,由于资产或设备是可变的生产要素,当设备或资产因为折旧等原因不能满足边际产量最大化条件时,随时可以增加可变生产要素的数量以满足边际产量最大化条件,在资产和设备都可变的假定条件下,讨论设备折旧对生产能力的影响没有意义。资产或设备这样的可变生产要素增加的前提是资产或设备的投入不大于产出,在考虑投入不大于产出的约束下,不仅已考虑了设备的折旧,甚至考虑的是设备一次性折旧,不可能从理论模型上再考虑所谓折旧。(4)如果新增投资仅仅是为了维护已有设备的生产能力,索罗模型充其量是保证生产能力不变的理论,与经济增长没有关系。

索罗模型以厂商理论作为基础,并从厂商角度讨论经济增长问题,索罗模型研究经济增长的角度就存在根本错误。没有一个企业不愿意多生产产品,也没有一个企业不愿意经济增长,关键在于市场是否接受企业的产品,市场需求是否增长。离开了市场需求,仅仅从供给角度不可能研究经济增长问题,索罗经济增长理论不是可以稍微修改就成熟的经济理论,而是忽视市场需求的错误理论。西方经济学家开给供给方经济增长的药方令企业家啼笑皆非:市场低迷让已有产量的销售成了问题,还让企业将产量最大化,这样做的结果可能有助于 GDP 的增长统计,但会迫使企业亏本甚至破产。熊彼特经济增长理论考虑了技术创新,但依然没有考虑市场需求。当市场没有需求时,理性的企业家面对宏观的市场需求问题几乎束手无策。当市场需求下行时,经济增长必定下行;当市场需求逐步复苏时,经济增长必定复苏;当市场需求旺盛时,经济增长必定强劲。任何不考虑市场需求的增长理论都是错误的理论。

三、市场需求下的经济增长的对策与建议

经济增长的目的就是满足人们日益增长的物质和精神文化产品的需求。美国心理学家亚伯拉罕·马斯洛于1943年出版的《人类激励理论》①一书中将人的需求从低到高,按层次逐级递升分为五种,分别是:生理需要、安全需要、情感和归属需求、尊重的需求和自我实现的需求。经济增长的目的是为了满足马斯洛的最低一级需求。

市场是理性的市场,理性或自私的消费者对物质的渴求永无止境,这意味着市场的理性主观需求会呈永无止境的上升趋势。消费者的理性主观需求会受到诸如个人收入、产品价格、产品性能价格比的变化和对市场的理性预期等客观因素的制约。经济增长理论应是研究理性的永无止境的市场需求受到客观因素限制的经济增长问题。正是在此意义上,我们将通货紧缩理论与经济增长理论放在一起,经济增长理论是应对通货紧缩的理论。供不应求的市场不需要经济增长模型和理论,需要的是应对有效供给不足而导致的通货膨胀现象。只有当市场繁荣,或者由于设备的投入和新增产品的供给都需要一定的周期,或者由于原材料和劳动力市场资源的绝对稀缺性,供不应求导致

---

① 参见[美]亚伯拉罕·马斯洛:《动机与人格》,许金声等译,中国人民大学出版社2007年版。

通货膨胀成为市场的主旋律时,才会主要考虑供给问题。一个颇为有趣的现象是,当我们从市场需求角度研究经济增长问题时,历史上许多已被主流经济学家抛弃的观点将成为我们经济增长理论和对策的观点:

1. 亚当·斯密的理性理论[①]

市场经济是理性经济,理性是市场进步和活力的源泉。尽管我们认为理性应当受到约束,但任何时候任何条件下都不应否定亚当·斯密对市场理性的伟大发现。没有了理性,也就没有了市场,当然也不会有中国模式的微观放开,更没有对理性市场的宏观调控。理性是市场活力和经济增长的原动力。当无形之手在有效管理市场时,企业与企业之间发生的关于产品性能价格比的竞争就是经济增长的根本原因。当无形之手失灵时,市场需要宏观调控,但宏观调控不是用计划经济取代市场经济,而是用有形之手帮助无形之手恢复对市场的管理能力,并注意保护市场的理性。离开了理性,市场将失去活力;离开了理性,市场经济不可能增长或恢复增长;离开了理性,中国模式已不复存在。不论是无形之手还是有形之手,都是为了约束市场无序的理性,都不是为了否定理性和以理性为基础的市场经济。

2. 供给需求理论[②]

尽管我们否认存在一条普适的向右下倾斜的需求曲线和向右上倾斜的供给曲线,尽管我们否认由总供给和总需求均衡点决定

---

① 参见［英］亚当·斯密著:《国民财富的性质和原因的研究》,郭大力、王亚南译,商务印书馆1972年版。

② 参见［美］阿尔弗雷德·马歇尔著:《经济学原理》,陈良璧译,商务印书馆1965年版。

的均衡价格就是商品的市场价格,但我们仍然支持由亚当·斯密发现,并由马歇尔试图证明的供给需求理论。市场萧条不过是供过于求的市场现象,通货膨胀不过是供不应求的市场现象,市场不过是供求均衡或失衡的市场。所谓企业与消费者的博弈其实就是供给与需求的博弈,企业与企业之间关于产品性能价格比的竞争其实就是需求市场占有率和扩展新市场需求的竞争。当我们用历史上曾经存在的各种经济学流派的观点解决萧条市场增长问题时,也是从供求关系角度进行分析。

3. 凯恩斯主义①

凯恩斯主义认为,市场出现通货紧缩现象的原因是市场有效需求不足。根据通货紧缩的定义,凯恩斯主义的这一观点无疑是正确的。凯恩斯主义应对通货紧缩现象的主张是政府干预,凯恩斯主义的这一主张受到自由主义经济学家们的猛烈批评,认为这一主张违背了市场经济的基本原则,并认为理性的市场可以自主恢复,无须政府或外部力量干预。我们认为,市场无形之手调节管理市场的手段就是价格机制,价格机制起作用的原因是企业家和消费者的理性博弈和企业家与企业家之间的竞争,而无形之手起作用的表现特征是商品价格富有弹性。当市场出现恶性通缩现象时,我们可以观察到一个个价量齐跌的吉芬商品和价量齐跌的宏观吉芬商品现象。这一现象表明,商品的价格已失去了弹性,市场的无形之手已经失灵。在市场无形之手已经失灵的前提下奢谈市场无形之手的力量或市场唯一正

---

① 参见[英]约翰·梅纳德·凯恩斯著:《就业、利息和货币通论》,徐毓枬译,商务印书馆1983年版。

确的力量,是不顾市场事实的宗教式梦呓。纵观几百年市场经济的历史,没有外部力量干预的市场走向衰退后,确实有可能自我恢复,但也可能从此一蹶不振。郁金香事件后的荷兰从世界经济第一的宝座上跌了下来,从此再也没有恢复昔日的辉煌。二战之后的大不列颠日不落英国再难回历史巅峰。鸦片战争后的中国,东亚病夫几乎成了她的代名词,而睡着的雄狮已是对她的最高礼赞。曾经辉煌的帝国有远比他国更强大的经济基础,更成熟的基础实施,更多的熟练工人,更完善的金融体系和更有创新精神的企业家,但在市场经济的恢复过程中,这些国家都没有重现辉煌。借助英国的借款才完成南北战争的美国一跃成为世界第一强国,改革开放后的中国,虽然没有重现历史的辉煌,但已成为世界第二经济实体,创造了经济发展史上的奇迹,这一切的一切,都不是盲目崇拜市场无形之手的西方自由主义经济学家的呢喃可以解释的现象。即便是可能走向自我恢复之路的国家,市场经济恢复时间之长,社会财富损失之重,失业人员生活之苦,企业家亏损或破产之难,市场波动之烈,绝不是不负责任的西方自由主义经济学家可以理解和面对的,有社会责任的经济学家必须直面这些问题,有不可推卸责任的政府也必须设法解决这些问题。本书是探索中国模式经济学基础的专著,已从理论和对策上深入地研究了政府对经济干预的必要条件和充分条件,本节不再重复这些观点。要强调的是,我们虽然支持政府对市场经济进行宏观调控,并认为是经济萧条期使市场恢复活力的有效手段,但并不认为政府的干预是应对市场有效需求不足的唯一手段,甚至不认为政府对市场的干预是应对市场有效需求不足的最主要手段。

4. 重商主义①

重商主义产生于 16 世纪中叶,盛行于 17—18 世纪中叶,其代表人物是英国的威廉·斯塔福德和托马斯·孟。重商主义的基本信念是一国的国力取决于进出口贸易的顺差所获得的财富。亚当·斯密在《国富论》中首先涉及重商主义的概念,并作为批判重农主义的重要理论依据。亚当·斯密认为不仅仅农业能产生财富,社会分工也能提高产生财富的效率,而社会分工离不开商业,因此商业也能产生财富。尽管亚当·斯密重视社会分工和由社会分工产生的商业,但亚当·斯密反对重商主义思想,1776 年,亚当·斯密抨击了重商主义,他提倡自由贸易和开明的经济政策,并用古典经济学逐步取代重商主义。

尽管重商主义关于一个国家的国力取决于外贸顺差的观点并不正确,但重商主义重视进出口贸易的观点无疑是正确的。主流经济学家将政府投资、出口和消费看成是拉动需求的三驾马车,加大出口能增加国内对生产出口产品的投资和就业,能增加国民生产总值,这一观点是对重商主义的某种肯定。从现代经济史观察,不论是日本的振兴还是中国的改革开放,不论是亚洲曾经的四小龙还是金砖四国,初始之路走的都是出口创汇发展之路。但是,企业想出口想创汇的关键在于国际市场是否接受这些产品,出口的产品在性能价格比上要有竞争的优势。这意味着出口强盛的国家一定有亚当·斯密所称的国家比较优势。宏观分析表明这些国家的比较优势无非是廉价的劳动力、较低的汇率、优良的天然资源和

---

① 参见[瑞典]马格努松著:《重商主义经济学》,王根蓓、陈雷译,上海财经大学出版社 2001 年版。

优惠的税收政策,这些出口产品占领的往往是国际的中低端市场。遗憾的是,随着强劲的出口增长,贸易顺差会使本国货币升值;对生产出口产品的人力需求导致人工成本上升,人口红利丧失;对优良资源的渴求导致资源的耗尽,强劲的出口导致国际中低端市场的饱和,这些因素都会使出口这套马车失去活力。如果一国以出口作为经济的主要增长手段,当出口乏力时,国内消费和政府投资无法弥补出口乏力造成的需求空缺,该国就会走向所谓中等收入陷阱。走出中等收入陷阱的方法无非是企业转型升级,产品更新换代,让企业进入国际中高端市场,同时制定新的国家战略,保证政府对市场的强有力和持续地推动,并想方设法拉动国内消费,让国内消费水平不论从量上还是质上都有持续的进步。以中国为例,中国制造的产品已几乎遍布国际中低端市场,中低端国际市场已没有多少供中国企业发展的空间,而人民币升值和劳动力工资上涨,又使价廉物美的中国制造蒙上阴影。中国企业不仅不可能再从国际中低端市场攻城略地,反而将已占领的中低端市场拱手相让给更有比较优势的国家或地区。值得欣慰的是,中国政府在大规模建设公路、高速公路、铁路和高速铁路之后,又提出农村城镇化和国际上"一带一路"发展战略,使政府对市场经济需求的推动有着清晰的战略发展目标。在政府有关政策的支持下,以企业为主体的创新活动开展得既轰轰烈烈又扎扎实实。近几十年来,中国出口产品的结构早已发生了巨大的变化,中高端产品的出口已逐步取代中低端产品的出口。几乎在一夜之间,不论是军品还是民品,不论是通讯还是互联网,中国的企业成了国际领先企业的挑战者和竞争者。名不见经传的华为,成为世界排第一的通讯企业,就是中国进军中高端国际市场的缩影和典范。中国人口红利的消失带来的是中国消费者收入的增多和消费水平的提高,在政府逐步完善福利保障体系之后,收入逐步提高的十几亿人口的消费市场,必将成为拉动市场需求的主力军。人口红利消失带来的比较优势消失却带来消费能力和水平的新的比较优势,失之东隅收之桑榆,这其实是中国经济不断进步的表现。

5. 供给学派①

供给学派是 20 世纪 70 年代在美国兴起的一个学派,该学派强调供给,认为需求会自动适应供给的变化,该学派的先驱者是美国哥伦比亚大学教授芒德尔。供给学派并没有建立其理论和政策体系,只是学派的倡导者对市场出现的"滞胀"的原因及政策主张有共同的看法。供给学派认为,1929—1933 年的世界经济危机并不是由于有效需求不足,而是当时西方各国政府实行一系列错误政策造成的。萨伊定律完全正确,凯恩斯定律反而是错误的。芒德尔坚持认为,就全部经济分析,购买力永远等于生产力;经济具有足够的能力购买它的全部产品,不可能由于需求不足而发生产品过剩。

供给学派对美国政府的经济政策影响很大,1981 年,新上台的里根总统提出的经济复兴计划声明,他的计划与过去美国政府以需求学派为指导思想的政策彻底决裂,改以供给学派为理论依据。但是,美国经济并没有像计划所预期的那样顺利,不仅大部分目标没有实现,而且美国经济陷入第二次世界大战后最严重的经济危机。近年来,除了几位供给学派的倡导者仍在宣传供给学派

①　参见尹伯成、华桂宏:《当代世界十大经济学流派:供给学派》,武汉出版社 1996 年版。

获得巨大成功外,供给学派已日渐式微。

其实,供给和需求并不是完全独立和毫无关联的两个概念,供给至少在两个方面影响需求:(1)供给增加伴随着就业增加,就业率上升有助于市场消费能力的增强,从而促进有效需求;(2)当企业向市场提供市场接受的性能价格比更高的产品时,产品的供给必然带来市场新的需求。但是,市场并非像供给学派所宣称的供给必然产生相应的需求,需求至少在两个方面约束供给:(1)供给创造需求的产品一定是满足高端市场的具有更高性能价格比的产品,其中性能的因素要大于价格的因素。离开了创新,供给不可能产生新的有效需求。(2)并不是所有的供给都可以创造需求,不被市场接受的供给只会造成资源的浪费,并不会创造市场的有效需求;并非所有的创新产品都能被市场接受。即使企业已提高新产品的性能价格比,但与其他企业产品的性能价格比竞争处于劣势时,这些企业供给的新产品还是不会受市场欢迎。

市场的消费人群可以区分为高收入消费人群和低收入消费人群。低收入人群受收入的限制,他们的消费主要是刚性消费,低收入人群对新性能价格比产品的消费贡献可忽略不计。高收入人群除了有基本不变的刚性消费外,他们有能力也有兴趣去消费奢侈品。更高性能价格比的奢侈品是上市前从没有在市场上出现的商品,是企业将这些商品生产出来才成为新上市的商品。只有当这些新商品受到高消费人群热捧时,才形成新的市场需求,这样的市场需求确实是供给创造的,高收入人群无疑是市场新需求的主力军。不少奢侈品不仅不降价,反而会不断涨价,这样的商品只针对高收入消费群,从不会考虑中低收入者的消费市场。随着商品价格的下降和更具性能价格比商品的推出,老商品才会逐渐进入中低收入消费者人群中。一个典型的供给创造需求的例子是苹果手机,当市场还没有苹果手机时,市场并不存在关于苹果手机的有效需求。当伟大的乔布斯推出一款革命性苹果手机时,手机市场立即产生了对苹果手机的巨大需求。并非所有创新产品都能产生有效需求的典型例子是摩托罗拉手机和诺基亚手机。这两个名牌手机不断推出性能更优的手机,但他们推出的更优手机竞争不过革命性的苹果手机和性能价格比更优的三星手机,最终,这两个世界著名的品牌手机不得不退出历史舞台。我们的结论是,由供给产生需求的供给必然要有创新,由供给产生需求的供给必然要为高端消费者服务,尽管新的更好的性能价格比的产品首先是为高端消费者服务的结论让人反感,但这是市场经济必须遵循的规律。不少政府和消费者都妖魔化房地产产业,甚至连房地产是否是支柱产业都提出质疑,并试图对房地产的房屋面积和价格实行计划经济手段的调控。从发展经济的目的和发展经济的手段来分析,妖魔化房地产和试图调控房地产的做法都是错误的。发展经济的目的是为了提高人民的生活水平,提高生活水平的指标无非是衣、食、住、行等指标。不断提高住房面积和住房环境既是发展经济的重要手段,又是衡量人们生活水平的重要指标,并可带动建材、建筑、装饰、家具、家电等相关产业发展和提供更多的就业机会。从刺激市场需求手段出发,提高以性能升级为主要特征的更高性能价格比的产品是拉动高端消费市场的唯一手段,房地产本身并没有更多的科技含量,它的升级和奢侈品升级的原理相同:没有最奢侈,只有更奢侈。房地产的特殊性在于,它既可以是奢侈品,但同时是低收入人群的刚性消费品。从来没有人妖魔化奢侈品和更高性能价格比的产品,因为这些产品不是刚性消费品。正是由于房地产产品的特殊性,使房地产市场屡屡成为被调控的对象。我们的观点是:政府从奢侈品性质的房地产收入中收取更多税收,将这部分税分来保障中低收入人群的房地产刚性消费。保障的方法不仅仅是廉租房,也可以对低收入人群予以租赁房地产的货币补助,这是有形之手对刚性房地产消费的调控。同时,当高收入人群不断购买更奢侈的房屋时,原来不那么奢侈的房屋就会进入租赁或二手房市场。当这些房源的增长大于市场租赁需求的增长时,市场上房屋的租赁价格也会下行,这会从无形之手角度逐步解决房地产刚性消费带来的困扰。

2015 年下半年,中国政府实施供给侧改革,不少学者认为中国政府放弃了凯恩斯主义,而是采用供给学派的理论,甚至将供给侧的改革与里根主义关系起来。实际上,当供求关系失衡时,可以在需求侧改革,也可以在供给侧改革。中国改革开放 30 多年来,当市场经济不景气时,确实主要在需求侧进行改革。这次改革把重点放在供给侧。中国的供给侧改革有两个主要目标:一是动用宏观调控的力量,缩减多余的生产产能,这一宏观调控目标直接否定了需求自适应的供给学派理论;一是增加企业的创新力和竞争力,认为只有更高性能价格比的产品才会被市场接受,不是任意的供给都会被市场接受,从而产生自适应的市场需求。中国政府的供给侧改革不是依据自由主义市场经济的供给学派理论,而是在市场供给侧的宏观调控,是中国模式宏观调控的创新。

6. 熊彼特创新理论

第一次系统提出创新理论的是美国经济学家熊彼特,他在

1912 年出版的《经济发展理论》①中提出下述五种创新:(1)开发新产品,或改良原有产品;(2)使用新的生产方法;(3)发现新的市场;(4)发现新的原料或半成品;(5)创建新的产业组织。熊彼特创新增长理论比索罗增长理论高明之处在于强调创新对经济增长的重要推动作用。但是,熊彼特认为创新是在生产过程中内生的,所谓创新就是要建立一种新的生产函数,即生产要素的重新组合,就是要把一种从来没有的关于生产要素和生产条件的新组合引进生产体系中去。熊彼特甚至将创新理论与周期性经济规律相联系,认为创新周期包括六个中周期,每个中周期包括三个短周期,短周期约为 40 个月,中周期约为 10 年,长周期为 48—60 年。熊彼特还将经济发展历史分为三个长波:1787—1842 年是产业革命发生时期,1842—1897 年为蒸汽和钢铁时代,1898 年以后为电气、化学和汽车工业时代。不难看出,熊彼特的创新经济增长理论仍然是从供给角度分析经济增长,忽略了市场需求对创新的根本影响。我们承认创新是推动生产力发展重要因素的结论,但反对将创新仅仅看成是企业或供给的事情,推动创新的原动力是企业与企业之间关于性能价格比的竞争,竞争的目的或者是占领更多的市场需求份额,或者创造新的市场需求。如果摩托罗拉生产出第一部手机后全世界再没有关于手机的创新,手机市场早已饱和,手机需求必然萎缩。正是摩托罗拉自己不断推出新产品,诺基亚、苹果、三星和中国的小米也参与手机创新性竞争,才使手机市场健康地发展。正是 LV、爱马仕等奢侈品的不断创新设计,才使这些

---

① 参见[美]约瑟夫·熊彼特著:《经济发展理论》,何畏、易家详等译,商务印书馆 1991 年版。

品牌富有生命力。但是，任何有意义的创新都必须被市场接受，任何创新都必须经过需方市场的检验。我们不否认熊彼特对几次革命性创新的历史性描述，但否认由此得到的所谓周期性规律。其实小的创新无时不在，无处不在，革命性的创新在小创新的驱动下迟早会发生，这是革命性创新发生的必然性。但在什么时间节点上发生革命性创新却具有偶然性。同时，革命性创新也有突发性和逐变性创新之分。瓦特发现蒸汽机是突发革命性创新的例子，而近代信息革命则具有渐变性创新的性质。正如我们不能用计划经济手段指导和预测市场经济，我们也不能用所谓周期性规律来描述创新。熊彼特对创新历史的描述只是陈述一个事实，但不能将历史事实演变成历史周期性规律。尽管革命性的创新能极大地促进生产力的发展，但不能将创新所谓周期性规律与经济所谓周期性规律联系起来。不论是创新还是发展经济，都会呈现一定的波动性，但不能将这种波动性解释为经济周期性规律或创新周期性规律。

我们认为创新可分为两个层次：一是基础理论的创新，一是应用理论的创新。基础理论研究有助于人类深入地认识自然，了解自然，是对人类思想的重大贡献，是一个国家科技实力的表征。尽管基础研究的成果不一定立即表现为生产力，但往往是应用研究革命性创新的基础。基础理论创新应在国家的层面上进行，并将高等院校和科研院所作为创新主体。从事基础研究的科学家应以原创性理论作为研究目标，凡是经过一定的评估方式进入基础研究的科学家，应保证他们工作和思想的自由，不用论文数量和科研课题作为考核指标，仅以他们的原创思想的进展作为评估对象。思想的大家绝不是行政的约束或市场的考核可以产生的，宽松的研究环境和独立的思想空间才是产生原创理论的沃土。

应用性研究应以市场需求为导向,以企业创新为主体,以更高性能价格比的产品为目标,不断驱动经济增长。企业当然可以更新生产技术,但目的无非是提高产品性能和降低生产成本;企业当然可以进行管理创新,但创新的目的无非是降低管理成本;企业当然可以寻找新的原材料或半成品,寻找的目的无非是希望产品具有更高的性能价格比,找到性能价格比更低的新的原材料对企业没有任何意义。企业当然愿意发现新市场,被市场接受的更优性能价格比的产品就可以发现新市场。熊彼特的五种创新中关键的创新是开发新产品或改良原有产品,其他的创新不过是达到这一目标的手段或结果。政府除了对企业创新予以政策和财政支持外,更重要的工作是制定严厉的知识产权保护制度。不尊重知识、不尊重人才、不尊重创新,中等收入国家很难走出中等收入陷阱,发达国家也难百尺竿头更进一步。一个不尊重知识、不尊重人才、不尊重创新的国家将没有竞争力,也不会赢得别国尊重。

7. 储蓄、投资与消费理论

在西方主流宏观经济学中,有一个公认的公式,即

$$储蓄 = 投资① \tag{14.1}$$

如果仅将上式理解为投资款部分来源于储蓄,还有一定的道理。如果理解为储蓄是推动投资的原动力则是完全错误的结论:(1)只有不断增长的市场需求才是投资的原动力,不断增长的市场需求的货币表现是消费者将货币更多的用于当期消费,而不是使用

---

① 参见[美]萨缪尔森、诺德豪斯著:《经济学》(第十八版),萧琛译,人民邮电出版社 2008 年版。

储备信用。市场需求越旺盛,消费者越会减少存款。如果所有的消费者将自己的货币完全不用于消费,而是全部用于储蓄,此时银行存款最大化,但企业的新增投资将会最小化。储蓄不是投资的原动力,消费者的储蓄和投资不可能呈现式(14.1)描述的正相关关系。(2)要研究储蓄与投资的关系,就要区分企业储蓄和消费者储蓄。消费者的储蓄本身就是一种投资行为,企业家储蓄是因为没有更好的投资机会。当消费者收入水平不变而储蓄减少时,说明市场需求变旺。从银行角度观察,当央行没有发行新货币时,不论是消费者将收入用于消费或者储蓄,不论企业将利润是用于存款还是用于新的投资,市场货币总量守恒。当消费者手中所持货币减少时,市场上的存量货币并不会消失,而是通过投资折旧和产品利润的方式回到企业家手中。当企业生产产品供不应求时,企业会新增投资,投资款一是来自企业自有资金,一是来自银行贷款。当企业产品供不应求导致企业获得更高利润和更快的投资回报时,企业的自有资金就越多。企业自有资金与消费者存款呈此消彼长的负相关关系。如果央行没有向市场注入新的流动性,银行的贷款来源于市场已有的守恒资金,当市场已有资金不足以支持市场货币流动性,央行一定会向市场注入新增货币,因此,央行新增货币是企业投资货币的重要来源,正是因为有央行的新增货币,式(14.1)不可能成立。

我们的经济增长理论与索罗增长理论等西方主流经济学观点最大的区别在于,他们仅仅关注供给,我们不仅关注供给,更关注需求。市场需求是拉动经济增长的唯一动力,满足市场需求是经济增长的唯一目标。没有市场需求不会有拉动需求的投资;没有国际市场的需求,出口不可能成为拉动需求的动力;没有公共产品的需求,政府的投资也不可能成为市场有效需求的一套马车,拉动需求的三驾马车从需求角度统一起来。我们用更高性能价格比的产品拉动市场的高端需求,我们用建立逐步完善的保障体系拉动中低端的市场需求。当中低端消费人群不必为未来生存而存储货币,而是敢于通过信贷花未来收入时,中低端的需求才真正拉动起来。当高、中、低端市场都被充分拉动时,经济增长才是可以完成的目标。离开了市场需求的经济增长理论将是无源之水、无本之木。当市场需求低迷时,我们应该用政府的有形之手帮助市场恢复信心,并让无形之手恢复活力。当市场需求变得旺盛时,如何降低管理成本,如何提高生产效率,如何选择性能价格比更优的原材料,如何增加投资以满足市场的需求,这些问题都是理性和优秀的企业家关心的问题,政府不必关注这些问题,经济学家也不必关注这些问题,更不能用诸如边际产量递减这样错误的理论去指导企业的供给。

主要参考文献

［1］He yiping, 2009. Giffen Goods: A Common Phenomenon in Macro Economy & Explanation of Economic Crisis From A Microeconomic View, http://papers.ssrn.com/sol3/papers.cfm? abstract_id=1483605.

［2］He yiping, 2011. Perjury and Proving of Demand Law, http://papers.ssrn.com/sol3/papers.cfm? abstract_id=1663624.

［3］He yiping, 2011. Definition of Demand and Demand Axiom: Criticism on the Demand Definition of Mainstream Economics, http://papers.ssrn.com/sol3/papers.cfm? abstract_id=1970543.

［4］He yiping, 2011. Preference, Social Utility and Relative Scarcity, http://papers.ssrn.com/sol3/papers.cfm? abstract_id=1960711.

［5］He yiping, 2012. Taxation Method: A Simple and Strict New Method for GDP Calculation: Redefine the GDP Growth Rate for Ten Years in China, http://papers.ssrn.com/sol3/papers.cfm? abstract_id=2039857.

［6］He yiping, 2012. Criticism on Neoclassical Firm Theory and Supply Theory Research, http://papers.ssrn.com/sol3/papers.cfm? abstract _ id=2177372.

［7］He yiping, 2012. Giffen Goods Theory Under Demand Law, http://papers.ssrn.com/sol3/papers.cfm? abstract_id=2003537.

［8］Koopmans, T., 1956. Three Essays on the State of Economic Science, New York: McGraw-Hill.

［9］Koopmans, T., 1979. Economics among the Science, American Economic Review 69.

［10］Jevons, W. Stanley, 1863. Notice of a General Mathematical Theory of Political Economy. Report of the British Association for the Advancement of Science, Cambridge.

［11］Jevons, W. Stanley, 1863. A Serious Fall in the Value of Gold Ascertained, and Its Social Effects Set Forth. Investigations in Currency and Finance. London: Macmillan, 1884.

［12］Carl Menger, Translated by James Dingwall and Bert F. Hoselitz, Principles Of Economics, 1994 by Libertarian Press with an introduction by Frank H. Knight.

［13］John Richard Hicks, 1939. Value and Capital: An Inquiry into Some Fundamental Principles of Economic Theory.

［14］Hicks, J. R. 1956. Revision of demand theory. Cambridge University Press.

［15］Milton Friedman, 1949. The Marshallian DemandCurve, The Journal of Political Economy, Vol.57, No.6.

［16］George J. Stigler, 1948. Notes on the History of the Giffen Paradox, The Journal of Political Economy, Vol.56, No.1.

［17］Roger. Koenker, 1977. Was Bread Giffen? The Demand for Food in England Circa 1790, The Review of Economics and Statistics, Vol.59, issue 2.

［18］Sherwin Rosen., 1999. Symposium on the Economic Analysis of Social Behavior in Honor of Gary S. Becker, The Journal of Political Economy, Vol.107, No.6.

［19］Terrence McDonough and Joseph Eisenhauer, 1995. Sir Robert Giffen and the Great Potato Famine: A Discussion of the Role of a Legend in Neoclassical Economics, Journal of Economic Issues, Vol.29, No.3.

［20］Dwyer, G.P. and C.M. Lindsay, 1984. Robert Giffen and the Irish potato. American Economic Review 74.

［21］Lipsey, R.G. and G. Rosenbluth, 1971. A contribution to the new theory of demand: a rehabilitation of the Giffen good. The Canadian Journal of Economics.

Vol.4,No.2.

[22]Gilley,Otis W.and Gordon V.Karels,1991.In Search of Giffen Behavior. Economic Inquiry 29.

[23]Liebhafsky,H.H.1969.New thoughts about inferior goods.American Economic Review 59.

[24]Vandermeulen,D.C.1972.Upward sloping demand curves without the Giffen paradox.American Economic Review 62.

[25]Spiegel,U.1994.The case of a "Giffen good"Journal of Economic Education 25.

[26]Peter G.Moffatt,2002.Is Giffen behavior compatible with the axioms of consumer theory? Journal of Mathematical Economics 37.

[27]Stitzer,ML.,McCaul,M.E.,Bigelow,G.E.and Liebson,I.A.,1983.Oral methadone self-administration:Effects of dose and alternative reinforcers.Clinical Pharmacology and Therapeutics 34(July).

[28]Bopp,A.E.,1983.The demand for kerosene:a modem Giffen good. Applied Economics 15.

[29]John-Ren.Chen,1994.The Effects of Land Reform on the Rice Sector and Economic Development in Taiwan,World Development.Vol.22.

[30]Shmuel.Baruch and Kannai.Yakar,2001.Inferior Goods,Giffen Goods, and Shochu,Economic Essays,A Festschrift for Werner Hildenbrand.

[31]Robert T.Jensen and Nolan H.Miller,2008.Giffen Behaviour and Subsistence Consumption,American Economic Review.Vol.98.

[32]Paul Anthony Samuelson,William D.Nordhaus.,1992.Microeconomics. McGraw-Hill.

[33]Paul Krugman,Robin Wells.,2006.Microeconomics .W H Freeman & Co,.

[34]Hal Ronald Varian .,2010.Intermediate Microeconomics:A Modern Approach 8th Edition.W.W.Norton & Company,Ltd.

[35]N.Gregory Mankiw.,2006.Principles of Economics,4th Edition.South-

Western College Pub.

[36] Michael Parkin. ,2011.Economics .10th Edition.Prentice Hall.

[37] Keynes,J.,1936.The General Theory of Employment,Interest Rate and Money.London:Macmillan.

[38] Irving Fisher,1922.The Purchasing Power of Money:its Determination and Relation to Credit,Interest and Crises,New York :The Macmillan company.

[39] Milton Friedman,1956.The Quantity Theory of Money:A restatement, Studies in Quantity Theory.

[40] Milton Friedman and Anna J.Schwartz,1982.Monetary Trends in the United States and the United Kingdom:Their relations to income,prices and interest rates,1876-1975.

[41] Milton Friedman,1970.A Theoretical Framework for Monetary Analysis, Journal of Political Economy Vol.78,No.2.

[42] A.W.Phillips,1958.The Relationship between Unemployment and the Rate of Change of Money Wage Rates in the United Kingdom 1861 - 1957,Economica,Nov.

[43] Solow,R.M.,1956.A Contribution to the Theory of Economic Growth, Quarterly Journal of Economics,vol.70,1956.

[44] T. Swan, 1956. Economic Growth and Capital Accumulation, The Economic Record.

[45] Denison,E.,1967.Why Growth Rates Differ:Postwar Experience in Nine western Countries,Washington:Brookings Institution.

[46] Kendrick.J.W.,1961,Productivity Trends in the United States,National Bureau of Economic Research,Princeton University Press.

[47] Keynes, J. M. , 1936. The General Theory of Employment, Interest and Money.London:Macmillan.

[48] Cass,David.,1965.Optimum Growth in an Aggregative Model of Capital Accumulation.Review of Economic Studies 32.

[49] Koopmans,T.C.,1965.On the Concept of Optimal Economic Growth,

The Econometric Approach to Development Planning, Amsterdam, North-Holland.

［50］曹雪芹著:《红楼梦》,启功注释,周汝昌等校订,人民文学出版社1964年版。

［51］恩里克·凡胡尔:《北京共识:发展中国家的新样板?》,西班牙皇家埃尔卡诺研究所网站,2009年7月31日。

［52］诺姆·乔姆斯基著:《新自由主义和全球秩序》(新世纪版),徐海铭、季海宏译,江苏人民出版社2000年版。

［53］凌志军著:《沉浮——中国经济改革备忘录(1989—1997)》,人民出版社2011年版。

［54］王辉耀主编:《中国模式:海外看中国崛起》,凤凰出版社2010年版。

［55］里宇·霍恩,中英可持续发展对话的国家协调员,"中外对话"网站,2008年7月28日。

［56］李和平著:《弗里德曼论点及其争论研究》,中国经济出版社2005年版。

［57］[英]威廉姆·斯坦利·杰文斯著:《政治经济学原理》,郭大力译,商务印书馆2012年版。

［58］[德]赫尔曼·海因里希·戈森著:《人类交换规律与人类行为准则的发展》,陈秀山译,商务印书馆1997年版。

［59］张五常著:《科学说需求》,中信出版社2010年版。

［60］[美]马歇尔著:《经济学原理》,陈良璧译,商务印书馆1964年版。

［61］[英]科斯著:《财产权利与制度变迁》,胡庄君、陈剑波译,上海三联书店1994年版。

［62］[美]赫伯特·西蒙著:《管理决策的新科学》,李柱流、汤俊澄等译,商务印书馆1982年版。

［63］庞衷甲、陈思进著,《货币的逻辑》,中国友谊出版公司2014年版。凯恩斯:《就业、利息和货币通论》,1936年。

［64］[法]魁奈著:《魁奈经济著作选集》,吴斐丹译,商务印书馆1979年版。

［65］［美］亚伯拉罕·马斯洛亚伯拉罕·马斯洛著:《动机与人格》,许金声等译,中国人民大学出版社 2007 年版。

［66］［英］亚当·斯密著:《国民财富的性质和原因的研究》,郭大力、王亚南译,商务印书馆 1972 年版。

［67］［美］阿尔弗雷德·马歇尔著:《经济学原理》,陈良璧译,商务印书馆 1965 年版。

［68］［英］约翰·梅纳德·凯恩斯著:《就业、利息和货币通论》,徐毓枬译,商务印书馆 1983 年版。

［69］［瑞典］拉尔斯·马格努松著:《重商主义经济学》,王根蓓、陈雷译,上海财经大学出版社 2001 年版。

［70］傅殷才主编,尹伯成、华桂宏著:《当代世界十大经济学派丛弓:供给学派》,武汉出版社 1996 年版。

［71］［美］约瑟夫·熊彼特著:《经济发展理论》,何畏、易家详等译,商务印书馆 1991 年版。

［72］［美］萨缪尔森,诺德豪斯著:《经济学(第十八版)》,萧琛译,人民邮电出版社 2008 年版。

后　　记

　　我是本书第一作者,在国防科技大学物理系本科毕业后师从中科院院士刘盛纲先生,获微波电子学博士学位,并在国防科技大学分别担任过助教、讲师、副教授和教授级研究员。长达20年的学习和研究应用物理的经历,培养了自然科学研究的素养,非常清楚物理学已从牛顿力学为代表的必然性理论体系走向了以量子力学和统计力学为代表的或然性理论体系。在现代物理学中,没有什么物理变量可以控制,没有什么物理现象不可能发生,差别仅仅在于或然性的概率。由于量子世界观测对象极小,任何主观观察方法都会扰动观察对象,备受科学家推崇的客观和可重复观察的方法都受到挑战,更不用说有可控制变量的重复客观观察。根本不可能重复观察的大爆炸理论和根本不可能直接观察的超四维的多维平行世界模型使科学家们更关注逻辑的力量。物理研究对象的复杂性早已超出主流经济学家关于物理参数可以控制,物理观测可以重复这样简单的理解。促使物理学发展的物理大家们成为物理学者高山仰止的大师,大家敬仰大师的不仅仅是彪炳青史的学术成果,更是敬仰他们的批判精神。一名学者必然要求在学术生涯中有所发现,有所发明,有所创造,有所前进。发现、发明、创造和前进的前提是对已有成果的批判。学者应具有只尊重事实,为事实可怀疑所有理论结

论的批判精神,包括怀疑高山仰止的大师得出的理论结论。由
于我不具有经济学的任何学历,2004 年之前,也没有从事过经
济学研究,既不以经济学研究为职业,也不受经济学各流派观点
的约束,甚至不以发表多少篇论文作为研究经济学的成果,因
此,可以不盲从权威,可以不盲从西方主流经济学结论,可以独
立思考经济学问题。20 年前,我离开了物理研究工作,此后长
期在广东省的企业工作。市场经济工作的经历,特别是中国市
场环境中的历练,使得市场经济现象不再是我在书斋中的臆想,
而是投资成功的喜悦和投资失败的沮丧带来的切身体验。20
多年的市场实战,使我更能从实际而不是从理论出发去观察和
分析经济现象。由于具有物理学和数学的扎实基础知识,具有
独立思考的批判精神,具有对市场经济的丰富实践经验和对经
济学基础问题长期不衰的兴趣,为我打下了研究经济学的良好
基础。

　　大约在 2004 年,有两件事触动了我学习和研究经济学的兴
趣。一件事是我到当时被经济学家认为很有竞争力但实际没有
很强竞争力的冰岛考察,发现问题的症结在于国家竞争力本身
是指国家未来发展的潜力,而不是指现有国力。描述国家竞争
力的指标不应仅用描述国家现有实力的指标,而应考虑描述国
家未来实力的指标,各类指标的增量是描述国家竞争力的重要
参数。现有评价国家竞争力的近 300 项评价指标中绝大多数指
标仅仅考虑存量,而没有考虑指标的增量或边际量,从而对国家
竞争力的评估出现重大偏差。可以用物理学中速度与加速度的
关系进行类比分析:两辆汽车现有速度只是描述两辆汽车的现
状,而加速度或速度的边际量可以改变两辆汽车未来的竞争力。

如果考虑关于国家竞争力近300项指标的增量,冰岛的竞争力几乎为零,而中国的竞争力约为10%。国家竞争力各项指标增量的修正可以解释一些竞争力靠后的国家为什么逐年进步,一些竞争力排名靠前国家为什么逐年退步和被认为极富竞争力的冰岛最终破产这一悖论。当我们将国家竞争力应考虑增量或边际量的观点写成论文投稿时却遭到所投几家经济学杂志的退稿,退稿理由相同:你要建模,你要有数据的实证支持。退稿的经历使我们感觉到经济学研究重形式轻内容,重方法轻思想。一些毫无经济学思想但满足经济学论文范式的论文会受到青睐,但仅仅阐述一个经济学思想的论文根本不会被经济学界接受。相比物理学研究,仅仅是一些物理常数更为精确的测量,就可以成为物理学研究中的重要论文。仅仅是有着物理学思想的简单论文,就可以名垂青史。比如,爱因斯坦获物理学诺贝尔奖的成果并不是他的相对论理论,而是认为光照射物体并让物体发射电子的因素不是光的强度,而是光子的频率这样一个量子观点。对国家竞争力只重视现状不重视未来,只重现量不重增量的批评不受重视,使我对经济学的严谨性产生了怀疑,毕竟国家竞争力的排名是每年都会引起经济学界和新闻界争议的排名,是受到社会广泛关注的宏观经济学指标。

2004年遇到的另一件与经济学有关的事是中国出现了通货膨胀。从事企业工作的我发现,几乎所有的商品都价量齐涨,几乎所有的商品都不服从需求定律,为此,我专门请教经济学家。经济学家的解释答非所问:物价上涨是因为多发了货币,需求定律没有错误。经济学家的解释不仅没让我释然,而是更加郁闷:即使是多发货币造成通货膨胀,这只是解释了产生通货膨胀的原因,但并没有解释商品价量齐涨现象是否证伪了需求定律。这一事件使我感到经济学研究重理论轻事实。尽管经济学强调实证,所谓实证只不过是选择一些对理论结论有支撑作用的数据,而过滤掉对理论结论不利的数据。

正是由于西方主流经济学家对违反需求定律的商品现象视而不见,对不满足西方主流经济学范式的经济学思想听而不闻,使我对经济学研究产生了浓厚的兴趣。早期的想法很简单:找几个志同道合的经济学家合作,由我提供从市场经济实践中发现的一些问题和一些观点,由从事经济学研究的合作者用经济学的主流语言表征或解释这些观点和这些问题。遗憾的是几乎所有研究经济学的朋友都反对我的观点,甚至批评我不是用经济学语言讨论经济学问题。幸运的是,我遇上了中山大学史卫和张学志博士、英国城市大学赵刚博士和中山大学龚小明硕士。尽管他们经常在经济学观点的辩论中仍然扮演着维护主流经济学观点的角色,但这场辩论居然不间断地进行了 10 年。正是这 10 年持续不断的辩论,我逐渐系统地完善了我的观点,正是这 10 年的持续辩论,四位学者逐步接受了我的观点。没有这场持续 10 年的非公开辩论,我们不可能形成颠覆性的系统的经济学观点;没有这场持续 10 年的非公开辩论,我们不可能写出本书。虽然本书的主要观点和论据都是我提出来并执笔完成的,但本书是我们五位作者共同思考、辩论的结晶。10 年的研究、10 年的辩论,已无法区分史卫博士、张学志博士、赵刚博士和龚小明硕士谁的贡献更大,他们的排名以中文姓氏笔画为序,排名不分先后。

我们很清楚不关注实证仅关注逻辑的研究成果很难被主流经

济学杂志接受,为此,我们选择在美国社会科学网(Social Science Research Network)上发表论文。2009 年 12 月,我们发表了题为《宏观经济中的常态吉芬现象和经济危机的微观解释》的论文,这是我们辩论五年后的第一篇经济学研究处女作,其后,在 2010 年 8 月,发表了《需求定律的伪证和证明》;2011 年 11 月,发表了《偏好、社会效用与相对稀缺性》;2011 年 12 月,发表了《需求的定义与需求公理——兼对主流经济学关于需求定义的批判》;2012 年 4 月,发表了《税收法:一个简单严谨的统计 GDP 的新方法——兼对中国 10 年 GDP 增长率的再评估》;2012 年 11 月,发表了《新古典厂商理论批判和供给理论研究》;2012 年 12 月,发表了《需求定律下的吉芬商品理论》。从 2013 年开始,我们没有在 SSRN 网上发表新的论文,而是专注写作本书。值得庆幸的是,我们这几篇反西方主流经济学方法论的论文还是引起了国际学术界的关注。当本书封笔之时,七篇论文浏览量超过 4000 次,下载量超过 400 次,进入了 SSRN 网 30 多万名作者总数中 3 万名顶级作者(SSRN Top 30000 Authors)排名圈。并在 SSRN8000 各顶级经济学者的排名中,排在 4000 名左右。2010 年 9 月,我收到了由欧洲经济与管理学院创办的《财经前沿》(Frontiers in Finance and Economics)期刊主编发来的邮件,邀请我为他们收到的一篇关于吉芬商品的论文做匿名评审,此文经过我二审后已发表在《财经前沿》上。

我们感谢广东外语外贸大学的隋广军教授和中山大学的陈平教授,10 年前,当我在中金岭南当董事时,他们是中金岭南的独立董事,也是我最先认识的经济学家和我学习经济学的领路人。尽管广军教授担任广东外语外贸大学领导后,没有多少时间和我们争辩经济学问题,但仍然组织了他任职大学最优秀的经济学教授和我们讨论经济学问题。陈平教授是第一个支持关于价格预期会产生违反需求定律的吉芬商品的观点的经济学教授。中山大学的何兴强教授启迪我们认识到动态的向右上倾斜的供给曲线其实是吉芬商品的需求曲线。陈平教授和兴强教授虽然没有参与我们的10年的日常辩论,但保持了对我们所辩论问题的10年关注和帮助。我们感谢中山大学的王则柯教授,他是国内著名的经济学家。王则柯教授提醒我们,中国模式早已有定义,并且没有得到学术界的认可,当我们使用中国模式这个概念时,一定要明确这一概念的内涵与外延,否则会引起学术上的歧义。我们感谢我的母校中国电子科技大学的倪德兵教授和李平教授。每当我回母校时都受到他们的热情接待,并很有耐心地听我讲述我们新的研究成果。倪教授是最早接受我们对消费者行为理论批判观点的学者,并在美国访问期间,发邮件支持我们关于微观放开宏观调控的中国模式定义,两位教授都肯定我们对方法论的论述。广东外语外贸大学的魏作磊教授对我们的方法论观点持同样的支持态度,并认为我们对弗里德曼方法论的批判很深刻。广东外语外贸大学的廖国民教授几乎认同我们的所有观点,并指出我们与西方主流经济学的根本差别在于我们考虑了时间的因素。我们特别感谢中山大学管理学院的陈玉罡教授,他不仅同意我们的主要观点,并对全书逐字逐句提出了修改意见。北京大学光华管理学院副院长龚六堂教授阅读过我们的全书,并组织学生讨论本书的观点。湖南党校知名教授王学杰认真地阅读了全书,在肯定本书逻辑严谨性的同时,又指出社会现象的复杂性和社会理论与自然科学理论的差异性,学杰教授的观点并没有让我们用社会问题的复杂性而肯定经济学理论的正确性,而是使我们坚持用统计的或然性理论去适应社会问题的复杂性,并批判主流经济学的必然性结论。10 年前,我在思考国家竞争力问题时认识了中国人民大学著名统计学教授赵彦云,并通过赵教授认识了他的学生吴翌琳博士及她的丈夫谷彬博士,10 年来,他们成了我的良师益友。原中山大学副校长,现南方学院校长喻世友教授不仅支持我们的部分观点,还希望本书能成为大学的辅助教材。对本书提供指导和帮助的还有中山大学李仲飞教授、李胜兰教授、周开国教授,广东外语外贸大学的易行健教授和广东省广晟资产经营有限公司的牛鸿博士,中国人民大学的向松祚博士,在此一并表示感谢。

做学术应当独立思考,独立思考的学者是孤独的。做学问应有批判精神,有批判精神的学者是寂寞的。做学问要随时准备接受社会的批判,接受批判的学者是痛苦的。但真正具有批判精神的独立思想者又是充实和快乐的,独立的思想,独立的人格,独立的发现,都能带给学者难以言表的愉悦。

都云作者痴,谁解其中味。

何一平

2016 年 4 月